朱次琦集

下

嶺南思想家文獻叢書
景海峰 主編

〔清〕朱次琦 撰
李辰 點校

上海古籍出版社

朱氏傳芳集

卷首之一

朱氏傳芳集序

蓋聞崑崙柱地，導河者必榛其源；泰嶽摩天，因雲者群栖其蔭。自來金版鴻裁，青箱世學，石聲奏響於天水，家録振采於潜溪。詩高世綵之篇，集美連珠之號，以至蘭玉著録，花萼流聲，莫不各擅門風，炳垂册府。然而平原世德，至陸機而掞張；懷縣家風，待安仁之纂述；范氏八儒，《穀梁》集解於武子；鄭門六藝，問答述志於小同。不有人焉，發皇油素，摭拾叢殘，啓舊篋之葡萄，庀曩篇於梨棗，安能懋先基而不墜，托副墨以久存乎？則有《朱氏傳芳集》者，吾師子襄先生哀先世之宏文，附名公之贈著，手疏凡例，屬其弟宜城明經，鳩僝編次之者也。

朱氏爲四姓華宗，九江甲族。門成鼎貴，代産名德。人呼廉里，地涌忠泉。溯嘉隆而崛起人文，讫啓禎而彌工著作。千篇食蹠，璘斌史乘之光；萬卷雕龍，焜燿名家之選。固已較王筠之積帙，七葉猶多；擬陳氏之齊名，一編可合。不幸中更兵燹，洊歷亂離，烽摇糜竺之家，霧捲張超之市。或則一旅思奮，排閶闔以呼天；或則五帥無歸，墜虞淵而捧日。河山滿目，風景傷心；卵息僅延，巢痕竟掃。篋衍藏珍共珠囊而不見，帳中鴻寶與銀雁而俱飛。束生十志，罕復略存；謝監百篇，多從煬没。此則杜征南之碑，淒其陵谷；庾開府之集，磨滅風煙。吁其悲矣！既而聖主當陽，文軫遐播。人矜蛇握，隨沐日浴月以光生；家有鳳毛，紹拔地倚天之瑋作。猶之縣黎既軼，池隍升繼起之珍；皇娥歲淹，夷光薦代出之色。所謂長離去而宛虹來，曜靈淪而望舒睇。美矣世家喬木，洵兮南海明珠。然而著述既多，闕遺不少。未必元經，終遭覆醬。能無論語，或以代薪。蔡中郎當年篇翰付與何人，張茂先疇昔見聞徒存博物。斯又茫茫身後，脉脉斯文扇奕葉之遺芬，待後起之捃逸者也。

先生英襟命世，古道照顏，既賦遂初，言尋先業，望九京之人遠，懼二雅之道淹，爰録遺文，綴存家乘。此一役也，有數美焉。夫裂月撐霆之手，鉤河擿洛之才，類能交奏鏗竑，獨炳符采，而後嗣乏得筆得文之彦，替人無接武布武之能，遂令淵泉輟瀾，球石停響。光明美錦，老兵既裂以補袍；散落零珠，文士亦藉之作賊。楹書鮮讀，壁簡終熸，是集總妙門以彌羅，仰謨觴而斟酌。銘贊傳序，包亮美於錙豪；騷賦歌吟，導幽悰於篇什。傷往則情遥於祭狀，切今則義蔚於論奏。暉麗萬有，榮鏡九宗。遂使六詩三筆，譽并彭城。高摛濃熏，名仍錢相於以視彼通都副之延閣，縣國門而不易，惠宗公而罔恫。其不可及者，一也。

文章之事，作如牛毛，傳如麐角。震六丁之雹，留乃豪芒；壽一卷之書，榮於令僕。士有遺棄一世之務，流連身後之名，而全豹既亡，吉光復闕，將使嘔長吉之心肝。而湘紈寡色，洗西江之腸胃。而綺札不芳，更何以擢秀前徽，鈎沈墜緒。是集，典册高文，固弇群雅；殘篇斷簡，尤庇僅存。積玉俾以成山，碎金使之躍冶。約束滔繩，慮江陵之道盡；搜牢碎屑，出嬴政之灰餘。丹墨所栖，精魂欲泣。庶幾嘗鼎上之一臠，猶思大嚼；見雲中之寸爪，便識之而君子。表微德，修念祖。其不可及者，又一也。

文體代降，真鑒斯難。五服五章，色分正間。八風八音，聲別雅鄭。燭龍銜照而熠燿，亦逞其光；雕虎炳文而狸狌，或襲其貌。顯非古尺工量，心犀善剖，則僞體紛呈，溺音騰沸，去道益遠，雖多奚爲？而是集也，杼軸性靈，稟式經術。蹏涔可羞，博窺容氏之掌；咫聞弗尚，必稽仲尼之心。統政事言語爲一科，總節義文章而合轍。非言中有物，藻飾厭其虛車，即弦外有音，桐徽肖其遠致。能超方格，并應圜程以正宗；真氏爲師，以開卷王昌爲戒。是則愈質觀辭，咸羨學林之槼；左志右物，皆繇選政之精。其不可及者，又一也。

至於左思得皇甫贈言，使所作風行海內；孝穆與總持酬唱，謂吾詩寄弟集中。文者公器，相得益彰；矧屬傳家，尤關數典。核之古昔，賀監歸鄉，逋翁過宅，魏公考德，王氏家碑，鈞勒成書，班班往載。況當日前喁後于之什，更奕禩知人論世之符。是集，粲列斐然，用彰貽厥，比史家之附録，如莊子之外篇。讀李杜光焰之作，喜昌黎能識生平；緬王裴閒適之吟，想輞川特工唱和。同心之言，千載樂聞其謦欬；孝子不匱，一編永奠乎宗祊。其不可及者，又一也。

樞以菲材，叨陪絳帳。愧傳衣鉢，愛叩莛鐘。通德門高，方仰藏山之盛製；春風坐滿，忽驚授簡於鯫生。命作引喤，弁兹端牘。欲使朱儒奮喙，高譚清廟之筵；黄鷇叫音，妄議垂天之翼。榮以爲愧，言恐無文。嗟乎！先生善誘，不忘宰我之雕；小子何知，敢作徐陵之序。有同飲郭，何當窺天？咸豐十一年龍集辛酉嘉平前三日，門人同郡梁燿樞謹撰。

朱氏傳芳集凡例

一、古者著書，罕標義例。自漢有《春秋釋例》，公車徵士潁容撰。魏有《周易略例》，王弼撰。始以例言。至杜預序其《春秋經傳集解》，謂經之條貫，必出於傳，傳之義例，總歸於凡，遂有發凡舉例之説。書標凡例，此爲權輿。乃者家集編摩，何關著述，而抗希微尚，竊有别裁，約貢數端，用鐵首簡。

一、古人文字，不以集名。《漢志》載賦、頌、歌、詩一百家，皆不曰集。晋分《四部》，荀勖撰。四曰丁部。宋作《七志》，王儉撰。三曰《文翰志》。亦未以集名也。文集題稱，始見梁阮孝緒《七録》。《隋書·經籍志》以謂别集之名，漢東京所創。屬文之士日衆，後之君子欲觀其體勢而見其心靈，故别聚焉，名之爲集。然則古所謂集，乃後人聚集前人所作，非作者自稱爲集也。今薈萃家言，正符斯恉，猥名曰集，諒非矗言。

一、書目集部，有别集，有總集。其總集，有總當世之集，有總一家之集。總録當世者，始於《文章流别》，晉摯虞撰。後來《集苑》謝混撰。《集林》，劉義慶撰。其流也。李善所謂「搴中葉之辭林，酌前修之筆海」是也。總録一家者，著於《廖氏家集》，唐廖光圖撰。後來《王氏文獻》、録王氏褒、肇、亶、佐、譯、希、旦、昺、杲諸人作。《陳氏義溪世稿》，録陳氏周、根、振、栖、煒、燿、遲、達諸人作。其類也。陸機所謂「詠世德之駿烈，誦先人之清芬」是也。是編專輯上沙朱氏著作，聊便寘懷，匪云縣國，揚榷古今，銓衡雅俗，夫豈敢然。

一、古人文集，秖以名氏命篇，南朝張融創加美號，融有《玉海集》十卷、《金波集》六十卷。而總集之《玉臺》《珠英》仿之。徐陵有《玉臺新詠》，崔融有《珠英學士集》。其在家集，則李氏《花萼集》、李乂尚，一尚貞。竇氏《聯珠集》、竇群、常、牟、庠、鞏。謝氏《蘭玉集》，宋汪聞集，謝安等十六人作。咸緣義錫名者也。若夫傳芳之集，編自洛陽相君。錢惟演輯祖父以下作，名曰《錢氏傳芳集》。傳芳之録，定於金華學士。宋濂裒集家文，名曰《宋氏傳芳録》。不揣弇陋，濫與同稱，猶之解詁繫傳，罔避雷同，會要蒙求，弗嫌數見，思存竊比，擬愧非倫。

一、劉勰《文心》，明詩先列，昭明《文選》，備録詩歌，蓋詩即文也。爾後《文粹》《文鑑》諸書，《唐文粹》，姚鉉撰。《聖宋文鑑》，呂祖謙撰。稟承靡異，但姚氏惟取古風，真德秀《文章正宗》同。呂氏兼遴近體，同源各委，稍別衡裁。竊謂五言、七言造端三百。劉勰謂五言《召南》《行露》已肇半章，孔穎達謂七言如彼築室于道謀，是其始唱。排比聲韻，具體梁陳。陽湖趙氏謂陰鏗《安樂宫》新宫實壯哉，《雲裏望樓臺》一首竟是律體。謂唐律不與漢魏同風，則漢魏亦未與風騷合派，徑涂日闢，運會攸開，觀其會通，理無偏廢。

一、昌黎古文，尊曰起衰。王楊時體，亦云不廢。曰駢曰散，兩藝分馳。全椒吴氏謂，一奇一偶，數相生而相成，尚質尚文，道日衍而日盛。暘谷幽都之名，古史工於屬對；覯閔受侮之句，葩經已有儷言。道其緣起，略見源流。沿流似分，叩源即合。所謂古文若膚，不如駢體，駢體有氣，即是古文，信也。《蕭選》渾合不分，於義爲古，謹循往躅，不復分門。

一、程試之文，是稱帖括，昔人總集，間亦兼收。《英華》采取律賦極多，《文苑英華》，李昉、宋白等編。《文鑒》亦登經義數首。其專書別見者，則《唐志》之宋元嘉策，《通志》之賦苑，徐鍇所集律賦。《文獻通考》之宏辭總類，陸時雍刻。《指南論》淳熙以前時文。《擢犀策》《擢象策》，元祐至紹興科舉場屋之文。皆專書也。風簷所限，晷刻成文，置列藝林，不無軒輊。是集概不羼入，別録以行。

一、選家棄取，古有微詮。吕氏編《宋文鑒》，朱子謂其有取於文理佳者，有文雖不佳而事理可取者，有文理且如此而衆人久以爲佳者，有文理不甚佳而人賢名微恐其湮没亦編一二者。水心葉氏謂其鉅家鴻筆，以浮淺受黜，稀名短句，以幽遠見收。近世朱彝尊輯《明詩綜》，或以詩傳人，或以人傳詩，大指在崇正抑邪，與一代國史相表裏。茲編録止一家，無斯干系。然原集具存，爰施决擇，零篇散落，必與甄尋，固云手澤念先，蓋亦匠心師古。

一、我上沙始祖諱子議。爲元時處士，明興不仕以終。厥後儒學蹶興，盛於嶺表，自嘉隆以汔啓禎，幾如王筠所言，明德重光，人人有集。省邑志乘所著録，名家總集所選掄，可考而知也。不幸明季省垣之變，湖州公府第淪没，諱謨，有承德第在會垣大市街五僊觀側。篇籍多湮，而侍郎、學博兩公舉義於鄉，侍郎諱實蓮，國朝賜謚烈愍，舉義師殉難，詳《明史·列傳》、《欽定勝朝殉節諸臣録》、《御批通鑒輯覽》唐桂二王本末及各志書。學博諱名臣，官高明訓導，殉難，詳《沛國世紀》。身殲家踣，宗族竄亡，累傳文獻，半就零落，雖其間瓌瑋絶特之作，亦自歷劫不磨，然已存什一於千百矣，可嘆也。今輒網羅存佚，與國朝以來之粲存者，校録於編，其有續收，竢登後集。

一、揚厲宗功，光宣嗣德，烜赫鴻懿，多賴文字以傳，薈合成書，最徵傳守。《隋志》有太原王氏《家碑誄頌讚銘集》二十六卷，是其先聲。後世風流彌劭，好事益多。投贈則有《朝彦過顧况宅詩編》《名臣贄种隱君書啓録》祥符諸賢與种放書牘。《艇齋師友尺牘》。南豐曾季貍師友書簡，其子濰輯。餞送則有《賀監歸鄉集》《白監歸東都詩》。哀吊則有《考德集》强至輯韓琦薨後祭文挽詩。《蘇明允哀挽》。壽言則有《世綵集》。政和中廖剛曾祖母祖母享年最高，俱及見五世孫，剛作世綵堂奉之，人爲賦詩。靡不琅琅炳炳，炤燿來兹。它如士大夫篇詠唱酬，出風入雅，若漢上題襟、松陵唱和諸册，又不勝數矣。式衷古誼，略與搜求，都爲外集。

一、德施文選，不録生存。孝穆玉臺，并登見在。竇常謂《文選》以何遜在世，不録其文。其人既往，然後其文克定，故所捃拾皆前人作也。謹按：論人以蓋棺而允，譚藝亦以没世而公。去噉名學士之謿譏，就公是先生之筆削，勿矜譁世，遂議藏山，竊以不登見在爲正。其存殁之例，正集以作者爲斷，外集以所爲作者爲斷。

卷首之二

朱氏傳芳集履歷總目

正集

朱謨

謨，字次皋，號石潭，南海上沙朱氏始祖，獻謀府君七世孫。嘉靖二十一年選貢，三十一年舉人，授浙江湖州府通判，歷署烏程知縣、湖州府推官。著有《石潭集》。

朱讓

讓，字次夔，号絅庵，獻謀府君七世孫。嘉靖三十七年舉人，萬曆二年進士，授福建南平縣知縣，調繁江西臨川，充丙子、己卯江西鄉試同考官，擢南京户部河南司主事兼管江西司事，監督浙江北新關稅務，遷員外郎郎中，簡四川夔州府知府，治行第一，賜璽書褒美。入覲，陳請致仕，中外交薦，召補湖廣鄖陽府知府，未赴。以孫實蓮贈兵部左侍郎，諭祭。祀南平、臨川名宦，府縣學鄉賢，夔州士民特祠崇祀。

朱宏

宏，字伯載，號文屏，獻謀府君八世孫。

朱樵

樵，字叔祥，號攢雲，獻謀府君八世孫，順德學庠生。

朱完

完，字季美，號白岳山人，獻謀府君八世孫，廪生。選貢國學，不赴。著有《説文解字石室志》《虹岡漫録》《續録》《初學記》《清暉館稿》《白岳山人全集》《草堂詩餘》。

朱疇

疇，字可叙，號箕作，獻謀府君八世孫，廪生。以子實蓮封浙江德清縣知縣，贈兵部左侍郎，諭賜祭葬。著有《期適亭稿》《駿發閣集》。

朱遐

遐，字叔華，號石室，獻謀府君八世孫，西寧學庠生。著有《九江鄉乘》。

朱凌霄

凌霄，字宏惠，號湛一，獻謀府君八世孫，萬曆十三年舉人，選新興縣教諭，充丁酉湖廣鄉試同考官，陞湖廣咸寧縣知縣，遷雲南寧州知州，改貴州安化縣知縣，政最擢陞，士民乞留。特旨晋定番州知州，仍管安化縣事。轉山東平度州知州，署青州府知府，改江西贛州府通判，致仕。安化士庶爲立遺愛碑，贛州商民立德政碑於儲潭廟。

朱繼鳳

繼鳳，字肖陽，號惺宇，獻謀府君八世孫，西寧學廩生。著有《自適軒詩賦全集》。

朱端志

端志，字自昊，獻謀府君九世孫。

朱伯蓮

伯蓮，字子敬，號浄燠，獻謀府君九世孫，崇禎六年舉人，七年乙榜進士，選南直無錫縣教諭，陞中書科中書舍人，特勅督理江西兵餉，擢户科右給事中，兼兵科給事中。著有《鑒吚集》。

朱協蓮

協蓮，字子勷，號庇亭，獻謀府君九世孫，庠生。著有《依園詠》。

朱實蓮

實蓮，字子潔，號微龕，獻謀府君九世孫，未冠中天啓元年第三名舉人。崇禎時，巡按提學疏薦廣東人材，俱第一，授浙江德清縣知縣。賑荒，申請免征，不報。尋以漕兑稽遲，逮詔獄中，猶極陳地方荒苦狀，上感悟，得謫南直松江府照磨，起臨淮縣知縣，擢刑部廣西司主事，兼兵部武選司，轉户部郎中。内艱在籍，桂王稱號監國，特勅團練水陸義師，兵衄，攝守高明殉難，贈光禄寺少卿，加贈兵部左侍郎，三代同官，諭賜祭葬。國朝乾隆四十一年，贈謚烈愍，予祀忠義祠。著有《積雪軒集》《冬春草横雲軒集》《春江詠西樵草》。

朱會蓮

會蓮，字子茂，號松濤，獻謀府君九世孫，庠生，辟授推官。

朱光祖

光祖，字象之，號海若，獻謀府君九世孫，萬曆四十年舉人，授廣西融縣知縣，充崇禎庚午廣西鄉試同考官，遷直隸揚州府通判。

朱光允

光允，字嗣之，號松蘿，獻謀府君九世孫，萬曆四十三年舉人，選龍川縣教諭，陞國子監助教監丞，擢户部陜西司主事，户部員外郎，監督寶泉局，卒於官。本部疏請恤典，事迹紀録付史館。著有《户部籌餉政議》。

朱璧

璧，字乾章，號楚穀，獻謀府君九世孫，庠生。著有《朱氏壎篪集》。

朱環

環，字乾中，號英巨，獻謀府君九世孫。著有《周易闡微》《史要兵略管窺》《拙齋雜録》《守拙山人全集》《朱氏壎篪集》。

朱元英

元英，字澄脩，號嘯峰，獻謀府君十世孫，康熙五十一年歲貢。著有《鏤雲齋集》。

朱國材

國材，字篤甫，號四古，獻謀府君十世孫，康熙十二年歲貢，廷試旨擢一等第一名，選開建訓導，卒於官。著有《四古遺稿》。

朱宗元

宗元，字輿嗣，號厚齋，獻謀府君十一世孫，康熙四十四年舉人，選崖州學正，卒於官。

朱順昌

順昌，字宏矩，又字叔劉，號北渚，獻謀府君十二世孫，康熙二十四年恩平學拔貢，選清遠縣教諭，内艱。起復，補文昌縣教諭，陞高州府教授。著有《文昌縣志》《朱氏顒觀房世系全圖》《江邨雜詠》《清署吟》《北行草》《海外集》《循古閒囈》《南游紀行》。

朱道南

道南，字接東，號木齋，獻謀府君十二世孫，乾隆二十一年舉人，時功令初設大挑不就，序選靈山縣訓導，陞肇慶府教授。

朱吉兆

吉兆，字迪之，號樵南，獻謀府君十三世孫，乾隆元年舉人，授河南汝州清軍糧捕水利鹽驛州同知，卒於官。

朱程萬

程萬，以字行，號南滇，獻謀府君十四世孫，嘉慶十三年歲貢。著有《植蘭庭遺稿》。

朱雲萬

雲萬，以字行，號南臺，獻謀府君十四世孫，國子監生。

朱祥麐

祥麐，字懿脩，號在椒，獻謀府君十四世孫。著有《沛國世紀續》。

朱儒挺

儒挺，字雲中，號龍川，獻謀府君十四世孫。

朱錫光

錫光，字昭時，又字次棠，號介如，獻謀府君十四世孫。

朱光宇

光宇，字維昌，號曉崖，獻謀府君十五世孫，國子監生。著有《曉崖詩鈔》。

朱深遠

深遠，以字行，號浚泉，獻謀府君十五世孫，佾生。著有《自得堂詩鈔》。

朱堯勳

堯勳，字瑞占，號辰階，獻謀府君十五世孫，道光二十年舉人。著有《周易例》《孟子評》。

朱士琦

士琦，字贊虔，號畹亭，獻謀府君十五世孫，道光十九年舉人，以弟次琦貤贈山西襄陵縣知縣。著有《南順十一堡禦盜方略》《谷泉吟草》《北行集》《南還集》《鴻爪集》《西行集》《留都集》《息軮集》《怡怡堂集》《畹亭文存》。

朱大章

大章，字佐朝，號傳巖，獻謀府君十五世孫。

朱庭森

庭森，原名澄湘，字廷琛，號普存，獻謀府君十六世孫。道光十一年副貢，就職直隸州州判，分發教諭。

朱才貴

才貴，字廷光，號鑒人，獻謀府君十六世孫。

朱瀚

瀚，字鳴謙，號鶴亭，獻謀府君十七世孫，國子監生。

外集

何維柏

維柏，字喬仲，號古林，廣東南海人。嘉靖十四年進士，歷官南京禮部尚書，謚端恪。著有《易義》《禮經辨》《太極圖解》《天山草堂存稿》《陳子言行録》。

盧夢陽

夢陽，字少明，號星野，廣東南海人。嘉靖十七年進士，歷官福建右布政使。著有《煥初堂集》。

盧宁

宁，字忠獻，號冠巖，廣東南海人。嘉靖二十三年進士，歷官山東登州府知府。著有《獻子講存》《五鵲臺集》《五鵲別集》。

陳良珍

良珍，初名便殿，字在璞，號淇涯，廣東南海人。嘉靖二十八年舉人，歷官湖廣永州府同知，萬曆三十七年重燕鹿鳴。著有《永州府志》《鬱林州志》《陳氏訓規》《在璞文稿》《詩稿》。

黄朝聘

朝聘，字某，廣東南海人。嘉靖二十九年進士，歷官雲南布政使。著有《古今節概集》。

梁士楚

士楚，字思立，廣東番禺人。嘉靖三十一年舉人，歷官福建按察司僉事，貴州布政司右參議。著有《沿海要害圖説》《木灣集》。

崔吉

吉，字某，廣東南海人。嘉靖三十五年進士，歷官户部員外郎，督理湖廣糧儲。

陳克侯

克侯，字士鵠，廣東順德人。嘉靖三十七年舉人，歷官雲南大理府同知。著有《南墅集》。

關學尹

學尹，原名與張，字蜀卿，號碧灣，廣東南海人。嘉靖四十年舉人，歷官雲南澂江府知府。

陳吾德

吾德，字懋脩，號省齋，廣東新會人，嘉靖四十二年進士。歷仕中外，以直節屢削籍，終官湖廣按察司僉事，卒於官。著有《甲子歷年圖》《律吕説》《謝山存稿》。

歐大任

大任，字楨伯，號崙山，廣東順德人。嘉靖四十二年歲貢，歷官南京工部虞衡司郎中。著有《思元堂》《旅燕》《浮淮》《軺中》《游梁》《南翥》《北轅》《廱館》《西署》《秣陵》《詔歸》《蘧園》諸集、《廣陵十先生傳》《百越先賢志》《歐虞部文集》。

王宏誨

宏誨，字忠銘，一字紹傳，自號天池居士，廣東定安人。嘉靖四十年鄉試第一，四十四年進士，繇翰林歷官南京禮部尚書致仕。著有《尚友堂稿》《南溟》《奇甸》《天池》諸草。

趙志皋

志皋，字汝邁，浙江蘭谿人。隆慶二年進士及第，歷官禮部尚書，兼東閣大學士，累晋少師兼太子太師，中極殿大學士，卒於位，謚文懿。著有《奏議文集》《詩集》。

金節

節，字持甫，廣東南海人。萬曆二年中禮部會試，五年成進士，歷官廣西布政司右參政。著有《仕學膚言》《吴粤草》《缶鳴集》。

何白

白，字无咎，浙江永嘉人，布衣。

黎密

密，字縝之，广东番禺人，諸生。少孤，撫於祖瞻，事祖及節母至孝，力學好古，子遂球文章節義世其家。密著有《籟鳴集》。

曾仕鑒

仕鑒，字明吾，一字人倩，號洞庭，廣東南海人。萬曆十三年舉人，歷官户部江西司主事。著有《兵略》《西清暇筆》《軍門志》《兩粤鎮乘》《順德圖經》《南槎記》《皇明大政纂》《慶歷》《公車》《洞庭》《羅浮》《和杜》諸集。

區大相

大相，字用孺，廣東高明人。萬曆十七年進士，歷官檢討、贊善中允、太僕寺丞。著有《海目先生集》。

韓上桂

上桂，字孟郁，廣東番禺人。萬曆二十二年舉人，崇禎間歷官直隸永平府通判，擢福建建寧府同知，仍留督餉。出塞，聞流寇陷京師，悲憤不食，卒於寧遠城。國朝乾隆四十一年，賜謚節愍。著有《雞肋》《城坳》《蘧盧》諸稿、《朵雲山房集》。

陳開泰

開泰，字某，廣東三水人。萬曆二十五年舉人，歷官貴州威遠道兵備副使。

關管

管，字誠要，號嶰谷，廣東南海人。萬曆二十八年舉人，歷官湖廣沔陽州知州。著有《軒鳴集》《存石稿》《皆山樓草》。

劉觀光

觀光，字覲國，廣東順德人。萬曆三十二年進士，歷官山東左布政使。

關名教

名教，字司直，號星岸，廣東南海人。萬曆四十年舉人，歷官南直揚州府同知，福建鹽運司運同。

田某

仰，字某，貴州安化籍，江西盧陵人。萬曆四十一年進士，歷官太子太保，兵部尚書兼都察院左都御史，魯王監國晋東閣大學士。

李孫宸

孫宸，字伯襄，廣東香山人。萬曆四十一年進士，繇翰林歷官南京禮部尚書，卒於位，謚文介。著有《建霞樓集》。

劉克平

克平，字道予，廣東從化人，諸生。

李雲龍

雲龍，字煙客，廣東番禺人，諸生。亂後，祝髮爲僧。著有《嘯園前集》《後集》。

吴時亮

時亮，字某，浙江烏程籍歸安人，《廣東通志・職官表》作嘉善人。萬曆四十七年進士，崇禎十七年官廣東左布政使。

陳子壯

子壯，字集生，號秋濤，廣東南海人。萬曆四十七年進士及第，繇翰林歷官東閣大學士，兼兵部尚書，節制閩廣江楚軍務，殉難。贈特進太師、上柱國、中極殿大學士、吏兵兩部尚書、番禺侯，謚文忠。國朝乾隆四十一年，贈謚忠簡。著有《昭代經濟言》《經濟考略》《南宫集》《禮部堂稿》《練要堂前集》《後集》。

黃應秀

應秀，字伯毓，號柏郁，廣東南海人。萬曆四十七年進士，歷官江西糧儲道按察司副使，兼布政司參議。

李遇知

遇知，字某，陝西洋縣人。崇禎末歷官吏部尚書，病去，都城陷，自縊被執，迫降不屈遇害，一門殉節者七人。國朝乾隆四十一年，贈謚忠節。

曾陳詩

陳詩，字命觀，號奇石，廣東南海人。崇禎三年舉人，歷官廣西新寧州知州。著有《焚餘草》。

吴鍾巒

鍾巒，字峻伯，又字巒稺，號稺山，世稱霞舟先生，直隸武進人。崇禎七年進士，歷官禮部尚書，兼右都御史，殉難。國朝乾隆四十一年，賜謚忠烈。著有《周易卦説》《大學衍注》《霞舟樵卷語録》《稚山集》《歲寒松柏集》。

關家炳

家炳，字堯文，號羹素，廣東南海人。崇禎十三年賜特用出身，歷官南京户部江西司主事。

黎春曦

春曦，字梅暎，號梅嶽，廣東南海人。崇禎十三年賜特用出身，歷官山東武定州知州。著有《九江鄉志》。

彭貞

貞，字號爵里未詳。

陳子升

子升，字喬生，號中洲，廣東南海人，子壯弟。繇明經授中書科中書，歷官兵科右給事中。著有《中洲草臺集》。

曾君棐

君棐，字篤卿，廣東南海人，仕鹽孫諸生。著有《灌玉園稿》。

鄭篔

篔，字某，廣東南海人，諸生。

岑徵

徵，字金紀，號霍山，廣東南海人，諸生。亂後棄去，隱居不仕。著有《選選樓集》。

陳恭尹

恭尹，字元孝，號獨漉子，亦稱羅浮布衣，廣東順德人。明忠臣邦彦子。隱居不仕。著有《獨漉堂文集》《詩集》。

程可則

可則，字周量，號湟溱，廣東南海人。順治九年會試第一，磨勘不與殿試，十七年御試，授内閣撰文中書，改内秘書院撰文，歷官兵部郎中、廣西桂林府知府。著有《海日堂詩文集》《遥集樓詩草》《萍花草》。

關鳳喈

鳳喈，字宣文，號夔石，廣東南海人。康熙三十五年歲貢，歷官内閣中書舍人。著有《桐齋詩集》。

關上進

上進，字凌雲，號樵峰，廣東南海人。康熙六十年進士，歷官翰林院檢討，預千叟燕。著有《木蘭軒集》。

陳忠

忠，字號爵里未詳。

陳進成

進成，字學山，號懋齋，廣東南海人。雍正七年舉人，歷官山東滋陽縣知縣，改連州學正。著有《懋齋文集》《晚香亭稿》。

馮成脩

成脩，字達天，號潛齋，廣東南海人。乾隆四年進士，繇翰林官禮部祠祭司郎中、貴州學政罷歸，乾隆六十年重燕鹿鳴。著有《文基》《文式》《養政要規》《學庸集要》《人生必讀書纂要》。

胡芳洲

芳洲，字某，廣東順德人。副貢生，乾隆四十三年官靈山縣教諭。

關上謀

上謀，字南棠，號榕莊，廣東南海人。乾隆三十六年舉人，歷官浙江寧波府同知。著有《見聞叢録》《雙榕堂詩草》。

關士昂

士昂，字璧堂，號穗田，廣東南海人。乾隆五十七年舉人，官知縣，歷署山西石樓太谷兩縣、蒲州府同知。著有《雨窗小草》《賦閒小草》。

潘世恩

世恩，字槐堂，號芝軒，江蘇吴縣人。乾隆五十八年進士及第，歷官太子太保、武英殿大學士，晋太傅，謚文恭。著有《藤花廳詩鈔》。

蔡蕙清

蕙清，字樹百，廣東番禺人。嘉慶十二年舉人，歷官刑部主事。著有《樹百詩鈔》。

陳履恒

履恒，字以和，號心農，廣東南海人。嘉慶二十四年舉人。著有《四書蠡説》《潁川文獻略》《碧樓存稿》。

黃鳳

鳳，字羽揚，號梧生，廣東南海人，諸生。

王筠

筠，字貫山，號菉友，山東安邱人。道光元年舉人，官山西鄉寧縣知縣。著有《説文句讀》《説文釋例》《繫傳校録》《文字蒙求》《鄂宰四稿》。

羅文俊

文俊，字泰瞻，號蘿邨，廣東南海人。道光二年進士及第，歷官工部左侍郎兼户部右侍郎，管錢法堂事。

潘鐸

鐸，字木君，江蘇江寧人。道光十二年進士，歷官河南巡撫，改山西按察使，遷湖南布政使署湖南巡撫。

李鳴韶

鳴韶，改名徵霨，字孟夔，號阮薋，廣東南海人。道光十二年舉人，官高要縣教諭。

吴彌光

彌光，字彌光，號樸園，廣東南海人。道光十四年舉人，候選詹事府主薄。著有《芬陀羅館詩鈔》。

廖亮祖

亮祖，字伯雪，號顧廬，廣東順德人，道光十九年舉人。

關士瑒

士瑒，字樹揚，號璞軒，廣東南海人，咸豐元年舉人。

陳志澄

志澄，字燮堂，廣東南海人，國子監生。

閨秀劉蘭雪

蘭雪，原名祖滿，字蘭雪，一字畹卿，廣東順德人。其先世劉魁始入粵，占籍番禺，後徙順德容奇鄉。蘭雪生而端慧，以孝聞。幼嗜墳典，兼富才華，作韻語悉如唐法。適禮部尚書何維柏從孫允衎，生一子璽書。年二十四卒，著有《叢桂剩稿》《梅妝閣集》。按：《廣東通志》《粤東詩海》諸書作劉祖滿。《欽定古今圖書集成·閨媛典列傳》則作劉蘭雪，今從之。

釋成鷲

成鷲，字迹删，又作即山，號東樵，廣東番禺人。明孝廉方國驊子，九谷先生殿元弟也。年十三補諸生，名顓愷，字趾麟，亂後棄儒爲僧，從鼎湖慶雲寺石洞禪師祝髮，雲游諸方，繼歸慶雲，爲第七代主持。晚棲大通寺，一時名流，無不傾慕。海寧陳相國元龍謂其文發源於《周易》，而變化於《莊》《騷》，海涵地負，辨才無礙，詩在靈運香山之間，蓋墨名而儒行者也。長洲沈宗伯德潛亦謂擬之於古，惟儼秘演之儔。國朝詩僧，無出其右。年八十餘卒，著有《鼎湖山志》《咸陟堂前集》《後集》。

卷一　正集文

奏議

朱實蓮一首

詔獄陳地方荒苦疏

微臣聞之：水旱者，極備之凶也；補救者，時亮之權也；去不忘憂者，職思之勤也；死不忘忠者，事君之節也。竊惟天灾流行，何處蔑有？未有四五年來饑饉洊臻、旱歿嗣虐、孑遺靡定、降割繼行、井邑爲墟、民物將盡如浙西之甚者也。追惟九年、十年，浙右奇荒，亘古罕有。桑株砍伐，耕牛宰賣，至乃掘草煮土，人類相食。小民死徙之餘，未獲安業，而十二年夏秋之蝗旱、冬月之霪雨又作矣。陰淫積久，淋潦非時。去年夏，五甫交龍水驟發，百川灌河，鳴山應谷。江浙蘇、松、常、嘉、湖數郡稽天鉅浸，千里瀰漫。吴江、德清腰腹太湖，如坐釜底；苕霅諸水與江海翻波。於斯時也，城隅傾圮，堤堰潰決，廨署泛汪洋之浸，壇廟無暵乾之所，起視四境，穀蔬淪没，室廬漂蕩，人畜蔽江流而下，帆檣緣木杪而渡，男號婦哭，天日爲昏。其有乘高駕浮幸不即斃者，無所得食，驚癇饑羸。有孩稚推棄於漲中，夫妻子母枕藉待死於水涯者矣。微臣此時受任未久，四出揃循測量潦勢，深者水可數尋，淺者猶至滅頂。坊廂如此，鄉堡可知。是以塘栖以西，尖山以北，千村萬落，煙火斷絶，傷亡死徙，民氣索然。詢之故老，僉云江浙水荒劇於萬曆丙午，慘於天啓甲子。然前此兩見，皆淹未兼旬，兹則崩騰數月；前此民户蓋藏尚足，枝吾旦夕，兹則凶饑之後，元氣蕭條。歷數三十年來，上天降殃，虔劉下國，未有甚於此時者也。微臣目擊情形，痛心酸鼻，自傷爲人司牧，政刑頗辟，措置乖違，無以慕迎祥和，覆以招災速戾，使萬户生靈顛連若此。是時，即肆微臣於市朝，正溺職之誅，謝横死之衆，是微臣所大願也。當已再四思惟，圖拯救於萬一，顧乃納隍有願，起瘠無因，不避先發之嫌，而管庫如洗矣；欲倡富民之義，而大家中落矣；期需抽分之益，而商船裹足矣；思乞鄰封之糴，而同病無門矣。四顧旁皇，搥胸飲血，不得已兩申撫按，面要道府，籲懇丁糧漕白一切奏蠲，發帑截運以資接濟。是時非無尼微臣怵微臣者，微臣以謂熙朝聖聖相承、勤求民莫、深仁厚澤二百餘年矣。高皇帝設預備倉禦荒歉地方，偏災州縣不以聞者，許耆民申訴，處極刑。永樂中河南饑，文皇治有司之玩泄者，榜示天下。宣宗皇帝聖諭：「民饑無食，濟之當如救焚拯溺，何待勘爲？」煌煌大訓，我朝鼎命之隆在此也。至謂籌餉方殷，浩費恐非朝廷意，是又淺之乎測皇上矣。皇上御極以來，以祖宗之心爲心，以天下之安爲安，乃者不因旱齋居避正殿乎？不振延綏饑乎？不餽南陽粟乎？不普免山西新舊二餉乎？微臣方且恃天恩之有素，盼大吏之飛章，方且噢咻老幼，撫摩瘡痍，勉之以忍死須臾，慰之以大澤將至，而不謂漕兑嚴期，突然逼迫矣。揭參符劾，急如星火矣。微臣奉職無狀，法重命輕，欽奉嚴提之下，分宜速正刑誅，引義自決，而必靦顔囚首、歸死司敗者，非有所顧望也。伏念唐石烈士，馬前一騶耳，尚思排豐碑，撞守卒，俾自致於萬乘之前，以鳴主將之勞烈。方今聖明在上，居高聽卑，坐使一方嚮隅，恩不下究，九重萬里，壅於上聞，萬物憔顇而陽澤不施，群方戴盆而天光不照，汝身雖殲，汝罪不容誅矣。且夫蘇浙數郡錢漕金花銀之偏重，天下所知也。里下辦差，如解户糧，長馬船頭，館夫祗候，擡柴修倉，接遞站鋪，牐淺夫諸色目。又如寄養馬匹，黄穰苗撞竿等差徭，又有采買銀硃、生漆、鐵線、香蠟，金兩取求之無藝，幫貼之煩猥，天下所無也。荒旱以來，帶徵有三年、五年，添派有助餉、練餉，又天下所苦也。萬一賙賉無聞，追胥如故，虎冠之吏，敲吸爲能。藐爾殘黎，展轉之下，惟有逃亡。逃亡不能，因而鋌險，時事將有不忍言者。宋臣曾鞏之言曰：「賑灾不力，小民或出無聊之計，有窺府庫，盗一囊之粟、一束之帛，彼知己負有司之禁，則必鳥駭鼠竄，竊弄鉏梃於草茅之中，以扞遊徼之吏。强者既囂而動，弱者必隨而聚矣。不幸或連一二城之地，有枹鼓之警，國家胡能晏然而已乎？」比者中原多故，風聲播流，保無有梟獍之徒，包藏禍心，乘間思亂，初猶煽劫，繼且盗兵，裹誘漸繁，橫流益潰，陝晋楚豫其已事矣，是可不爲之寒心哉。語曰：「失之東隅，收之桑榆。」又曰：「前車覆，後車戒。前車覆而不戒，是後車又將覆也。」是故欲回天意，先召人心。欲保東南財賦之疆，先予億兆更生之路。伏願皇上獨斷聖衷，截留南漕米十萬石，准在淮南水次駁放，仍提浙江存留銀十萬兩，火速散施。其科辦帶，徵添派各官錢，暫從恩免，或仿宋范仲淹守臨安興工代賑故事，令饑民挑濬吴淞、白茅兩江，赴役就食，若此則收行水之利，廣澤枯之仁，答烈祖眷顧之靈，弭五行饑穰之患，塞奸人窺窬之竇，鞏皇圖保定之基，胥於此乎得之，孰與屯一時之膏、釀滔天之禍而後悔無及哉！若此，則微臣去職爲不徙，忠言爲有補，則雖膺大戮伏斧碪，且將含笑入地矣。無任呼天待命，激切籲望之至。

附録：《三朝野紀》 江陰李遜之撰，詳《明史·藝文志》。

崇禎十五年正月元旦，諭各省十二年以前一應存留起解上供本折錢價盡行蠲免。又以江南荒旱，許各府州縣以來抵漕，百姓歡呼稱慶。又從刑部侍郎惠世揚請，豁免十二年以前贓罰銀兩。又發帑金二萬賑山東。先是十三四年，蘇、松、常、鎮四府皆大旱，蝗蟲食苗，民皆告饑。浙西三府又大水爲灾，一望漂溺。漕儲缺額，征比無從，而湖州一府尤甚。十四年七月，浙撫參德清、崇德兩縣尤遲兑誤漕，時政府方尚嚴急，遂奉旨差緹騎拏解兩縣印官，崇德令趙夔自縊死，德清令朱實蓮逮至京，下獄擬罪。時漕事亦已報竣，實蓮因具疏陳地方荒苦狀，始得釋罪調用，則屬宜興爲政矣。朱君字子潔，廣東南海人。天啓辛酉，方弱冠，受知於先忠毅，拔冠一經。工詩文，重氣誼，屢躓春闈，以薦舉授是官。到任未一年也，被逮。後所著詩有《冬春草》，吴巒穉先生序之曰：「詩以言乎心之所之也。心乎親者，其言之乎孝；心乎君者，其言之乎忠；心乎民者，其言之乎仁。吾友子潔氏令海溪，著循廉聲，忽詔獄，尋詔釋之，還其官。所撰《冬春草》，言孝、言忠、言仁，令讀者流連嗟嘆而不容已，因以知其心焉。先是，其師李侍御仲達亦吾友也，以觸璫詔獄，所撰有《授命草》，亦言忠、言孝、言仁，足令人嗟嘆而不容已。然侍御之冤，當其身不白也。子潔幸遇聖明，復得出以展其大用，凡所言忠、言孝、言仁，慮無不可發而措諸事業者，其重勉乎哉！侍御可謂有生友矣。」見卷七。

附節録：《欽定古今圖書集成·朱實蓮傳》

崇禎庚辰，薦舉人才第一，授德清知縣。歲荒，賑䘏活衆無算，尋陞刑部主事，轉户部侍郎中。丁亥，同陳子壯起兵擁衆，退守高明，城陷死之。見《氏族典·七十六》。謹按：《欽定勝朝殉節諸臣録》《明史·列傳》，紀公均未及賑䘏事，故録此。

朱士琦一首

擬請聖廟殿庭升祀先賢公西子議

臣謹按：曁宗秩祀，典禮攸隆，累朝損益，規制略備，其有稍未概於人心者，則先賢公西子猶屈於兩廡，而未正升配殿庭之祀也。夫唐開元中，十哲之稱，非定論也。唐自貞觀以來，以孔子爲先聖，顔子爲先師，配孔子者顔子一人耳。開元時，乃從司業李元瓘言，贈十哲之祀，不知《論語》四科所臚列，特以紀與難之侶，非以概從學之賢。據定祀典，寧免詿漏，故當其時，已升曾子配矣。迨宋元祐，而升孟子配矣。又至咸淳，而升子思配矣。若夫因孟子有子夏、子游、子張之言，而升顓孫則宋度宗時所推論也。因孟子有宰我、子貢、有若之言，而升有子則我皇朝乾隆初之特典也。凡皆十哲之稱，非定論，而秩祀須協萬世之公故也。然則先賢公西子之升配，當詳議矣。考公西子品誼，《尸子》稱孔子有六侍，而公西子赫然在焉。然猶曰子書所纂録也，禮則列於經矣。《大戴禮·衛將軍文子篇》聖門諸賢有十二行，而公西子赫然在焉，然猶曰漢儒所掇拾也。《論語》則原於古矣，篇内記載，特多聞斯行諸之質，見其能疑；正惟弟子之嘆，見其能信。緇帷詳侍坐，則由、求、赤齊聲；武伯又問仁，亦由、求、赤匹價。審是，則《家語》所謂齊莊而能肅，志通而好禮，擯相兩君之事，篤雅有節云云者，固未盡厥懿也。夫子曰：「赤也爲之小，孰能爲之大？」他日，又謂門人曰：「二三子欲學賓客之禮者，於赤也。」其推挹至矣。而謂僅班諸鄙單罕黑之間，勿得與入室升堂之選，不亦誣乎？是宜比照顓孫子、有子成例升祀殿庭，既克昭千古之公，何必異四科之目，使四配而外，增爲十二哲。是故德行有三人焉，閔子騫、冉伯牛、仲弓；言語亦三人焉，宰我、子貢、有若；政事亦三人焉，季路、冉有、公西華；文學亦三人焉，子夏、子游、子張。前可爲十哲，今亦可爲十二哲也。權衡既協，俎豆用光。皇上稽古同天，斟元闡繹，而是舉也，可以正千年墜典於未行，可以俟百世聖人而不惑矣。臣謹議。

道光壬辰，嘉興陳小孟侍講名鴻墀，乙丑進士。主講越華書院，以此命題，士琦呈此篇，先生評曰：千秋公論，當與杭大宗《擬請復後漢儒盧植從祀禮議》并傳。又曰：前明正德辛未會試，少傅大學士劉忠、吏部左侍郎學士靳貴爲主考，首題爲德行顏淵一節，程文破題用十哲字，而忽有投狀於閣部者，内稱「訴冤人顏淵爲乞恩改職事，某蒙累朝聖恩，久爲四配，忽降居十哲之列，使四人虛一位，又使子張無處可居，乞爲辨明復職云云」，蓋不得志者爲之，亦可笑也。自記。

書

朱士琦二首

上粤中大府論西江水患書

竊謂西潦之發，消長有期。其漲也，繇數尺至一二丈，來以一二日，越四五日其漲必止，下流不壅，五日後必消。若下流壅塞，前潦未退，後潦又來，或東、北兩江齊漲，消不如期，必有衝決圍基之患，至圍決而官民交受其困矣。東江水力不及北江之長，其入海道又捷，爲患較少。北江水道漸長，然無牂柯江以遏之，雖爲患亦不甚。若牂柯江，則水長而力悍，其洪濤駭浪自相擊撞，日晴風定猶隱隱作雷霆聲，爲患較東、北江恒劇。防牂柯江者，歲用民力，保固圍基，有司促迫加高加厚，似矣。然自乾隆五十九年迨嘉慶十八年、二十二年、二十三年，修基者四次，加高一二尺逮四五尺有差，潦至輒與圍平，此急計，非本計也。疏瀹入海，下流石壩未築者禁，已築者拆，此本計也，非民所能爲也。牂柯江自肇慶上溯雲南，匯諸江水，有蓄無洩。肇慶峽以下，地少岡阜，匯水愈多，其流益駛。以平衍之地，受徼外經行七八千里驕悍之水，奔逸横恣，非尋丈圍基所能禦也。地勢然，亦水勢然也。查牂柯江自峽下順流至新會北街口猴子山，南出外海，西出江門。猴子山脚十年前水深六丈有奇，今冬月水涸，水僅丈餘，十年以後豈堪設想。總緣沙田，多築石壩，水漕壅遏，流緩而泥淤故也。江水入海支流凡六：一曰思賢滘，水過三水縣西南，會北來諸水，至省河直注虎頭門，入於海；一曰甘竹灘，水過順德黄連板沙尾，南注於海；一曰仰船岡，水過福岸馬寧香山之海洲，沿河有石壩二三十度，長各十餘丈，沙田所圈築也，其曾步口第一埒口中間，海瀝有石壩，長七八十丈，東爲小欖河面，將淤矣，西曹步尚通舟耳；一曰白藤頭，海口直注古鎮夾岸，石壩十餘度，江水將失故道矣；一曰河塘、潮連，潮連居南，河塘居北，中一河合，古鎮仰船岡諸水下有石壩二度截流，横築長各二十丈，水爲石激湍急，不得驟洩，舟人過此，非風力與乘潮，弗能上矣；一曰猴子山，水繇寨尾墟過外海嘴，逕注古鎮香山界。古鎮沙尾連百頃沙、大鼇沙至竹洲頭，自外海嘴至竹洲頭約四五十里，西界外海傍逕東成沙、雷霆廟、鴉洲山，夾河有大石壩十餘度。牂柯江汪洋澎湃之勢，至此竟弩末而改觀矣。百頃沙左曰廣福沙，廣福沙左曰芙蓉沙。三沙排列，各有大港爲界。而沙之左右，石壩攢築，或百丈，或數十丈，或築至中流，居然與天吴海若争權。三十年後，海將成溝，壑亦揚塵，而廣肇兩郡，宅土芒芒，人煙浩浩，牂河一水不知徙嚮何處流也。繇廣福沙下注神灣東西，有承田壩。稍下，爲燈籠洲，東入澳門。又東出三竈外，無居民，已達大洋矣。西入内河泥灣門。往者内洋大船繇此入睦洲墟，繇睦洲墟入江門，今皆阻淺，不可行。凡此皆牂柯江入海要區，亟宜嚴切疏通者也。

道光九年己丑五月，西潦漲猛，廣慶兩屬圍基同時衝決。水退，兩郡紳士歷控大府，請疏通水道。同人以士琦縣館新會，聞見較詳，屬爲繕草。總督德化李公巡撫、涿州盧公洞悉其弊，令司道飭縣查勘，礙水坦畝、壩塡分別拆毀。諸紳又請將香山、新會兩縣近歲報陞坦畝清查便知，佔河新築按址懲辦。而糧道新建，夏公勘覆尤力，方議拆毀，夏公擢廉使去，盧公旋亦移節，役遂寢。越四年癸巳，又大水，患尤劇糧道，閩縣鄭公亟申前議，未幾，擢山東都轉，事亦竟止。吾友曾明經釗《送鄭公序》慷慨言之。亭林顧氏謂立言不爲一時，拙稿已爲胡文学調德纂入《龍涌脞編》，今輒采夏、曾兩稿附綴文後，世有欲造福閭閻，救此一方民命者，庶覽觀焉。

夏公脩恕覆督撫兩院公文

竊惟民生所繫，固莫大於農田。而民莫所關，更應籌夫水患。故事可因地致利，則荒土皆可耕耘，若其壅遏防川，則狂瀾必遭潰決。在小民趨利忘憂，不知深思遠慮，惟官司求安圖治，不得不預計綢繆者，如今日之報墾沙坦是已。粵東濱臨洋海，地處低窪，西之上游爲梧江，匯潯柳灕江之水，奔騰而東，勢若建瓴。北之上游爲曲江，聚瀧溱湞江之水，順流而下，勢極汪洋。

此外，港汊分歧，川原錯出，悉皆注於珠江，入於滄海。粤東數十年以前，沙田稀少，水道暢行，嗣雖間有淤灘，農民報墾無多，不甚壅滯，是以歷少水患。近查沿海之番禺、東莞、順德、香山、新會等縣，沙坦隨潮淤結，櫛比鱗連，各邑鄉民趨利若鶩，强者報升斗之科，墾無限之地，黠者借它處之税，耕此處之田，弊竇叢生，莫可窮詰。地方官悉皆俯顧輿情，不察形勢之阻阨，不問海口之宣洩，動云無礙水道，詳請給照開墾。該墾户盡屬豪强之徒，每於附近沙田水深丈餘之處，混報爲土，名某處之水草白坦，一經瞞准報承，即行紮石築壆以防衝陷，三年可以種菱，五年即可種稻。旋復築堤樹樁，固其基址，歷歲既久，土結堤堅，潮不能衝，沙復壅積，堤外之沙則潛滋暗長，海邊之地復月積歲淤。沙坦既愈墾而愈寬，水道則愈侵而愈狹，每遇西、北兩江水潦陡發，百川驟漲，即至淹没田廬，傷害民命。水之爲患，其所繇來者漸矣。自來言治水者，惟順其自然之性，不與水争地，須寬其河身，暢其流行。今則徧墾沙坦，侵佔水道，是與水争地也，將何以順其流而弭其患乎？是以嘉慶十八年暨二十二年及道光三年至九年，先後共遭漫决四次。去夏水灾淹没民田廬舍，爲害尤甚。此水灾之所以疊見，而爲沴之所以愈烈也。屢蒙憲恩，痌瘝在抱，賑䘏灾黎，小民賴免流離，田廬亦漸修葺。竊恐奸民嗜利，故智旋生，雖報墾海坦，縣無飭止而有防，水道例禁應嚴。伏查粤東近海沙坦，先於乾隆三十七年，奉前督憲李以出水要區恐高築堤垸，有遏水勢，奏禁開墾，不准報承。嗣於乾隆五十年，經前撫憲孫以粤東田少人稠，產穀不敷民食，議請沿海無礙水道之沙坦給民承墾陞科，以千頃爲計，每歲可添設十萬餘石，裨益民食等因奏奉，允准在案。此粵東沙坦前禁後弛之原委也。前禁開墾，係防其阻遏水勢，爲害民生。後弛例禁，係指濱臨大海，無礙水道之沙坦，誠屬有裨農民，無傷水利。故沙坦雖報墾，而定例仍云「濱臨江海湖河處所，沙坦地畝如有阻遏水道爲堤工之害者，毋許任意開墾，妄報陞科。如有民人冒請認種以致釀成水患，即將該民人家産查抄，嚴行治罪，并將代爲詳題之地方官一併從重治罪」等語，是沿海沙田有防水道、爲害堤工者，不容任意報承，已屬例有明禁，況原奏章程定以千頃爲限者，原恐千頃以外，難免侵削河身、漸傷水道也。溯查歷年報墾之案，自乾隆五十年弛禁起至五十八年，已墾一千三百餘頃；嘉慶元年至二十五年，又添墾一千三百餘頃；道光元年以來，又增墾二百六十餘頃。統計開墾至三千餘頃之多，此猶核計詳報有案者而言。若以墾户之影射侵耕，其數尤逾倍蓰。況其所墾者不僅大海淤沙，甚至開及内河灘岸，欲其無礙水道，無害圍基，其可得乎？是前之准墾，固屬因地制宜；今之飭禁，實屬因時防患。夫當利害相形之際，應權輕重去取之宜，果害輕而利重，原可將就因仍。今既害重而利輕，自宜熟籌早辦，所謂害不百不除也。職道曾將應禁緣繇，縷悉面禀憲鑒，并同會禀飭令委員會同各縣查勘去後，嗣據委員會同各縣禀覆勘明有礙水道應行拆毁之堤椿埧牐，番禺縣屬五處，東莞縣屬八處，順德、香山兩縣各十七處，新會縣屬四十二處，總共七十二處。是各屬農民墾坦遏流，致貽水患，已屬查有明據，迭經飭令拆除，迄未全數毀盡。此外未經查出者恐尚不少。與其查毀於成填成堤之後，莫若禁之於未報未墾之前。職道管見所及，應請通行沿海各府州縣，飭令各該牧令周歷屬内沙坦詳加查勘，其有靠河私設土堤者、攔江私築石填者、海口不甚寬闊處圈圍蓄沙預圖日後報墾者，均屬有妨河道，押令該墾户人等概行拆毀，毋許少有存留，并令清界立碑，永遠示禁。仍將拆毀處所造具清册通稟立案，以備查核。統限一年，妥爲辦竣。倘所毀係屬有税之地，應准查明糧税若干，詳請劃除，以免虚受賠累。其餘無礙水道之堤填，免其拆毀，以省紛擾。至歷年報墾之沙坦，仍須曉諭墾户照依科則，各守界址，不得借科影射，肆意侵耕。此外未墾沙坦，除係濱臨大海，無關水口宣洩者，如有承墾，繇縣詳請委員會同勘明實無妨礙，許其詳請憲示遵行外，其餘切近海口之沙坦，無論舊壅新淤，均屬有妨河道，有害圍基，應令恪遵定例，概不准呈請開墾。倘各州縣仍以無礙水道爲辭，率行詳墾，即繇道府嚴行駁飭，不得據情轉詳。倘各州縣奉行不力，或意存徇隱遷就顢頇，一經查出，即行揭請參辦，以示懲儆。倘有奸民串同書役，私設堤填，均令該州縣隨時查究。似此明定章程，將沙坦分別墾禁，堤坑酌量存毀，庶沿海小民仍不失農桑之利，而江潦下注亦可無泛濫之虞，水利農田似覺兩有裨益。管見所及，是否有當？合將番禺等五縣查有礙水道，應毀各堤填，開具清摺稟候憲臺察核示遵。至將來如何設法嚴禁，方可久行無礙之處，恭候鈞裁。

曾君釗送鄭雲麓觀察擢山東都轉序

廣州水患，或比年而見，或三四年而見。說者以爲圩堤庳且薄之故，然畚築既興，民脂既竭，埤厚增高，工未告竣，水又大至。堤高水高，竟若與堤争勝然者，何哉？同鄉朱畹亭文學示釗西江達海圖，潮連銀洲湖諸處，皆兩岸爲石壩，凡幾十道，各幾百丈，犬牙交出，水不直流，委屈乃去。釗嘗游香山，觀海於澳門，經芙蓉沙，其石壩横截海中，不知其幾百丈。訪諸舟子，皆云昔築石壩以護沙，今且築石壩以聚沙，昔因河爲田，今且築海爲田，年年絫積，未知所届。釗聞而驚之，然後嘆水患洊至，在海口不在圩堤，而知此者惜乎鮮其人也。道光十二年，雲麓先生觀察廣東，明年大水。先生乘扁身巡視圩堤，賑撫窮乏不以爲勞。秋水落，堤工興，又親閲虎門、崖門、蕉門、海口，求致患之繇，記石壩之害，條白大府。間語釗曰：「海口不通，廣州水患未有艾也。」去年宫保中丞祁公有意疏治，命釗等試從事於靈州鬱水，皆惟先生是諮，於是廣州人莫不翹足舉手以竢，以爲水患之平，先生其人也。今年秋，擢山東都轉，廣州人皆慶其榮遷而惜其去。釗曰海口不通，其原有三：豪富、豪貴、豪族類能滕有力之口，變白爲黑，必得二三大臣，同心壹力以情形入告，奉明詔，然後無有阻撓，而事以成。今先生方爲朝廷倚信，行將受封疆之任，復臨廣東，水患其有瘳乎。衆皆曰然。爰書之爲序，以抒廣人之思，且爲異日券。自記。

北行抵清遠縣與季弟宜城書

五弟無恙？征舠既邁，遽逾十晨，顒言之懷。昔人所喟，愛而不見，如何如何！吾弟内娛讙背，外隆德聲，雖曾輿翳指而動操，召南樵山而振稱，絜其勤勞，無以喻之也。緜束裝後，待友佛山鎮兩日，乃得成行。舟師謳棹，泛若鳧鷖。游子寄音，眇望魚雁。是夜宵半，衝風驟激，頹波彌厲，玄雲靄空，夙夕不解，雨雪告零，先集爲霰，曙發盧包之汛，莫宿黄巢之磯。嚴霜隕而葭菼淒，玄冥深而若英晏。鼇頸之灘，迷茫乎津逮；龜手之藥，嘆惻乎水工。行路之難，諗我端倪矣。家累凡百，弟克當之。回睨舊鄉，心魂慰藉。惟吾弟續昏一事，軫結未忘。上有黄髮，罷勞晨夜；下有雛稚，噢咻啼笑。兹事之亟，豈煩覼縷，顧鄉土是諮，亦云省便。而此邦之人，内教陁壞，習錮既久，庸計門户。宛宛處子，或有季蘭之好；悠悠靡俗，恐入齊咻之教。天下多美，何必是求。權輿弗戒，後懊焉集。行子過計，是用慺慺。風水蹇逆，行郵遂淹。以今二十七日到清遠縣，兄弟健好，餐飯猶昔，兼多徒侶，解誨憂虞，誥誡家人，勿我爲念。從兹渡嶺，浮泭西下。楚歌千些，湘波萬重。背湖涉江，釋舟趣陸。更復馬首斷雲，千里隨夢。雁足飛雪，崇朝灑襟。七聖皆迷之野，惘惘而驅車；耦耕不輟之鄉，栖栖而問道。山川合沓，息影何時。静言思之，百憂集矣。夫人情迹接則多忘，景逝則恒憶，歲華不居，游宴未極。往時家衖，群從如龍，齋居盤盤，言笑晏晏。東方未明，已對牀相語；西柄之揭，猶露坐未眠。論難紛起，聲與百舌競鑾；觴詠橫飛，酒微一斗亦醉。魏文有言：「當此之時，忽不自知其樂也。」繇今以思，曠若星漢。擬諸形容，尚繪心目。每當落帆江滸，擁衾無寐。清角朝厲，游鴻夜吟。我懷云勞，不可説也。自惟寡薄，豈辦任官。此行邀福，或叨一第。思遂南歸，寄迹丙舍。將吾叔仲，長奉板輿。對鵲占門，徙魚築宅。陸機之屋，不間乎東西；何點之山，略分乎大小。時及霜露，言羅雞豚。祀先之餘，兼以速客。雖甑生塵而日晏，風吹葎而歲寒。而風詩教睦，取鹿食之相呼；金石歌商，結鶉衣而不恥。明明如月，長照其素風；温温恭人，永垂爲家法。閉門養親，至於没齒。雖三公上袞，百城南面，何以易此哉？其許我乎，非敢望也。有問訊者，達此躛言。音塵未積，風雲逾闊。家食餘閑，幸勖光采。勞人草草，筆不抒心。

記

朱完二首

雁蕩山十景記 為友人何无咎作。

能仁寺

自樂成東行八十里，抵四十九盤嶺。逾嶺繇筋竹澗過行春橋，拾級數十武，拓而爲寺，曰能仁，爲十八叢林首刹也。寺左一峰，聳拔天半，白雲英英冠其頂，故名常雲。寺後芙蓉峰若負扆，而戴辰、火焰諸峰環而銜秀於堂廡之下，火焰剡剡上尋，而色微紺，峰下置巨鑊焉，或云取厭勝術以泄鬱攸氏餘烈，若蜀之刻石犀以鎮水怪，觀名屬玉，以禳火灾耳。下有雁渡堤、經行峽、燕尾泉、下培潭諸迹，類皆清蔚。雁山諸概咸雄拔瑰麗，故以峰泉洞壑勝。兹寺四山暎帶，若剖千葉青蓮中，而建寶王刹，故自沈幽邃。游者自大荆來，首歷石梁，次及靈峰諸勝，耳目眙愕厭飫之餘，視此似若落落無奇者。余友楊生强爲解，謂諸景若散聖神通，遊戲變見，霞譎波詭，種種怪異。彼以常雲一峰上黨於天，爲衆山父，若如來不動尊，自足屈下諸奇也。余謂若爲兹寺左袒，非篤論，然游者自兹始，後及諸景，斯得顧虎頭啖蔗法，漸入佳境耳。

大龍湫

朱蕩南先生《龍湫志略》云：「湫水合四山谿澗爲巨淵，淵側石檻有龍窟，深黝不可測。檻中作微凹，削壁數百仞。水從凹中瀉下，望之若縣布，隨風作態，遠近斜正，變幻不一，或如散珠，如驟雨，如飛雪，如輕烟，或飄轉斷續，或左右飛散，或直下如建瓴，或屈曲如蜿蜒，或細瀉中琴筑，或大注撼雷霆，種種奇態，不可名狀。」余讀之，灑然神往。前後凡三至，顧瀑水雖多奇，第不甚讎朱先生言，意先生文人好奇多溢語耳。萬曆丙戌冬，余偕東吴朱在明撰杖往。晚至能仁寺，大雨陡作，夜分乃已。五鼓，枕上聞空谷風水聲，若百萬戈甲相摩戛。余攬衣趣諸君，行凡三里，至錦谿。谿谷石如砥，紋理璀璨，碧流寒駛，陽景媚之，光益瑩徹。清沙的皪，緑蒲丰茸，班鱗文雉，上下若乘空，信如白地明光，五色纂組耳。山闃寂如太古，微聞石上拄杖聲，稍進，山翠益逼眥。天無游氛，不雲而雨，已乃知湫水濺沫也。再行三里許，一峰當中流，上千數百仞，垂杪而歧曰剪刀。兩厓亦陡絶雄拔，小立，寒嵐淒清，益衣而進。谷轉，耳根淵淵若聞輾萬轂過馳道中，足底踬踬爲動，客皆大叫稱絶奇。仰見瀑流與風相鼓翕，俄頃萬態，忽中爲風所遏，半壁婀娜久不下。忽風從下揭，輒夭矯若玉虬騰擲空外。忽勁如萬鏃注射，人急走避詎那庵。瓦溝若跳千斛珠，檐端縣溜如秋雨。亭午，風稍和，日脚穿雲游罅斜暎高壁，彩虹數道，絢爛炫映。余偕諸君扶掖憩瀑後，厓中刳若半瓠，瀑布前挂，水色與日色相盪摩，如坐石齊奴紫絲步障中睞人面，咸有異色，作青紅熒熒不定狀。朱君屢引觥船遞釂，客詫爲生平奇觀。余於是知蕩南先生言非溢，猶恨其不盡究也。夫瀑一而已，風與水交相濟，則山靈不自愛其奇，或水壯而風殺，風壯而水縮，咸不能窮湫之變，惟所見適遇適不遇耳。余嘗聞登岱宗不見日觀，非游也。然日觀非極晴明不得見。陰雨曀雺，春夏六之，秋冬三之，已霽而登，登而或翳。已雨而阻，阻而或舒。於是登岱者十不一觀焉，信遭之不易也。余於雁山非不數數也，於茲始睹湫之變，徼寵山靈良腆哉！

靈巖

余嘗謂造化之於物，曷意哉？若水之觸石也，不得不澎湃淜汯；風之叩牝也，不得不調調刁刁；松韻之於簧也，雯蒸之爲霞也，造化於物，曷容心於其間？乃於靈巖裝綴之奇，位置之巧，又疑造化似若有意也者。靈巖外户固無奇，兩厓壁立若闕。巖闕稍入，萬峰林立，中拓而廣，足量萬牛，而諸奇畢萃焉。背縣巖屏展，横亘二里許，半壁爛爛若五雲，曰平霞障。障之趾，清曠若步廊者，曰安禪谷。左右天柱、展旗二峰，争雄競爽，窮目之力，不盡其杪。已而崇巒怪石，林林總總，售奇效靈於兩廡間，令人目謀心會，應接不暇。左峰之巔，有石若累丸者曰紺珠方堵，若設屈戌者曰石屏展旗；之腋有洞甚深窈，捫葛而上，人憑石檻，若騎衡。上有圓竇，望見隔山天影如縣鑒；下有深淵，黝無所見，以石投擲，聲輒鏗鏜。厓端趺伏而昂首者曰蟾蜍。是則東序之事始既。右峰若相顧而對舞者曰雙鸞，挺而亭亭占松盤攫其頂者曰獨秀，鋭而膚立者曰卓筆，烟鬟雨沐若凝睇者曰玉女。是則西序之事始既。迤邐深入，則小龍湫、龍鼻水、九曲橋、劍峰泉諸奇，不可以僂指計。直視，則僧拜石、鉢盂峰又若森列於几席之下。環而睨之，旌旗壁壘，大將奄廬，無以喻其嚴肅也；寶幢華鬘，法王化城，無以喻其玅勝也；珠林璚樹，群玉之府，無以喻其瑰麗也。山靈信狡獪哉！余曩偕鄭邦章中丞夜宿山樓，四望寒月如積雪，諸峰偶立，露氣嚴冷，不覺神恬形釋。中丞謂余：「是地宜仿句曲陶通明，搆三層閣，異日與子兀傲其上，日夕吸飲靈爽之氣，凡骨不難立蜕耳。」忽忽十餘年，今中丞方出山，而余亦見二毛。山靈未嘗謝客，而客斤斤奉七尺，若春蠶吐絲自縛，豈不大可姍笑哉！披圖爲之憮然。

龍鼻水

從靈巖右脇攀危磴轉而蛇行，經獨秀、卓筆二峰側，拾級復登數百步，兩厓垂合而闢者，曰龍鼻洞。厓端石龍長數百丈，蜿蜒下垂，鱗甲悉具，石理作縹碧色，中爪陷入厓中，若攫挐狀。龍首下垂，去地不十尺，鼻端小穴，泉涓涓時下一滴，石盤承之，香滑甘洌，足傲神瀵而淩玉酒。余爲一歃，塵坌若滌。大都名山峰巒，以其形似者錫以嘉名，厪得其髣髴耳。然酷肖惟老僧巖與龍鼻水，稱最奇詭。洞口玉女峰適相對。余笑謂：「龍得葉公之似，若玉女者，如曷鼻魋肩何？」寺僧從傍曰：「春夏之交，峰巔躑躅花亂開，宛若村姑綰雙鬟插彩勝，故自妍嫵。」余復戲曰：「第恨腰肢不作渚宫，舉止直女中笨伯耳。」爲之撫掌大噱。僧亦听然，第不知余言云何。

净名水簾谷

净名寺久廢，故道亦荒茀不可辨。游者或問水簾諸迹，輿夫紿以久湮，輒馳去。余嘗三至其地，始從林間小田塍轉達溪岸，遥望層巒簇簇，曰蓼花峰，寺故址在焉。石幢斷礎，離離榛莽中，何論昆明劫灰哉。漸進二舍許，兩山皆純石，綿亘一二里，曰鐵城障，言言軒軒，屹若百雉之郭。閒選溪石小坐，仰見高天若翠幄，厓端猿狖，唧唧嘯向人，又若舟行三峽中也。再入爲水簾谷，水自洞頂飛撒，若明珠數千百琲，晶熒奪目。洞旁藥草，色如緑珩，微風拂地，翠光作浪，秀色若可餐。右側有初月洞，洞旁舊有屠山人隱居處，余嘗謂：「雁山諸景皆跳處一隅，獨浄名介於靈巖、靈峰間，又復輔之以響巖之勝，且夷曠可廬，杖藜昕夕足可攬結諸奇。桑麻雞犬，居然秦人日月，洿邪蟹堁，宜秔稑來麥，復有竹萌茶荈，昌陽黄獨之饒可以服食。第恨兩厓太束，不甚受日光，非栖真吐納者不可處。」或云：「日服鞠蒻山精粉一刀圭，足以練靈明而汰陰滓，豈山川固有待邪？抑世乏孫公和、梅子真其人邪？」

靈峰洞

出浄名可五里許，遥矚天際靈芝峰，婀娜若可拾。隔溪翔鸞、五老、仙掌諸峰，又若揖讓肅客者。稍迫靈峰，兩巖造天，中闢爲洞。及抵洞口，仰望洞中，飛磴逶迤數百折，若縣匹練。稍深入，石扇蔽虧，晝色熹微，若清旭始旦。磴窮乃達平臺，臺方廣，可蔭數百人，爽塏穹窿，恍挾飛仙徜羊天半。中設大士像，傍列十八應真。洞口飛泉時墮泠風中，若飛絮冉冉。左方有性井，寒沁而甘，吸之毛髮皆爽。頫欄下瞰洞口，攜具小奚奴，蠕蠕如蟻。余大呼，聲隆隆鬱而弗吐，若數部鼓吹。奴初至，輒驚悸瞪目左右視，欲反走；已知人聲，亦呼而相和，已而相樂也。余憶廿載前，初至靈峰，計入洞已迫下春時，洞中一老居士方舉火，喜客至，即爲供苦茗，設豆粥，復爲謀卧具甚周。先有成都行脚二比邱，已宿齋，結跏趺坐，佛火熒熒，風泉激激。余與楊生相對蒼然，隱隱毘耶丈室會上也。頃之，皎月清瑩，可數毛髮。余復出洞口，倚石長嘯，山中鸛鵲咸驚起，軋軋掠長松而去，顧楊生不能從也。嗣後凡數至，而老居士已化去，無爲煬竈者，坐是不復止宿。每塵慁中想像兹游，以當濯魄冰壺耳。

東洞

有宋太平、興國間，禪僧全了經行至東洞，聞巖中童子誦經聲，圍繞作禮，竟於焉結剎，名芙蓉庵。後因高厓有飛來石羅漢，復名羅漢寺。相傳羅漢自清漳航海來，將禮諾詎那遺蜕。適遇樵者，即躍上高厓，立化爲石。其語，頗怪誕不經，傳疑可也。地有石船、按山塔諸迹，寺久榛蕪，惟聞風泉松籟聲，若昔之朝鐘夕梵相和答而已。

梅雨巖

梅雨巖僻在雁山西外谷，無論遊客杖屨罕至，即詢之山中人，亦鮮有知者。余鄉梁進父文學嘗一再至，詫以爲奇。余偕在明游，適進父請爲東道主，亟津津梅雨巖，慫恿甚力，遂決策取道從長嶴原入山。長嶴沙土犖确，原隰樹烏桕動以萬計。時初冬，桕葉著霜如丹砂，筍輿穿紅樹間，二十里衣袂皆紫，若馭泠風從天台赤霞中逕度也。已入靈雲寺故址，縱覽鬬鷹巖、九龍山諸概，便覺奕奕清舉。繼至梅雨巖，則兩石插雲對峙，飛瀑自厓顛垂下，半壁一石特墳起，瀑勢春激，濮射亂注，霏霏若烟雨。風排之陣陣過絶壁若曳霧縠冰綃於空中也。對瀑爲含珠峰、大小天柱，皆偉觀。在明起浮大白，謝進父曰：「嘻，觀止此矣。」進父謂在明曰：「兹景較之靈巖、靈峰諸勝，直齊魯之與邾莒耳。」在明又不覺爽然自失也。

石門潭

石門潭在雁蕩之陰，十八灘之委，瀦而爲巨浸焉。沈竿續蔓莫底其止，廣可數十畝，兩山夾溪蹲踞，勢若虎鬬，下望屹若天門云。中有巨鯉，長丈餘，每遇風日和煦，輒從容揚鬣水面，小魚景附者以千計。土人常夜見赤光上燭，潭水盡紫，蓋神物窟宅也。地主千識夫云：「曾於月夜刺兩船，以巨繂聯束之，與客携酒具轟飲，令小童吹紫簫一再弄。簫聲挾秋氣爲益雄，殊有穿雲裂石聲。夜半古泓聞殷殷若雷鳴，客懼而散，嗣後無有繼其游者。」

石梁洞

游客從西來者，過謝公嶺，登石梁洞，而勝事始窮，然操蛇之神技亦殫矣。梁横亘洞口若偃虹，左復下垂，插入地，呀然中啓若兩扉。跋級而上入洞中，洞軒敞，可容坐具百餘。洞後有水，汩汩注爲小窪，味甘洌不減品外泉。引領南望，則老僧巖兀立天際，宛若比邱衣糞掃衣，見由舍那身，聽雪山老胡説法也。見者無不嚫然大粲。雁山諸景頗借附近峰巒助奇，而兹洞獨介然特立，無所因藉，若孤高士自標一幟，亦可尚已。然游者方倦登頓，樂趨夷衍，至此則平原膴膴，孔道委蛇，又若重趼出九折阪而即康莊也。

小金山蘇東坡畫像題紀

靈洲肇紀《南越志》，去會城不百里，自晋郭景純先生望氣後千年，而宋蘇子瞻先生實來。二先生俱以直弦方枘，用不盡才，悠悠之懷，令人千古。己丑夏五，與劉氏兄弟克脩、克讓、克治、克平，岑氏兄弟爾祖、爾科，仲兄樵祖，東吴顧明卿至，謂二先生皆士林所同仰止者，因與劉克平各圖一像。克平謂景純先生當并祠祀，既爲像祀，而揭以行概。先生像祀此山四百年，即牧豎知先生，無待不敏。聊貌以致景行之意，明卿亟刊石樹於院中，因題以紀歲月，南海朱完。

朱國材一首

重修關侯廟碑記

力不足以舉乎其事，有志之士多遺恨焉。力足以舉乎其事，而事不舉，世之鄙吝者往往然也。故雖義所當爲，亦安於鄙吝而自止。惟必有好義者而後足以舉乎其事，而無事多求助於衆人。吾鄉正覺寺有文昌閣，閣下多叢祠，楚人機而越人巫，其舊俗則然，良無足怪。我家贈侍郎公實蓮、給諫公伯蓮、通守公光祖、計部公光胤，與里中名碩黄觀察應秀等結社於此，所謂象山社是也。其繇來已久。若關侯廟，則建自國朝順治丙申，居諸廟之左。當時倡其事者，里人庠士關剛中之力多焉。康熙戊辰八月，鄉人士僉以祭祀之典有舉莫廢，繕諸祠廟而新之，而侯廟則關瑞澤、張夢臣等五十餘人舍貲爲之者也。凡此祠廟，食報一鄉，非數十人之所得私，則合鄉中千萬人之力以舉乎其事，固自易易而數十人者，乃不藉乎衆人而能使侯廟重光，與諸廟相輝暎，非好義者而能若是乎？或曰：彼數十人，常客粤西，江風海濤，多庇神祐，宜以是報也。夫神之所庇，如雨露之遍及，何私於數十人？且數十人即受庇，然苟非其人，有朝受而夕忘之，借曰不忘，而苟令舍貲以勷厥事，吾知其艴然去矣。烏乎！好義者之難其人也，不可多得於士大夫，况其它乎？余故樂記之，以爲好義者勸。若夫侯之義烈威神，薄海具瞻，則鼎鐺猶有耳，何藉乎余言。

朱順昌一首

文昌縣東門記

事之興復，會有其期。期未至，雖百謀而不成；而適逢其會，一謀之即以舉百年所欲爲之事，慰千萬人所必欲爲之心。本城元設有東門，與南北門品列而三。其時，民俗淳茂，文風丕振，記謂海濱鄒魯蓋繇於此。有明之季，疊石塞之，止留南北二門，來宰是邑者議闢，復輒止。邑侯襄平馬公莅文十有二載，政通人和，百廢具興，尤稔衆心久以闢復東門爲利。今歲二月，上其事於府憲趙公，果嘉其議，允其請，衆以須費爲艱，侯慨然捐俸貲銀。韓生敬時，莊生經正，亦捐己貲銀。俾敬時董其役，塞者以通，額曰「文明規模，焕然一新」，而城門之軌，不改其舊焉。嘗讀《漢書》，鄭侯有言「苟有便於民而請之」，於此益嘆侯之能獲上也，能得民也。得其民，則曩時淳茂之俗將益茂，丕振之風將加振矣。因以思天下之事，孰使之通？孰使之塞？孰使之塞而復通？雖曰人謀，豈不會有其期哉？是爲記。

朱程萬一首

記己巳平寇事 庚午元旦作。

嘉慶十四年春，制府百公公名百齡，姓張氏，號菊谿。正黄旗漢軍人，乾隆壬辰進士。奉命總師百粤，粤中士庶鼓舞懽呼，以復見青天爲幸。夏四月，公入境，父老子弟即以「復見青天」四字標幟前迓。蓋公昔年任廣東巡撫，拯冤抑，黜貪競，風采最著，尤以安民彌盜爲急。戟門設鼓，凡民有疾苦者擊以聞，一時官清民樂，宵小遁迹，外户不閉。會擢去，縉紳奔走，赴當道乞，據情代奏予留。去之日，市民無聊，各負米一囊塞官廨，須臾積米如山，不可去。公乃夜從廨後射圃出，百姓慕思悲悼，衢巷相吊，城市爲之慘澹無色者累月。公既去，吏治漸弛，盜風遂熾，海洋賊魁嘯聚益猖獗，數闌入沿海郡縣焚略，官兵束手，甚有與賊鉤通者。番禺新造去省城數武耳，寇蹂躪出没，如入無人之境。當是時，大吏中豈無有設爲憂勞，張掛告示稱説嫉惡如仇，保民若赤，臨風灑淚，誓不與海盜俱生者？然而畫餅指梅，原非實事，更有假神道以愚黔首，欲以虚言退寇。嗟乎！民雖甚愚，非嬰兒鳥獸比也。既無仁愛之心，又復巧爲遮飾，民隱誰爲昭察？是以益思百公不置矣。廣洋地分三路，惠潮爲路之東，廣肇爲路之中，高雷以下爲路之西，大海環其外。東西南洋，海舶叢集沓至咸匯於廣，《貨殖傳》所謂番禺亦一都會也。自群寇陸梁，海道遂多梗。

其初起也，大率謂是疥癬之疾，不以介意。無何而船日益夥，黨日益衆，摽劫搏噬之勢日益張，寇氛遂不可制。維時著名者六股，曰郭學顯，亦名郭婆帶。曰張保，亦稱阿保仔。曰梁保，亦曰總兵保。曰麥有金，亦稱烏石二。曰李尚青，曰吳知青。其小股不計焉。郭學顯、張保同事巨盜鄭一者也。學顯番禺蜑家子，嚮業漁，爲鄭一所執，并虜其父母兄弟，遂脅從。鄭一死，即率衆自爲一股，領船百餘號，船各七八十人或百人，旗幟色黑，曰黑旗幫。張保踵鄭一之餘孽，以事鄭一之侄安邦。安邦耎懦無能，聞礮聲輒掩耳，張保實左右之。張保每劫略衆，有不前者，斬之；得財悉瓜分，不事蓄積。虜人不妄害，仍聽命於鄭一之妻石氏。或曰：「保與石氏陽稱主僕，實陰爲夫婦也。」領船二百餘號，各七八十人或百人，旗幟色紅，曰紅旗幫。梁保一股附之，旗幟色白，爲白旗幫。三股分據東中兩路，有急相救援，互爲首尾。西路則吳知青、李尚青、麥有金三股。有金兄有貴，亦曰烏石大。弟芝吉，世居海康之烏石鄉，曾受安南僞封，迨阮氏滅，始爲盜。海康生黃鶴者以事褫衣巾，輒投有金，作謀主，爲布僞檄，脅鄉愚，斂財物，歲計得銀不下十萬兩。而潿洲、硇洲孤縣海外，遂爲賊巢穴。李尚青、吳知青朋比以益其勢，繇是東中西三路俱擾，中外商氓不安業者彌年矣。百公再至，則周歷澳門、厓門、蕉門、虎門以規約形勢，亟下令曰：「此方苦盜久矣，方今聖人在上，顧使下有覆盆無告之民，海疆千里，不能安枕席，守土之謂何？吾爲命吏，誓滅此朝食，諸君其交勉之。有治盜策者，詣告余。」又嚴飭將士：「戒爾戒律，毋泄視如昔。用命者，有賞；不用命，戮無赦。」又曰：「盜之所賴以抗士卒者，火；所賴以縻黨羽者，食；所賴以爲藏身之固者，舟。夫盜若是其衆，不有接濟之者，安能取不竭而用不窮邪？」乃差遣幹員分赴海口，譏詷米艇及禁物之出洋者，其要隘則戍以重兵，賊於是不得食，始困。又准鄉紳呈首岸匪，嚴詰潛蹤，其武弁則不敢庇爪牙，通線索。且穀米騰貴，每斛直銀二兩至三兩，出口亦無所漁利。洋盜益阻飢，五月甲寅朔，遂率幫船五百餘號闖入內河，歷新會、順德，丙寅至我鄉九江東南方。日嚮暮矣，盤旋西海中，越旦日卯刻，劫略鶴山傑洲貲裝人畜不可勝數；巳刻回劫鄉中沙口，屢焚不焰。有載西穀大艑從上流揚帆來，鄉人守望者，呼止之。舟人以爲訛説圖肆搶，不信，順流下，竟爲賊得。賊窺窬欲入我桑園大圍，鄉人勇氣百倍，礮愈放而鄉衆堵禦者愈多。當事急時，駐防文武兩官率領兵役反嚮鄉人求救護，窘迫可憐，盡失從前據鞍虎視威勢，殊可笑也。賊既不能入我大圍，直下甘竹燔爇墟場，搶略殆盡，男婦多被殺虜。停泊二日，轉新會、香山而出，沿途殘破，尸積填河。署總兵許廷桂力戰射殺梁保，滅白旗賊，礮傷郭學顯父，賊黨死傷甚衆。許總兵亦以失機陷陣，可惜也。百公聞報，親率提督帶領水師赴救。所過村墟，目擊情形，泣數行下，其所以賙賉難民者甚厚。追逐出洋，盜已遠去。夫以秉節之尊，不貲之身，瞻涉風濤，躬禦矢石，是真嫉惡如仇，保民若赤，不願與海盜俱生者。雖未能嚴設內備、遽斷接濟，不知困獸猶鬭、鋌鹿走險之義，未免爲千慮之失。然以視假設搪循，虛張告示以愚弄其民者，其立心之險易，行事之忠詐，豈可同年而語哉？公懲前事，念鄉村所以賊至輒糜者，繇平素恪遵功令，臨時無守禦之具耳。爰便宜行事，許民間練壯丁，鑄火炮，造軍械，俟事定繳官。而章程甫下，守備未堅，賊復於八月時從蕉門入，沿河村莊遍遭荼毒，惟東莞風俗勇悍，以敗賊聞。而黃連鄉爲南順下游門户，軍火素具，又水陸交通，龍江、龍山、勒樓、甘竹、九江、沙頭、河清、古勞諸處各鄉率勇赴援，相持月餘，炮聲不絶於耳，火光不絶于目，僅而獲全。其餘雞洲、烏洲、大洲、上直、下直、熹涌、紫泥、瀾石等處，被難之家，奔告制府，登聞鼓至爲擊碎，公憤氣填膺，大集舟師，十面兜擒，困賊於赤瀝角之大嶼山。偵知其地水勢内淺外深，艨艟難入，檄令各兵船堵塞海口，載蘆草數十艘，實以焰硝硫磺，縱火焚之，將聚而殲焉。賊大懼，乘昏黑死力冲突潰圍逸去。或謂：有統兵元戎，久在行伍，庇賊，與賊有連。當賊闖入時，遣子勸止，爲所留，恐玉石俱焚，故逸賊以免子。未知其審，弗敢決也。先是，郭學顯一股有乞降意，因公鋭意剿賊，且恐無以取信，未果也。故當張保困赤瀝角時，求援於學顯，學顯弗許，乘其敗縱擊之，擒三百餘人，奪大船十有六，赴歸善縣之平海獻捷乞降。公謂：「能殺賊立功即吾卒，何以異。」遂親往受之，收其衆六千餘人，船百十有三，銅鐵大炮五百，兵械五千有六百。其黨馮用發、郭就喜、張日高等數十船，水手鋒鋭千人，散處於陽江新安者，亦降。黑旗幫即日消滅。事聞，上獎學顯，功授把總，餘各留遣賞叙有差。時嘉慶十四年十二月也。赤瀝之圍，張保已膽落。學顯降，梁保殺，聲勢益孤危。內河守備已固，怨毒已深，勢必不敢復入。其假息須臾，徘徊海上者，直釜底游魂耳。況我公囊底運籌之智，胸中數萬之兵，將來督飭將弁，决勝萬全，所謂滅此朝食者，信非夸語。東中兩路既平，西檄一隅緜與廣肇惠潮諸劇寇，堅脆異形，衆寡異勢，更何能爲？吾見掃除可翹足待耳。果爾，則寰海鏡清，方隅砥平，我士民復見青天之頌，庶非虛願矣乎。抑吾聞公將大舉出師，學顯力請從征，前鋒當賊，此甘興霸、尉遲恭志事，甚可嘉也。學顯勉乎哉，能以晚蓋過也，如日月之食焉，亦不失爲君子也。

朱深遠一首

謁瀾石愍義祠記

嘉慶間海寇披猖，總兵林公國良率舟師擣賊兵舺，抗節以死。其後賊無食內訌，闌入南、順、香、新諸邑焚略，署總兵許公廷桂戰尤力，陷勍摧堅，殲滅白旗大股，旋亦陣亡。至今庸人孺子皆知其烈也。夫身爲戎禦，擔朝廷禄爵官，以討賊爲職，時有利鈍，以一死報國，其爲死也易。禄未霑鐘釜，爵未尸一級，義不反顧，捐生犯難於執干衛社之時，其爲死也難。海南霍公永清，以監生充瀾石保正，非有兵符之寄也，非有民社之司也，又非有汛戍之防、城池之守等，諸將軍死，綏大夫死，衆之誼也，事不可爲。孫迹辟去，亦誰以臨難苟免責之者？而乃力扞枌榆，氣吞狂狡，鄉鄰懷貳，血戰路窮，卒以身殉公。賊至時，排衆議曰：「賊恃其船礮駕駛，故橫海上。今送死内河，如鼠入牛角，易與耳，好男子從我殺賊！」嗚乎！公真奇男子、烈丈夫矣哉！且夫霍公固鄉曲士，瀾石亦沿河小地耳。置郡邑中，曾不如黑子之著面，使非有磊落奇偉之人抗節其間，賊去數十年後，詎復有過其境想其人而因以重其地者？乃事往情遷，猶令人爲之搤腕累欷。吊其故墟，考其遺烈，慨然思其山川正氣之所鍾，而瀾石亦且藉以俱傳。初，公既死難，鄉人重其義，立廟祀之。事聞大吏，皆遣僚屬吊祭。中丞韓公封賚以「禦侮成仁」匾額，又書「自古皆有死，所欲甚於生」二語縣兩序間，而邑令仲公振履牓曰：「愍義祠」。迄今香火轉盛，南北過者各浣手進瓣香乃去。以視世之高冠若箕、長劍拄頤者，非不赫赫生前也，没無幾時，平生富貴已爲貒貉噉盡。公雖佻身授命，生爲長城，死作國殤，所謂雖死之日猶生之年也。記曰：「以死勤事，則祀之。能禦大灾、扞大患，則祀之。」如斯人者，當與林、許二公食報不朽焉。道光庚寅，余院試報罷，頗以不遇介然於懷，歸舟檥瀾石，謁公祠，瞻其狀貌，神采如生，髣髴當年提戈殺賊氣象，爲之起敬，流連不能去，因盡舒胸中轖結。竊嘆君子處世，足以廉頑立懦興起後人者，在彼不在此也。

卷二 正集文

序

朱順昌一首

關夔石桐齋詩集序

詩自三百開山，楚騷嗣音，歷漢唐至今，宗工迭出，代不一家。要皆因乎其人，本乎其志，發乎其言，達乎其意，揮珠玉而中無盡藏，泣鬼神莫測其所至，繇邈七情，貫通六義。其人慨以慷，則有嬉笑怒罵之聲；其人寬而裕，則有温厚和平之致。篇什昭垂，不容秘矣。吾友夔石關先生，步先哲之高衢，漱六藝之芳潤，其爲詩錦心繡口，玉質金聲，美秀而文，軌才於法，亹亹然温厚和平，一化嬉笑怒罵之迹，亦有肖乎其人而已矣。嗣君瞻菉眷懷手澤，恐其散佚失傳，將輯而梓之，屬予序。嗟夫！余不能詩，安能序詩，又安能序先生之詩哉？昔鄉先輩岑霍山，詩家宗匠也。其論詩也，不輕許可，獨題先生集有云：「老去才名甘退舍，後來風雅漸登壇。」以先生少年高詠，壓倒元白乃爾。又況沈酣數十年，如高生老而名美，杜子老而律細，間或登高眺遠，玩月臨風，懷古痛今，觸時感物，興之所起，輒成佳句。兼之書法妙絶，脱稿人争持去，兹集特存什一於千百耳，而吾因之有感矣。憶歲甲子，先生與余游思齋關夫子之門，風雨對牀，晨夕掎襼，往來桑梓，未嘗遠離。迨余游海外，天各一涯。庚子秋，鄉旋，三謁先生之廬，不得一叙契闊，壹鬱旋署，尚思垂竿海目，策杖樵陽，同游終必有日。詎意去臈歸來，騎鯨客去，於今三年。誦其詩，如見其人，秪增永嘆。至如五門煉性，十善存心，仙風道骨，與詩卷長留天地間，又何多贅爲。

雍正十二年五月朔日。

朱士琦一首

侯君模孝廉惜燭山房詩鈔序

夫天授者，人不能争；中充者，外不能鑠。覽輝千仞，增去細德之險微；成名萬年，倍安身事之寂寞。而況隨珠不脛，沈之則炤重淵之深；松桷有丸，削之乃勝廣厦之庇。顯諸仁者藏諸用，加其膏者希其光。若夫涵泳聖涯，張皇國雅，斧藻群品，樹立一家，則貴宏此遠謨，詒我高矩。吾於君模先生，明其然矣。先生幼而單慧，長更簡醇，潤古雕今，披文相質，豫章拔地，百卉斂華，鸑鷟鳴霄，萬流傾聽，加之焠掌厲業，指心得師。顔生負郭，曾無十雙之田；長謙鈔書，略盡八千之紙。下至雀籙雞碑之辨，龍威虱叱之章，靡不高下在心，盧牟在目。欲掇經史如中原之菽，亦美詩篇於出水之菏。一篇跳跱，才擊鉢以希聲；萬口離婁，已買絲而欲繡。公真健者，蒙有感焉。方先生伏閶左、懷芬芷，風恢恢而能遠，芳菲菲其彌章，大夫詣之傾衿，丈人與之送抱，亦既馳譽丹青，蜚身咫尺，而乃年年策彗，處處行縢，分潤監河，寄懷下澤。詠陶潛乞食，不愧韓才；作王粲遠游，難忘楚奏。逐貧有賦，買笑無貲。春色惱人，枉覓黃衣俠客；童蒙求我，虛名白學先生。髮短心長，天寒袖薄，世味備嘗其頗頷，歌呼徒唱其喁于。重以强臺未上，忙到槐黃。樂府雖傳誰收，李白襴衫失利。晝燭無光，當夫秋風旅雁。莫雨零碪，落葉生愁，哀蟬送曲。在不堪其憂者，哀吟時命，感其鬱伊泣玉，凄其投琴激憍，能不銜懽伯之琖酒，盡無靈哭墳王之祠神，爲下淚也乎。而先生依然醰粹，勿廢歖歌。九齡不戚戚嬰望，許爲勝流；趙壹絕班班顯言，并非畏禁。憶甲午歲秋試報罷，猶開錦幰，盍朋簪，召莊春，求車子，泛明湖之旖旎，拋紅豆之頻伽。華言風語，有酒學仙。烟視媚行，名花傾國。淳于髡芳澤微聞，一石亦醉；杜分司狂言忽發，滿坐破顏。於斯時也，調絃而玉奏鏗鏘，授簡而香雲歷亂，莫不刻燭鬮韻，唾地成篇。抑塞磊落，其歌莫哀。頓挫瀏灕，冠時獨出。真可謂風流人豪，餘事不挂者矣。宜其詩并古雲罍，抽思月脅。其緣情之作，斐亹動心；其遒麗之什，閎響遠答。使一孔之儒，口呿而不合，舌舉而不下也。琦與先生韋弦幽贊，笙磬同音。得親臭味，似蘭斯馨。偶話文章，拈花微笑。張華無武子不樂，黃憲是林宗之師。命草荒言，冠斯鉅製。願昭來許，視我引喤。使伊摯舟乘日月，其光自耿照瀛。壖儻巢父，竿拂珊瑚，此卷亦長留天地。

書後

朱深遠一首

敬題族祖迪之司馬先曾祖祭文後

此族祖迪之司馬祭先曾大父文也。曾大父，諱元叔，字乾滋，號江峰，其行誼流傳族黨已久。深生也晚，不逮事先大父，曾大父無論矣。嘗欲考曾大父軼事，補碑志所未備，而故老罕有存者，蓋公之歸道山已百年矣。然猶憶侍先君子時，每聞其述先大父，日以曾大父行誼爲勖，深敬識之不敢忘。適於敗篋中檢得司馬所爲祭文，誠有如曾子固所云「反覆觀誦，感與慚并者」，益信族黨之所傳與先大父之所勖，均非溢美也。司馬名吉兆，起寒素，行藝俱有本末，蚤登賢書，爲河南汝州司馬。司馬非劇職，竟以廉勤卒官，真所謂慥慥君子，畜道德而能文章者。其言應無不實，非近世以口諛人者比。因取其文重加裝贉，非敢謂能傳手澤，亦聊備文獻之徵耳。且令我後人仰企前徽，或有聞風興起者。

朱士琦一首

讀袁簡齋齊侍郎墓志銘書後

道光庚子夏，課留京師，寓南海邑館之泳珠堂。雨窗無事，借讀《小倉山房集》，中有《禮部侍郎齊公墓志銘》，言次風先生搜覽閎博，記性過人，新開伊犁諸臣奉使者輒先詣齊侍郎家問路，公與一册，某堠某驛，應宿何所，需若干糧數，萬里外若掌上螺紋，豪忽無訛。或問：「曾出塞乎？」曰：「未也。」「然則何繇知之？」曰：「不過《漢書・地理志》熟耳。」問之讀《漢書》者，卒亦不解，因與家子弟襄嘆其神悟。子襄曰：「考疆索者，雖不能如侍郎之神悟，然方今皇輿無外，砥道蕩平，東南一尉，西北一堠，新疆二萬里全隸《周索》，其大略亦不可不知也。」蓋西域以雪山南北爲兩路，雪山自嘉峪關蜿蜒而西，山南爲哈密，爲闢展，爲哈喇沙拉，爲庫車，爲阿克蘇，爲烏什，爲葉爾羌，爲和闐，爲額什噶爾，皆回人聚居，所謂南路也。山北爲巴里坤，爲烏魯木齊，爲伊犁，爲塔拉巴哈台，皆準噶爾故地，所謂北路也。其山自古積雪，冰雪之水自山陽而下，冬夏涌流散漫於南路各城，以資灌溉，匯於賀卜諾爾。賀卜諾爾者，譯言星宿海也，望之如列星散布。復經諸山，冰雪之水匯歸流入中國，即黄河也。自後藏西南温都斯坦各國，雪水經番地流入中國，即川江也。哈密在嘉峪關之西二百九十里，今設玉門縣即古之玉門關也。又西三百里爲安西州，即古疏勒故國。又南六百餘里即沙州，古之敦煌郡也。沙州東行四日即古陽關，有泉一區，所謂陽關之西有不滿之沙井者，此也。安西之西六百餘里即哈密，前明已隸中國，今爲西域輻輳之地，土貢乾瓜、葡萄、綢帕、佩刀。闢展，東去哈密七百餘里，爲南路要衝。雍正年間，其酋長伊敏和卓率人民内附，因建城，設大臣駐轄。西爲所屬之土爾番，昔漢班超駐軍故址；又西南五百餘里爲賀卜諾爾，即星宿海也。哈喇沙拉在闢展西北，焉耆故地也。明季爲準噶爾吞踞，今設辦事大臣一員，令土爾扈特霍碩特安插。其地有著勒土斯山場，足資游牧；開都河水，足資灌溉。以馬湩爲酒，名氣可；牛乳爲酒，名阿拉占。庫車，古龜茲國也，爲西入回疆門户。南數十里即戈壁。益南則沮洳，近星宿海矣。土産搭連、布、銅、硝磺、硇砂。阿克蘇，土田廣沃，駝馬群聚，人習技巧，爲諸城之冠，貢梨。烏什，回言土爾番。土爾番者，譯言都會也。地在庫車西北千里，城依南山，諸峰環抱，大河縈繞，牧場豐蔚，葦蕩深邃。葉爾羌，譯言地寬廣也，古之罽賓國，或云即大食國也。舊爲霍集占巢穴，地平曠，東接烏什，西界八達克善，南控和闐，北鄰喀什噶爾。八栅爾街長十里，每當會期，人貨蜂聚。有河産玉，有山名米勒台達坂，産玉石，子有青黄白之異。古云「崑山之璞，不以抵雀」，其即此歟。和闐，古于闐國也。産玉盛於葉爾羌，風俗淳樸，原蠶山繭極盛。喀什噶爾，譯言各色甎房，謂其富庶也。在烏什西南，與布魯特比鄰，所屬城堡有六，最著曰英阿薩爾，上貢黄金、緑葡萄、金絲毛毯、木瓜、蘋果、秋梨、石榴。巴里坤，在哈密西北三百里，準噶爾牧地也。地極寒，五六月猶飛霜雪，土產、牲畜極蕃。烏魯木齊者，譯言好圍場也，準噶爾故地，富庶甲於關外。城東南即博克搭班山，三峰入雲，冰雪晶瑩。《穆天子傳》云「群玉之山」，儻其是矣。伊犁，準噶爾巢穴也。乾隆十九年，阿睦爾薩納與準噶爾汗達瓦齊不睦，款關内附，因擒達瓦齊，悉臣其地。二十九年，於伊犁建城，將軍建牙於此，爲西北一大都會焉。搭拉巴哈台，西北之巖疆也，河水暢流，足備佃漁。山場豐美，足資游牧。凡此皆西域故壤，昔統都護，今隸職方，此大略之宜知者也。

贊

朱道南二首

陳魯亭先生像贊

視不流，行不疾，肖其貌之恭；澄不清，撓不濁，狀其器之洪；剛不吐，柔不茹，識其守之中；泰不驕，威不猛，驗其養之密。栗而從容，曷以致之？左史以云達節，莊生謂之德充，是故居約而貌豐，齒邁而顔童。宜乎都人士拜有道之容，式行法之躬而瞻仰無窮。

陳君妻曾安人像贊

無非無儀，曰婦人德。績有玄黄，議惟酒食。懿矣安人，言思其職。性亶柔嘉，心維綢直。黽勉歲寒，劬勞日稷。佩帨無譁，庭户如拭。不識六姻，豈况衢陌。矢此貞静，永爲閨式。法象可渝，彤管勿泐。

朱堯勳二首

胡棉谷像贊

公於余相處最密，相知最深，故它人第能寫公之貌，而惟余爲能寫公之心。公名公之孫，上庠之秀，外樸而内慧，外寬而内沈，固窮愁而不怍，亦愔樂而靡淫。凡一切世途之拂逆，家庭之瑣碎，其不屑爲外人告者，無不一一爲余道，是公惟引我爲知音；而余亦於一切世途之拂逆，家庭之瑣碎，其不屑爲外人告者，無不一一爲公道，是余亦以爲知己如公者，方堪把臂而入林。自公捐館後，余之抑鬱難申者，欲告語而誰尋？而自公捐館後，睹遺像而品題其心者，更舍余其誰任？今者登其堂，展其圖軸，猶使余欷歔而不自禁。令子韶年八歲矣，從旁觀睨，徒嘆其須眉之活見，而惡能識乃父之胸襟，但願其克岐克嶷，它日讀父書傳祖研，庶不失爲掌上之璆琳。

族兄慕韓像贊

於戲！余於兄雖雁行而固未謀面也，然竊聞兄之爲人。蓋聞其少也，蠖以屈而未申。及其長也，仍溷濁於風塵。至其壯也，如鴻鵠之高舉，一去而三十餘春。迨其快意而歸也，維道光之戊申。近古稀之暮節，息遠税之勞薪。想鄉音其未改，認舊識於比鄰；乃榮期之知樂，泊老氏之歸真。是殆如神龍之不可測憶也，而又何鄙吝之足攖其神者哉。

朱士琦三首

唐復初處士贊

公何人斯，葛巾野服。爲君子儒，住愚公谷。人見其貌，形骸土木。不見其心，淵懷珠玉。秋月千觚，春風一曲。與我周旋，悠然意足。固宜其弗驚寵辱之場，而占盡山林之福。

唐處士妻林碩人贊

斧藻其德，陵苕其顔。珩璜彌令，綦縞相安。與之偕隱，永矢弗諼。信異時紫誥金花畔援，勿疑其改度；知此日青山黄犢寤歌，無聞於考槃。此所謂碩人之寬也。

方壺贊

冠之員，升諸首。輪之員，不脛走。斟酌於斯，而獨取其廉隅。甚矣！余之迂也，豈能遺世獨立，與造物者爲徒，游戲於蓬萊方壺也。

説

朱士琦一首

説文三菊説

小學字書傳世者，以史氏《急就篇》、許氏《説文》爲最古。《説文》菊字有三，而義各不同。曰：「菊，瞿麥也。」曰：「蘜，治墻也。」曰：「蘜，日精也。似秋華。」是今之所謂菊，即《説文》之所謂蘜也。《月令》「蘜有黄華」，則通蘜爲蘜。《楚詞》「夕餐秋菊之落英」，又通菊爲蘜。是蘜與蘜、菊相通，而《説文》但各詳本義以訓之，固未嘗合而爲一也。至《唐韻》《韻會》則云「菊，古作蘜」，引《爾雅》「蘜治墻」句下郭注「今之秋華，菊」以明之，至菊字之下反不注。《説文》瞿麥之訓，而《集韻》於蘜字之下，則又以同菊言之，而於《説文》治墻本義亦不載焉。是秖知蘜與菊通，而不復知有蘜日精之解矣。至於蘜字，惟《類篇》見之，而《類篇》云「蘜，蘧華青黄色」，訓蘜字亦與《説文》不同。然則郭注以後，人皆知以蘜爲菊，而於菊字之本義與蘜字之本義，已茫然不復辨矣，又況《説文》蘜字尤爲尋常所不經見乎，是皆沿末而忘其本者也。使不講明而切究之，則《説文》三菊之説，又孰知何者之爲正哉？

表志

朱謨一首

明庠士恩賜冠帶逸夫朱公墓表

嘗謂世道既降，嘆君子不可見已。若我叔祖逸夫公者，殆無愧古之隱君子歟。公慧而好學，性尤孝友，以《易》補弟子員，嶄邃有聲。時吾家未有科第，曾大父南塘府君望其亟成，值憂變，遂棄舉業，歸訓子孫，謨等皆公所成就也。嘉靖丙午四月，謨辭公，卒業南雍，誨諭諄諄，相泣而別。烏乎！孰知此爲永訣之期也。迨謨領鄉薦官吴興，間關湖海十有餘年。至今解組以歸，適當公合窆之辰。豈無鉅公名筆爲阡表表揚者？謨受公德教，知公最深，宜不容默故也。公居家甚勤，每夜分必褰帳幔而視之者三，以故家無怠政，遂致贏餘。尋常以酒自娱，與人甚和，至或有不平，公一言解之，咸服其公允。尤好善樂施，予懷其惠者至多。增設嘗田，以寓激勸褒譏，故芳孫輩多錚錚玉立。凡吾宗業儒者，想望公之德教，至今猶稱誦弗衰。叔祖母河清潘氏，相公五十年無忤言，婦順章矣。公歿，從子十餘年，母儀著矣。故吾家稱内外匹孅者，必歸之公云。公諱廷哲，字國賢，逸夫其自號，生於成化乙未十一月初一日，卒於嘉靖丙午五月十六日，享年七十有二。安人生於成化庚子十二月十九日，卒於嘉靖甲子五月初八日，享八十有五。生男二，長文理，次文簡。女二，長適庠生關沛立，次適文士曾光啓。孫四人，長學濂，次學懋、學時、學昕。曾孫必遇、必迪、必遜等。流慶未艾，君子之澤也。今以甲子九月廿一日合葬瓦窯山西辛嚮之原，特表而出之。

朱宏一首

先湖州府通判府君碣志

先府君諱謨，字次皋，姓朱氏，别號石潭。始遷祖諱元龍，宋末自南雄珠璣巷徙居南海九江上沙里，因世家焉。元龍生子議，子議生税達，税達生南旺，南旺生仕清，是爲府君曾祖也。祖諱廷昭，妣鄧氏；考諱文重，妣周氏，生府君兄弟七。府君行二，生於正德十一年丙子七月十一日。性慷慨卓犖，負氣節，年十七以《詩經》補瀧水學弟子員，二十六應貢南京國學生，嘉靖壬子領鄉薦，庚申除浙江湖州府通判。癸亥棄官去，優游家食，詩酒自娱一十八年，卒於萬曆八年庚辰六月十六日，享壽六十有五。娶新會粵塘處士馮淳夫之女，生男四：長宏、次樵，順德庠生；次完，南海庠生；次弁。女二，長適扶南知州鄺元樂子從德，次適新會舉人許炯子堂之。孫男端至、端御、端儒、端士、端夫、端履。曾孫如穗、如林。宏等於萬曆十三年乙酉十二月初七日癸酉奉柩，葬於番禺鹿步岑村之左紅花岡未嚮之原〔二〕，男宏等稽顙百拜謹志。

朱樵一首

先妣馮安人碣志

安人姓馮氏，父曰淳夫，新會粵塘村人也。安人端静慈仁，本於其性。年十八歸我朱族，事别駕石潭府君惟謹。逮事祖父蒲泉府君、祖母周太安人，婦道克盡。别駕公業儒，家世清貧，安人日夕躬親桑麻以給薪水。别駕公因得肆力下帷，以嘉靖壬子入薦鄉書，除湖州别駕。安人從任數年，衣服飲食，菲薄不改，惟以清白相黽勉，所處姒娣及奴婢，無不得其歡心。至老而手不停作，足不逾閾，遠近慕其閨範焉。生四男子，長曰宏，娶劉氏；次曰樵，諸生，娶馮氏；曰完，諸生，娶陳氏；曰建勳，與選材官，娶歐氏。二女子，長適州守鄺元樂之子從德，次適孝廉許炯

〔二〕「未嚮之原」，據《先妣馮安人碣志》，疑應作「丁未嚮之原」。

之子堂之。孫男子八人：端至、端御，諸生；端儒，宏所生；端士，諸生；端夫，樵所生；端履，諸生；端揆，完所生；端表，建勳所生。孫女子八人。曾孫男六人，如穗、如林、如松、如柏、如桐、應聰。曾孫女六人。安人後別駕公二十年乃卒，是爲萬曆庚子歲正月二十日也，距及生年正德戊寅歲四月十六日，計享年八十有三。合葬於岑村蓮花岡丁未嚮之原，在別駕公之左。萬曆二十九年，歲次辛丑正月初一日，男樵等泣血稽顙謹志。

朱凌霄三首

明故庠士寧宇關君墓志

粵稽古好修之士，未必皆駿發，然而尚論君子，往往敬慕若渴，斯何故邪？所重在此而不在彼也。余表兄寧宇關君，乃先從祖姑朱太孺人嫡孫。姑適於關舉丈夫子三，長茂才槐堂；次明府念齋。念齋爲仙游令。茂才五子，長即君，其四子九螺，領萬曆辛卯賢書，家聲固未墮也。君生而勵志，惇行孝悌，從曾大父青田令訥庵、仲父念齋，咸器重之。居則帥昆弟迪父叔彝訓，出則偕朋儕研聖賢奥蘊，以是遠近士人，莫不仰君標格，服君品誼，以爲豐年之玉，公族之良也。乃年逾三十，始列弟子員。未幾，齎志以殁，文囿儒林，人人皆爲搤腕。然至今子姓孫支，茘挺瓜緜，繩繩不替，則君培植之力爲多。繇斯而談，君雖未駿發於厥躬，而所以濬其發之之源者，不既深且永邪？夫人陳氏，出本鄉名族，歸君家，克修婦道，綽有孟光風。君生於某年月日，卒於某年月日。夫人生於某年月日，卒於某年月日。男二，箕，庠生；裘，蚤卒。女適李村石縣尉子邑椽夢龍。孫男鏸。曾孫官琪、官瑞、官瑛、官璉，餘未艾。箕等涓吉奉二尊，合葬於月山丙壬嚮之原，仲子裘旁祔從先兆也。奉議大夫寧定番平度三州刺史古虔别駕表弟朱淩霄謹志。

盧子覺壙志

此吾婿盧子覺之墓也。子諱炯然，子覺其字。厥父天玉公，薦萬曆戊子鄉試第九人，拜山東臨邑博士。世居順德龍山沙富里。家學青箱，代有令名。當子坦腹時，鳳毛翩翩，風神秀徹，居然逸少之匹。未幾，讀書於會城西郙，卓有定嚮，余與天玉公兩心竊喜，爲其得進者機也。自是淬礪日深，郡邑試屢占前列，駸駸乎乘雲破浪，不爲池中物矣。詎期天玉公倏爾捐館，哀毁日久，尋亦齎志以殁，偉抱未展，以孝殉身。噫！可慨也已。溯子生平，志非不立也，才非不裕也。其前人弓冶，非不表表於後也，有先資而不能成，其信未嘗半塗自廢，而限於年，自非雲仍世衍，篤祜千秋，孰與酬子願哉？子生於萬曆丙戌年四月初七日，其卒也以丙辰年十月十一日。今天啓七年丁卯十二月二十七日，子之子夢樓奉柩與天玉公并葬於南海九江鎮山午丁嚮之原。不可以弗識也，余故忍涕爲紀其略。

明處士杏林朱公墓志銘

余從父杏林府君，諱諶，字次孚，伯祖蒲泉公之第七子，湖州通守石潭公之弟，夔州太守祀鄉賢絅庵公從兄也。與余先子爲再從昆弟，長余二十四歲，生前撫余若己子，督余力學，勸課不倦。洎余叨領鄉書，公卒已四月矣。公自少沈毅有大志，渾樸不斵，兄弟八人，諸伯叔多詼諧善謔有美談，公獨訒吶自持，動必以正，恂恂不越尺寸。數其事而稱之，亦曰日用常行云爾。乃其天性之真，内外一致。爲余所深知者，莫如孺慕一念，余固不能爲公隱也。蒲泉公雅好栽花植樹、禽魚山水之樂，抑且坐客過從無虚日。公皆先意承志，凡珍禽奇卉、諸色可娱之物，悉羅致之，不傷其性；客至，就其家之所有，或少加市沽，爲竟日歡。蒲泉公雖固止之，而公仍儲蓄以待不時之需。無何而蒲泉公春秋漸高，與伯祖母周太安人皆駠至耄耋，公事之朝夕不離寢案。石潭公常曰：「有吾七弟在，吾於晨昏雖後至，不妨矣。」蓋喜之也。先是，公年三十餘即絶意仕路，不復言舉子業，同社者邀之赴會，笑答曰：「學貴適志耳。吾當喜懼兩乘之日，天下國家事付之昆弟等足矣，吾但隨分自安，人田亦田，人圃亦圃，何所不適。」烏乎！繹公斯言，誠所謂終身慕者非邪？吾故曰：「天性之真，内外一致也。」初配安人張氏，同鄉張娱蘭女，賦性端淑，治家儉勤，事舅姑、處妯娌，事事有成法，相公六載而卒。繼配岑氏，亦同鄉岑抑涯女，壼範整肅，并美於張安人。撫前子及諸孫，恩意備至，一若所生，亦禀受之過人者矣。公一子曰貴，張安人所生。孫四，聯芳、傳芳、連芳、流芳。曾孫今始三人，觀英、國英、睿英。公嘉言善行，必豐碑而後盡，故特摭其大者，它若世系、生卒歲月均詳於狀及壙記中。以今壬申八月初七日葬於新會及洲黄塘山艮寅嚮之原。余既次其事，宜有銘。銘曰：

黄塘之鄉，及洲之陽。維山蒼蒼，維水泱泱。有公瓌行，有媛同藏。孝思淵暎，不見而章。崇之四尺，濬發其祥。名以實揚，久而彌昌。

朱伯蓮二首

明文林郎江西玉山縣知縣前知上猶縣事崑泉陳公墓志銘

公諱超然，字承雅，號崑泉，姓陳氏，始祖曰海漁，繇南雄珠璣巷下遷南海九江，六傳至公大父訒齋翁，生子六：長即永州司馬，諱良珍；四又齋翁，生公；五次野翁，即舉人官紀之祖，與江西大參諱萬言皆功服兄弟也。公同懷三人，行第居長，次諱炳然，庠生；三諱卓然，業儒，與連平州學正舉人官順之父，皆緦服兄弟也。又齋翁夢異人抱緋衣小兒至，遂誕公。幼卓犖異人，甫就塾，穎敏絶倫，垂髫值大比，就童子試經科，中副榜第一，補弟子員。至戊子領鄉薦第二名，會試副榜二次，因蔆闈垂老圖三釜之養，考署北京霸州文安學正，就任。有水患，爲諸生請賑，暇則閉户讀書，脩贄咸却，按院劉公奬薦云：「設教兩端必竭，牧民萬象皆春。」陞江西上猶令，未任，丁艱。服闋，補江西玉山令，路當八省之衝，供役繁劇，公爲之撙節調劑，民賴以蘇。撫軍衛公奬薦云：「醇平宜化囂俗，寬裕可理亂繩。速效不圖，後功可俟。」邑紳翰林編修鄭方水先生以偉輩，多有贈言，備揚德政，更爲公賦廬田之章，擬以薰風歌頌、霖雨謳思。莅任三載，敷教在寬，未嘗置一重辟，民皆德之。因禄養不逮，尋解組歸，士民建生祠於縣側，立石以致思慕云。棄官之日，行李蕭然，惟船載月明而已。公未任江西時，從父一爲御史，一爲節推，豫章當道多其故舊。公至，守介引嫌，未嘗自通一刺。歸後，巡撫胡公應台、太守林公紹銘，皆在玉山時寅寮，交厚，屢書請會，公報禮而已，不親謁也。優游林下二十餘載，惟抱膝而詠先王之風，或與親知彈棋賦詩，洎然意足，至於奬勵族中後輩，文學、孝廉彬彬鵲起以戴經知名者，皆公之教也。憶丁卯戊辰歲，鄉閭盜賊蜂起，本縣駱公方璽，下鄉請公坐鎮，時賴持平。公性孝友，喪盡哀、葬盡禮、祭盡誠，諱日必泣。享壽七十五，生平著有《禮記講説》、《道德》《陰符》诸经解及詩文三卷，俟刻行世。子五：長堪，娶順德劉明府振國姑母；次召策，邑庠，娶順德古朗伍族；繼娶江村李族；三吕策，娶本鄉揚州府通判朱光祖長女；四階，娶劍州知州關志拯季女；五埏，娶高明户部尚書區大倫季女。女五：長適本鄉朱大有，次適户部主事朱光允，三適會城張參政守讓次子邑庠張慥，四〔二〕適順德杭州府同知黄宏孫邑庠元義，五〔三〕適順德蘇明府日新孫湖廣衡山學正觀憲。公生於嘉靖丙辰十二月十一日，終於崇禎庚午年十一月初八日；配關孺人，生於嘉靖庚申年五月二十日，終於萬曆壬辰年二月初五日；繼配張孺人，生於萬曆甲戌年五月初九日，終於順治壬辰年四月初二日。嗣君階以今某日奉公與孺人卜葬於本鄉象山巽嚮之原，爲之銘曰：

蔚兮文炳，焕兮仙班。崑璞之質，仁覆玉山。登兹馬鬣，松楸閑閑。秋風寒食，長望霜菅。冉冉歸來兮，如在石樓奇水之間。

明庠士涵宇朱公墓志銘

公諱繼芳，字肖恩，涵宇乃其號也。宗派自始祖獻謀公，繇南雄遷於南海九江，至公乃其八世孫。曾祖文錦，號絅齋，以歲薦爲廣西桂林府靈川學廣文，歷署興安、義寧兩縣事，有名。嘉靖時，祖宗程，父學度，爲鄉善士。公兄弟三人，行居仲。幼穎而敏，弱冠補西寧庠，爲督學羅公所首拔，與刑部黄君應舉、孝廉鄭君融暨先君兄弟結雅言社於牛山麓。先君視公如同氣，伯蓮視公爲猶

〔二〕「四」，原作「五」，據文意改。
〔三〕「五」，原作「六」，據文意改。

父。三善兼全，四德共勵，詩文酬唱，友愛彌深。公持己廉介，接物和藹，且葺祠廟以妥明靈，尚解推以周單約，於世情得失，澹如也。爲里祭酒二十餘年。公平服物遺德，餘澤在人，至今老少猶稱道不衰，後嗣克昌，實公德所詒云。配曾孺人趙涌逸士曾維缺。女，孝敬夙成，禔躬淑慎，所謂萊婦鴻妻、令德與齊是也。公生於隆慶丁卯八月十三日，終於天啓癸亥七月十三日，享年五十有七。孺人生於隆慶丁卯十月初四，終於崇禎丁丑五月十八日，享壽七十有一。男二人：長宴府，庠生，娶譚氏；次瑶，業儒，娶黄氏。女一，適府庠生吴某。孫男八人：國臣，邑庠生；國維，業儒；國材，府廩生；國權、國綱、國紀、國經、國柱，俱業儒。孫女四人，曾孫二人，俱幼，方興未艾。公與孺人以崇禎甲申十月十三日合葬於蝸山甲山庚嚮之原。蓮習公行誼最悉，故彙而志之。銘曰：

天佑世德，誕生于公。雄才碩德，品高道隆。性成孝友，文行可風。齊徽二南，媲美前哲。茹藿甘藜，同心固結。夫義婦聽，金瑩玉潔。維山與高，維水與長。綿綿奕葉，流峙無疆。喻志我銘，表此瀧岡。

朱光祖一首

從妹閨秀瑞興墓志銘

從妹瑞興，余叔大夫公之季女也，母孺人曾氏。萬曆乙未，余叔初任新興學官，挈家隨宦，又二年丁酉，誕女學署，申明淑甚，爰以命字焉。孺人名家子，通書史，善鼓琴，故瑞興幼有母風。歲己亥，余叔遷湖廣咸寧令，瑞興從之官。甲辰叔政成，擢守雲南寧州，孺人以滇粵萬里，不敢遠親庭，亟携瑞興歸養。亡何，王母陳太君卒，叔宅憂罷職，讀禮山中。瑞興甫十歲，侍膝下，以孝聞，且能曲體父母之心，以上貢於王父，故自王父後谿府君以下，胥鍾愛之，諸兄嫆憐之尤至，人謂瑞興孝慧殆天殖也。稍長，媞媞婉嫕，清心玉映，有林下風儀。選字吴孝廉長息，方幸室家之有托也，未行，天奪之。速感疾，遽殂。緜惙時，猶婉轉顧孺人曰：「兒病革矣。死，命也，毋傷母心。」瑞興之死生十五年矣，骨肉爲之殞絶，戚里以之悴心。兄光允、光衡不忍其遠厝也，爲作窀穸於里第西南蝸山北隅，去家數百武，塋廬相望。昔中山韓夫人築愁思之臺、望子之陵，以寄死生余恨。今閭門咫尺，魂氣可通，青陵之松吹，如聞彤管而蘭芬未歇，存者、逝者當遂侻然而無憾也。雖然，余叔飄蕭遠宦，隻影黔中，今即不聞此耗，果聆此耗，老淚何時乾邪？烏乎！又重可感也已。瑞興亡以萬曆三十九年三月三日，其葬以是年九月廿二日。既葬矣，余哭之過，時而悲憶其賢，而又懼其泯也，遂濡涕而爲之銘。曰：

田産珠璣，昌郡之陽。孝謹維思，女德攸彰。苕華徒剡，瑩光忽藏。燕悲鸖泣，欝乎蝸岡。歸寂輪迴，汝其益臧。

謹按：《家譜》閨秀瑞興本傳小注云：「據從兄光祖撰墓志修。」而傳内字句核與見存志石，間有異同。考古人專集與碑版，文字不符者多有，即韓、歐文亦然，是集酌從之，并發凡例於此。

朱光允 一首

明庠士龜臺朱公墓表

郡庠生龜臺公者，光允之仲大父也。自元始祖至公爲第七世。曾大父曰順川府君，配周孺人，生二子，長爲允大父，曰後溪府君，以允父貴封文林郎。次即龜臺公也。公生而穎悟，奇氣磊砢不凡，幼即嗜學，十歲能文，詞賦立就。童年衣冠肅整，有先民矩度。弱冠補郡庠，每試與大父迭冠軍。諸士稱之，必曰「朱家雙鳳」云。屢挫棘闈而力學不倦，一時名士多負笈從之游。允今幸班縉紳後，亦緣受業多年，得於熔鑄者深也。公學以静爲主，淹貫經史，而於聖賢奧義，體勘尤精。嫺習禮教，惟取法於考亭先生，冠昏喪祭，周旋曲折，靡不恪遵之。親迎時有以會典所載得借用冠服者，公守非見前士禮，堅不肯從，學禮之士推爲祭酒。天性至孝，侍曾大父疾，衣不解帶兩閲月。曾大父不禄，公哀毁骨立，泣盡而繼以血。及既殯，匍匐山中，踏草莽而卜窀穸，昕夕罔閒，得地於飛凫山，安厝成禮，而心始慰。壬辰，又值曾大母喪，公年近六旬，哀痛之至，猶喪曾大父時。既合葬，日日哭於墓側，灌植松柏爲墓道蔭，俱手自爲之，不自知其悴也。居恒端謹恬静，不以父兄子弟之貴而有矜色，如從大父通守公、中憲公及允父貴顯，毫不藉爲干請，氣節介然，與物無競，而飲人以和。閭里有爭，理諭片言立解，訟端遂息。誘人以善，委屈懇至，人無不中心悦之。至得喪是非，靡一毫介於方寸也。豫知捐館之期，將易簀，呼子婦諸孫齊集塌前，目淫淫泣下，以先壟未修爲言，大父後溪府君至，謂吉期已定，墳石已備，夫復何憂？公收淚頷之，而目遂瞑，時萬曆乙巳年十一月二十四日也，距所生嘉靖丙申年十月二十六日，享壽七十歲。公南海九江人，諱學懋，字少脩，龜臺其别號。所娶關氏、黄氏兩孺人，有族兄將軍占遇别爲志銘，玆不具贅。

朱國材一首

從父英巨先生墓志銘

公諱環，字乾中，號英巨，先南雄珠璣巷人，後徙南海九江上沙里，歷數傳至文錦，是爲公高祖，司訓靈川署興安、義寧兩縣事；曾祖宗程，祖學度，西寧廩生；悭宇公繼鳳，乃其父也。妣陳氏，子二人，長曰璧，爲名諸生。公序居次，少聰穎，讀書過目不忘。年十一，賦《落花詩》，已雋邁獨出。及長，淹貫經史，好講求天下形勢阨塞。嘗夢古衣冠老人授以武經，自是尤邃於兵鈐，著《兵略管窺》三卷，自謂得孫吴之秘然，矜惜不輕示人。以屢試不售，遂寄情柔翰，與諸名士往來於西樵白雲間，興至輒引大白賦詩以爲樂。性慷慨，凡義所在，急難振貧，竭囷橐不少靳。至其處已，不以貪欲自污。當代薦紳，尤高其行。惺宇公晚喜吟詠，公視於無形，居恒與兄璧更和迭唱，咸得其懽心，今家所藏《塤篪集》，即公兄弟娛親之什也。伯氏詩力追中唐，冲澹有自得之致。公詩則孤潔刻峭，不蹈前人蹊徑，亦足獨步一時。畫法二米有逼真處，迄今士大夫家猶有珍藏其手迹者。年既壯，才學愈充，竟以數奇淹殁，悲哉！初公之未殁也，宗族交游見其才而能博，皆以世俗之所貴者期之，而公亦未嘗自言其志於人。迨閣部陳文忠公舉義與家，贈少司馬微龕言曰：「君族兄英巨，志士也，材可用，儻令伊人宛在，則吾屬此舉，可分帷幄憂矣。」噫！公往矣。十餘年後，猶令閣部臨事而追思之，則其平日所藴之才與乎未嘗自言於人之志，其亦略抒也已。配室曾氏，本鄉孝廉曾公偉孫女，慈順柔和，克敦婦道。公生於萬曆辛卯七月十六日，卒於天啓丁卯三月十九日，得年三十七。曾氏生於萬曆乙未十一月十一日，卒於康熙乙巳五月十三日，享壽七十一。舉三子：長明卿，娶陳氏；次明良，娶李氏；次明華，娶關氏。孫男二人，廷賓、廷祚。公以丁卯某月日祔葬龜山祖墓甲嚮之原。季子明華痛兩兄之先卒也，以今某月日奉母曾氏合葬，屬銘於余。余於公從子也，誼不敢辭，因即夙昔所聞於先君及傳諸戚黨者，撮其涯略以垂不朽。銘曰：

才既具，未得時。志有餘，年迫之。斂奇焰，瘞於斯。屈没齒，耀來兹。君子曰：是殆缺五字。者也。吾又何敢侈其詞？

朱宗元二首

明郡庠雲庵朱公墓表

國必以忠厚爲開承者，而後其治長。於家亦然，必以忠厚開承者，而後其祚昌。而世之殘刻貪冒無耻之輩以詐術愚人，謂可光大門閭，卒之不振，良可哀也。余族自南雄遷居九江，歷宋元明以汔我朝，子姓蕃茂，簪纓相望，是豈無所自而然哉。繇我祖詒厥之長，歷世繼序之善，海不敢不本之河矣。從伯祖雲庵公，少聰敏，書史過目輒成誦，充弟子員，爲一郡冠。當是時，公才名藉甚，卒困諸生不少愠。家雖素封，飯脱粟，衣褐衣，蕭然若貧士。其與人交，魚魚雅雅，和氣可掬也。酒後耳熱，雖童奚稚子，無不可與言歡；至雜以非義，即面赤髮指，雖親厚無所貸。大都爲人，晶中朗外，矩步繩趨，敦彝還交，守和握固。余得諸公孫文學兄成泰所述如此。烏乎！公以文章名郡邑，雖不及身掇科第，享高爵厚禄以光耀一時，然考其梗概，一本乎忠厚，其澤流子孫宜何如邪。余有以卜雲庵公之壽後益無窮期矣。或曰：「非義者必疾之如仇，惡所謂忠厚？」余曰：「身爲非義者，置之以爲包容，是厚其惡而速其敗也。公之疾之，俾其赧面易慮、刮肝滌腸，君子成美不成惡之心也。儻令得用於國，彰善癉惡以輔翼聖明，風動當年，培植國脉，亦猶是耳。獨家也乎哉！」公殁後，以康熙乙亥年正月廿七日，偕配安人合葬於龜山巳亥嚮之原，汔今兄成泰欲表於墓，遜元爲文，爰爲撮其事而論其意，俾刻於石。烏乎！隴岡堅秀，喬木亭亭，世之過其墓者聞公之風，其亦可以慨然而興矣。公諱璿衡，字乾齊，雲庵其號，曾伯祖海玉公之第四子也，世居九江藍田里。生於萬曆辛亥三月廿九日，終於康熙己巳十二月十三日，享壽七十有九，配安人同鄉紅社關肖乾女，内則周舉克佐公，生後公三歲九月廿七日，卒後公六歲正月初七日，壽八十二。男三人：長鴻讚，娶同鄉曾氏；次鴻謨，娶河清潘氏；次鴻訓，娶同鄉關氏。女三人：長適洛口關貫卿，次適閘邊貢生關任卿，次適田邊關高士。孫曾蕃衍，不復備書。

樂餘藍隱兩先生墓志銘

吾族隱君子曰樂餘、藍隱，兩先生同氣昆弟也。以元視之屬，則從父也。觀其所自號可知其志，而世固莫識也。樂餘公諱殿孚，字光卿，行五。藍隱公諱殿獻，字賢卿，行六。有宋末，吾祖元龍公自南雄府城北三十里珠璣巷遷居南海九江上沙里，是爲始遷祖。汔公爲十世，乃曾伯祖海玉公之孫，伯祖龍巖公之子也。伯兄三人各自樹立，而二公居其季，次相連，年相上下，而生平趣行正復相等。爲人仁厚樂易，未嘗忤於物，見之温温似不能言，及即之與居，愈久而愈可愛；間而出其所得，愈出而愈無窮，可謂純明篤實之君子矣。遭時不遇，不屑榮膴，以爲理亂不知、黜陟不聞者，天下之完人也，奚必以富貴而易吾之志哉。故俱澹然於聲華而不顧，平居樸儉自處，治家人産，稍羸餘即急人患難，有負者率不較，鄉之人并德之。暇則竹林茂樹，奇花怪石，昆弟偕友生優游飲酒以爲樂。元與嗣君天署、炯燮兄素同筆研，課業稍暇，獲從之游。其言語簡而有意，飲酒終日不亂，挹其貌而悚，聽其論而驚以服，久與居而不能捨以去也。世徒見其偃仰林泉，與人若無異，而豈知其韜光匿采，以自完其真而安其性者，出於尋常萬萬哉。年既晚，長號樂餘，言隱者之樂足於中而無待於外也；次號藍隱，則又即所居藍田以爲名，皆志實也。古有兄弟偕隱者，於二公今再見之矣。樂餘公以康熙辛卯九月十九日卒，距其生崇禎辛巳十月二十二日，享年七十有一。娶本鄉滘口余爾昭女，生於崇禎庚辰六月十二日，卒年與公同，乃四月二十五日也，享年七十有二。生男二，長天署，次天允。女二。孫男四，曰國侯、士科、士玠、士才。藍隱公生於崇禎癸未九月十二日，享年六十有一，先樂餘公卒，爲康熙癸未十月二十九日。娶本鄉大洛口石柱屋關洪照第四女，生於崇禎壬午八月廿六日，卒於康熙戊戌七月十六日，享年七十有七。生男炯燮，女八，孫曰夢麟、夢鳳。初，二公志行既同，而内助又皆有婦道，琴瑟之雅，妯娌之歡，居無閒然，乃同卜幽宅於新會雲堆村寶鼎山丁午嚮之原，在六世捷泉公墓左。兄天署、天允以康熙乙未十一月初三日奉樂餘公及余安人合葬於其右。今康熙己亥十月十六日，兄炯燮續奉藍隱公及關安人合葬於其左，承先志也。將立碑於墓以詒後世，而命元爲文，謂元知二公，志之莫如元宜爾。嗟乎！元豈能知二公哉。然樂道天下之善以傳者元志也。況二公者，其隱德可傳而又爲元之所親承而夙欽者哉。爰爲之銘曰：

嗟夫二公，高風跨常。友于琴瑟，和鳴雙雙。偕隱儒鄉，笑傲羲皇。卜幽新會，其歸其藏。野王二老，不解賡颺。鹿門龐公，妻子悦康。既敦鄙薄，亦化被昌。碑碣于墓，永志不忘。

朱吉兆一首

明故奉直大夫歷任廣西全州知州湖廣均州知州朱公墓志銘

公諱廷亮，字寅甫，號鎮山，別號清齋，南海九江朱氏。始祖曰泗源，六世而生鳳岐，公其長子也。舊志稱公徽柔懿恭，克全孝友，師於黄少卿，重有沆瀣之知。正德壬申，充南海庠生。嘉靖元年壬午科魁鄉薦，春試後坐監，歷事注選。乙未，吏部揀選優等，授廣西全州知州，期年而政善民懷。丙申丁父憂，守喪如制。服闋赴選。己亥，補任湖廣均州知州，政成，循聲益著。壬寅，告養致仕。戊申，丁母憂，一如喪考禮。喪事畢，謝世网而遐蹈，屏國爵以自尊，優游林泉，與親朋詩酒相娱樂，事有不可於意者，未嘗介懷，人咸服其雅量云。公生於成化丁未年六月二十日，終於嘉靖戊午年七月二十二日。原配宜人同里劉氏，繼配龍江張氏。生子六人：長海、次瀚，劉氏生；毓全、毓時、毓陽、毓祥，張氏生。女五人。以嘉靖三十七年十二月二十九日合祔於鄉南鳳山先壟之原。日久墳圮，族人重加修繕，而前刺史曾公儲所撰志文斷剥不全，謹掇其大概，俾觀者悉公之始末。烏乎！後世論定，完行爲難。矢文不多，亦有榮而無憾爾矣。爲之銘曰：

鳳山峩峩，馬鬣穆穆。中藏衣冠，巍魁良牧。千秋萬祀，光流林麓。

朱士琦一首

有清庠士景園朱公墓志銘

公諱福，字錫遠，號景園，姓朱氏。元處士獻謀公十一傳生靖夫，靖夫生樂舒，樂舒三子，公其仲也。居儒鄉西偏鬱水上，曰盧橘洞。河麋瘠鹵，號少文學士。公幼穎楙，鬖然秀出，補學官弟子，英聲雋一黌。梁簡文有言：「濰涣之水可居，鄒魯之鄉可貴。」班班乎地以人傳者也。性夷曠，徜羊盛世，兼有水泉禽魚之樂，以故材術非不可用，無舍所爲。爲人意優游漫浪，竟以横舍終。其卒也以嘉慶丁巳三月七日，距生康熙庚子三月五日，享年七十有八。配陳氏，鳴玉相莊，克儷厥德，生康熙丁酉正月七日，終乾隆甲寅四月五日，先公歿，合葬里中象山，庚甲申寅嚮之原。男二，國典、國薦。孫五人，曾孫九人，元孫二人。道光丙午十一月，承重曾孫爲言等碣修公墓，來句銘。銘曰：

其行儒無破觚，其文奇異夸毗。不鳴以飛，人曰數奇。匪數之奇，爾壽梨眉。爾孫子是宜，是謂繁鼇。

祭文

朱淩霄一首

祭陳淇涯司馬祀鄉賢文

維崇禎十年，歲次丁丑，二月辛未朔越二十一日辛卯，通家眷晚生署山東青州府知府，歷任雲南寧州、貴州定番州、山東平度州知州，改江西贛州府通判朱淩霄率長男欽差監督寶泉局事户部陝西清吏司主事光允、孫汝楝、生員汝栩，謹以剛鬛柔毛、庶羞清酌之奠，致祭於鄉賢故湖廣永州府同知淇翁陳老先生之靈曰：

於惟先生，嶺海之英。鱣帷邁迹，虎竹馳聲。澤暨銅標，化行江漢。政事文章，有兼無閒。言非口耳，躬爲典儀。太邱再睹，列郡興思。學使表幽，移文核實。崇祀以風，宫墻之側。屈指梓里，幾三百秋。祀膠庠者，咸屬名流。曾以隱高，闞以顯著。從父夔州，與公而四。嶽嶽群公，德馨踵美。況也箕裘，克承厥志。綣念先君，於公莫逆。不歧飛蟠，遂聯姻戚。覯兹盛典，式慶且歌。名山既副，正史不磨。前修永型，後賢是視。何以薦之，澗溪沼沚。尚饗。

朱吉兆一首

祭族叔乾滋文

烏乎！吾叔遽溘然往矣，逝肯少念我邪？吉兆自識人間事，即甘清貧守節，概不願以酒食相徵逐、金幣相市交。故人世所爲載酒宴游、揮金歌舞者，余概不與焉。獨於吾叔，則有召必至，至則笑談，必盡歡也。此殆有故。昔謝安石於東山營墅樓館，林木甚盛，每携中外子侄往來游集，具酒耗金，稱千秋韻事。方之叔父，真有謝傅遺風，則子侄輩於其招也，復何所顧忌。比年來，一家文酒，或散或聚，計余得與叔偕者，良辰勝會，頗不虚負。夫何叔一病彌年遂不起，於今冬長至日也，吉兆解帳歸里，驟聞凶，欲趨殮弗及。翼日，又以省垣晦翁書院落成，匆匆促去。噫嘻！叔於余若是不薄，而余於叔屬當遠館故，臨病僅再次省候，垂死竟不及與訣，能不痛哉！緬吾叔經營甫就，即入成均。赴鄉舉文戰棘闈者再，近又策名天府，職稱貳令。且行年亦將六十，余固不悲其享之薄與壽之速也。獨惜令子可炤弟，雖聰俊峥嶸，故屬藐然未冠之孤，一切家常，尚須諸父、諸兄以及腹心傔僕照管，則汝之靈所蹝踻睠顧者，意在此乎？此亦已矣。造物安排，渠墜地自有分定，即以叔之生前論，坎壈盤錯，少年不無困歷，迨後時至事起，便如著脚平地層登百尺樓臺，中間三四十年，所動作無不輒滿人意，如堂上之生事葬祭，叔不以物儉也；同氣之友于，叔不以財乖也；甥侄輩之或士或賈，叔不憚曲爲謀也。且也歲時伏臘，無不具桮酒邀戚族，真意藹如。則以叔之所爲，視世之重利廢倫，愆乾餱、德耰鉏以守錢虜終者，相去果何如也。抑且義心清尚，每遇諸名家書畫秘册，珍之若性命，如唐六如古軸以及家先賢輩真迹，莫不購而藏之，以視世之富窩兒，徒知問舍求田，傾身障簏日數牙券幾張者，相去又何如也。况乎市井悠悠，老死牖下，縱積貨如山，而闃然無聞，王尊所謂「賢爲上，毋以富。市人百萬，不足與計事」者也。獨吾叔則俠情高誼，舉凡家之秀、鄉之望、國之賢，初非有所求援而常喜爲容接。故諸縉紳名士，心目中亦群樂知有吾叔者。是叔雖起迹市廛，然視世人徒知交負販講貨殖者，相去若逕庭矣。凡此皆吾叔品地之善也，即吾叔詒慶之基也。亦適當命之通，展行無不遂有以成之。則繇前觀後，雖汝之子孤而幼，未即卓立，然以渠分定之命、承詒慶之基，又惡知守成者不將較開創而有光哉？已矣，夫復何憾。惟子侄輩悵舊日竹林風月，欲追東山勝概，境是人非，則不禁淒其零落，有難以爲情者。余近病眼熱，不能備禮醊奠，且雖隻雞斗酒，亦非貧阮所易猝辦也，秖以哀辭奉告。尚饗。

朱程萬一首

祭姻丈黄公文

烏乎！昊天不吊，降此鞠凶，苦𠙁餘生，何堪爲它人泣也。然而肺附之親，誼關休戚，爲先君子泣，不能不爲老姻丈泣。先君子之未捐館舍也，小妹隨兄姊侍湯藥，先君子猶撫而言曰：「爾無悲，爾有兄，爾有姊，爾有嫡母。雖然，有子七人，既遂昏媾，爾父必不舍爾而遽逝也。」當是時，方謂異日于歸，敬事尊章，猶可目擊。烏乎！孰知吾父難留矣，翁又見背。作善降福，余甚惑焉。在先君子，睠懷弱息，修文之籍，翻成緘恨之篇；在老姻丈，軫念賢郎，服賈之箱，應貯無窮之淚。在先君子，素號曠懷，既爲韓姞相攸，自不必情牽兒女；在老姻丈，夙能齊物，業爲孔明擇婦，益無須氣短英雄。形影難尋，重泉有隔，爲悲爲樂，余亦安能知之？獨念忝屬通家，兩遭不造，余爲賢郎泣，賢郎應亦爲余泣。余爲先君子泣，并爲老姻丈泣。賢郎爲老姻丈泣，應亦并爲先君子泣，則泣亦何能已乎？三年之喪，禮無吊哭，特同病相憐，此情何極。敬馳絮酒，遥灑夜臺。烏乎哀哉！

朱士琦一首

祭太學曉崖兄文

烏乎！二儀育德，川嶽炳靈。篤生喆人，爲國之楨。維此喆人，豈曰有位。顯晦菀枯，咸禪厥世。蘊秀涵靈，剛柔是秉。仁柔陰順，陽剛義挺。挺義質躁，含陽氣浮。磊落骯髒，不髓時流。惟我先生，實肩斯性。百煉頑鋼，磨而益瑩。蚤遘閔凶，比罹盤錯。抗牒公庭，嶄然頭角。不畏强禦，不憚苦辛。烈士殉名，乃見斯人。排難解紛，老益任俠。鳴不平鳴，快然意愜。使公當軸，折檻埋輪。冰山失峻，冱谷融春。使公長世，覆露單寒。白裘百丈，杜厦千間。夙願伊阻，賫志以歿。俛仰群類，死生契闊。公吟我和，公疾我醫。豈謂迴光，遂誤元機。燼滅焰高，音繁絃絶。九日之别，終焉永訣。烏乎哀哉，有位於堂。有旐於旁，邦國殄瘁。人之云亡，是邪非邪。爲幻爲真，含悽茹嘆。哀難重陳，繐帷舒卷。儼公之靈，凝眸直視。寢不聞聲，公若生天。擺脱濁穢，嬉游八方。睥睨一切，公如有覺。莫或予遺，一去千年。如丁令威，遠駕泠風。或馭長離，庶幾夙夜。飄然來歸，烏乎哀哉。

朱庭森 一首

祭關海生先生文

夫何天地晝晦兮，日黯黮而無光。雲雨霏霏而承宇兮，雷輷輷而怒行。惟哲人其將萎兮，慘頹壞於山樑。衢不歌而春不相兮，士女惡乎而不悽傷。烏乎！先生稟亭毒之醲粹，鍾川嶽之靈祥。介石之操，故有貞于玉雪；凌雲之氣，不少挫其豪芒。先生有兄，萬石傳家之謹重；先生有子，千里歷塊之昂藏。方將優游，家食洊遇明敭。騁轡天衢，繼蘇氏眉山而奮迹；娱情華鄂，仿姜家大被之同牀。夫何瑣闈罷戰兮，遽速地府修文之召；歸舟迅邁兮，乃入華胥酣夢之鄉。蓋先生未殁，鄉邦所倚重，士林所矜式。先生既殁，蓋棺論定而名益彰。先生授學象山之麓，蝸山之陽。西園墨瀋，東壁書香。西園、東壁，先生教授齋舍名。湖州之門，訓嚴矩矱。高密之里，庭有義方。則先生教澤之克倡也。先生世系來自解梁，漢壽之允，子明之房，遂熾南海，媲盛錢塘。賴一夫之端，表率六族而偕臧，則先生正族之能良也。先生雅重人倫，上有兩昆，修廢繼絶，均産留嘗；外有九姊，矜孤濟困，温存恤亡。則先生家政之可風、戚誼之流芳也。若乃朋儕接處，人知先生之渾厚，而不知先生之敬與久長也。鄉里是非，人知先生之辨析，而不知先生之細爲參詳也。以身任事，人知先生之慷慨，而不知先生之毅力有常也。救灾弭患，人知先生之仗義，而不知先生之力已竭而心猶未遑也。排難解紛，人知先生之能以理諭，而不知先生之本其真性以求全人之骨肉，令人涕泣而徬徨也。烏乎！先生而在，則世有所據，族有所匡，陸梁有所攝，波靡有所防。不謂先生竟乘化以游溘，埃風而上征，棄末學而翺翔矣。甘泉之側，鳴琴在御，不聞流水之宫商也。吉社之旁，撰杖猶存，徒見夜月之滄凉也。鶴吊霜皋，風凄凄而異響。雁唳長空，心惻惻而難忘。生芻薄薦兮，有酒盈觴。魂兮歸來，望故里而遄臻，與舊游而相羊。

賦

朱完一首

嗇如園賦 鄧伯子虞一家園。

鄧伯子，南陽華胄，駿發郢都。勝情天逸，標韻風疏。游心物始，獨與道俱。爰作羡圃，於焉考廬。仙的聳乎北牖，神瀵涌於南除。核元旨於柱下，錫嘉名曰嗇如。客有過而諗之曰：「吾子負韜物之雅量，懷高世之英圖，將逖覽乎八荒，胡削迹於一區。吾將進子以游觀之郅樂，華詭之極娱，發子之覆，子欲聞乎？不腆大楚，實曰奥區。玉衡鶉火之次，赤館朱陵之墟。左獵雲夢，右眺荆巫。乘堅策駱，載馳載驅。窮日不足，卜夜有餘。奈何跼蹐蓬藋之下，若槩株拘，精疲於秘典，神蕜於玉書。胼胝皸瘃，無乃僊歟。」伯子作而言曰：「噫嚱！若客所謂馳騁之娛，亦奚以爲？吾想夫蚡冒之奄有楚國也。肇土晝疆，篳路藍縷，作法惟凉，土木之侈，溢於後王，渚宫巘巘，章華鏘鏘。層臺九仞，飛觀百常。翼藻棁以横騖，跨雲楶以高驤。被翠羽，刻龍章，挂曲璚，綴鳴璫。裂綈錦兮繡文埒，規雄虹兮嫋飛梁。復有秘閣邃闥，曲榭迴廊。或凉或燠，乍陰乍陽。誇大蒐於夢澤，詭豔詞於高唐。俄代謝之忽及，慨榮瘁之靡常。紅蘭既化，白露爲霜。玉甃蓮礎，灌莽荒岡。詎若吾盧，挹清喝爽。雲霞在衣，風泉落掌。冥觀則萬古崇朝，卧游則十洲函丈。几上獨嗒然而噓，空中契泠然之賞。及夫歌扇舞衣，裁紈列綺。淫冶繁華，韡如桃李。結幌流蘇千重，步障紫絲十里。綷縩七寶之襦，纂組五文之履。舉華袿兮光風迴，動凌波兮香塵起。忽寒暑之迭更，亦煙消而雲委。莫不感行樂於當年，傷流光於逝水。予方攬辟芷以旌潔，擷留夷以信芳。揉秦蘅以紉佩，集芙蓉以爲裳。散芳襟於華薄，蔭翠幄於朱楊。叢桂發小山之馥，猗蘭吐大國之香。信夫薄榮觀而燕處，其樂洋洋者矣。又若舞按陽阿，聲徵北里。激楚迴風，前谿白紵。含宫咀商，變以流徵。啓朱唇，發皓齒，采蘪蕪於山間，詠芍藥於溱洧。已而曜靈西匿，戢暉濛汜。逸響與梁塵共滅，玉質偕歌臺俱圯。予方振天籟於空谷，舒鳳嘯於中林。擊泗濱之浮磬，撫彭澤之素琴。泉叩牝而諧調，風振杪而龢吟。豈羡夫驚心動魄桑間濮上之音哉。」客曰：「唯唯否否，蒙竊未通。方今聖明在上，如日方中。懷才抱道之士，卬卬顒顒，若修鱗之赴巨壑，鴻毛之遇順風。先生眇論，若高蹈之義則獲，而兼濟之道未宏也。」伯子莞爾不答，抗音而歌，歌曰：「治人事天，莫如嗇兮。蚤復重積，無不克兮。無不克兮，莫知其極兮。」客喜而謝，泠然若灑，乃知先生非忘世者。

卷三　正集詩

五言古詩

朱完十一首

感遇

美人在叢薄，盛飾佩明璫。容華曜朝日，姣異世無雙。含情采秋菉，薄暮不盈筐。問女何所思，所思離別長。不怨離別長，但憂年歲更。日月既有時，蘭桂各已芳。寒燠相代謝，木落天雨霜。願爲歲晏吟，將意寄君旁。

昔有灌園士，相偕萊子妻。婉孌自有懷，分得老蒿藜。良時幸休明，天路翕清夷。翩翩兩文禽，戢翼思奮飛。一留故山樹，一望雲中涯。南北各異勢，顧影相徘徊。遠道去茫茫，會合未有期。吞聲念儔侶，落淚不敢揮。努力崇明德，暇以長相思。

感興

古淳既已遠，造作無一可。至哉子厚言，人乃天蜾蠃。被求集翠裘，食有蟄龍鮓。土木更何理，三光内中鎖。口體適幾何，疲民以爲我。雕斵仇天刑，高明售人禍。不如楊王孫，造化還以裸。

入宫易見妒，積此疑釁端。非關揚蛾睩，衒色召讒彈。明鏡無妍媸，紈扇有棄捐。長沙得放逐，江潭遂摧殘。昔款與今情，千載起予嘆。

施嫱自言都，魚鳥見之駭。太牢自言珍，爰居乃不快。或有迕冰炭，或有合沆瀣。甘辛丹素間，反投輒立敗。趨避本無功，賢佞遂有界。達人任自然，相與破天械。

卧游羅浮追和白沙先生

暮宿石樓坳，朝躡鐵橋背。山上復有山，飛雲在天外。飛雲人亦到，寧若化者游。袖中有東海，一囊盛十洲。

逃庵秋夕

巖栖澹無寐，宵景翳將入。霜皋歸鸛語，綺樹流螢溼。疏碪户户動，病葉梢梢急。人静參已橫，偎籬夜深立。

進上酬李本寧太史

淮南桂樹秀，淮浦秋風生。孤客彌煙渚，因風傳遠情。思隨魄月滿，愁與暮潮平。非君美無度，曷以投瓊英。入公澮相直，二鳥空復鳴。無使皋蘭歇，苒苒事歸耕。

歸興

行蹤江介月，歸夢海上山。月久見圜缺，漂泊何當還。經時林屋洞，幾日秣陵關。六龍踠齊足，各欲投天閑。我無梯榮想，何以集此間。建章鶻睍腕，邱隅鳥緜蠻。物生有本性，易之則已瘝。終然攬歸鬢，休待催霜菅。

小愚谷有題

山居含夕清，不出媚幽獨。風物凄已嚴，疏陰靄林木。啓關秋原迥，幾日禾黍熟。食新喜有期，考槃穩愚谷。

林居同何无咎

山水竟何事，寄懷良在兹。詎云軒冕辱，貴與滄州期。緊余務幽屏，入深遂忘疲。西谿蘭蕙馥，東嶺松桂滋。雲行巾舄滿，月飲污尊宜。於焉閟心迹，兼用尋希夷。勝境絶言詮，至者心自知。

朱祥麐一首

哭維昌侄

達生豈不悟，哀慟難自持。頹齡逼桑榆，翻興後死悲。緬懷事疇昔，出入相追隨。狂狷雖各殊，坦懷兩無欺。自謂猛著鞭，與子俱奮飛。奄忽五十載，棄我忽如遺。余近抱沈疴，困頓久不支。二子兩蠢然，株守無能爲。老去拙謀生，十旬恒九飢。幸汝數過從，笑言出茅茨。汝比遭轗軻，終歲苦驅馳。常恐先朝露，與汝相見希。豈謂事反覆，先見靈牀帷。搔首問蒼天，夢夢何無知。幸有繼起人，努力趁明時。就瞑可帖然，委順無嗟悕。生芻亦徒爾，聊爲勸一巵。精靈儻來歸，夢寐將求之。

朱深遠一首

滕王閣懷古

殘山剩水餘，遺蹤記邱壑。憶昔唐帝子，南昌有傑閣。襟帶借江湖，聳峙同山嶽。境接衡廬煙，天分吴楚郭。一時土木興，幾經大匠斵。棟立南浦開，簾展西山削。繁華冠古今，英才集淹博。都督閻伯嶼，開府此焉托。駐棨戟襜帷，勤樸斵丹雘。九日宴賓僚，杯酒黄花酌。或化池中蛟，或泣荆山璞。昂昂氣不群，觥觥露頭角。子安未知名，風送一帆泊。末坐序不辭，攤箋肆揮霍。猛氣吞曹劉，英姿擬褒鄂。繪景與抒情，精神殊落落。佳婿夙搆文，殫精費雕琢。方將耀珠璣，亦願翔鸑鷟。一見子安文，小巫慚不覺。愛才如閻公，賞識難菲薄。忽邀特達知，名冠楊盧駱。從知運窮通，如農夫耕穫。年豐倉箱盈，歲歉田蕭索。繇天不繇人，努力勤耕作。懷古即傷今，識勿甘捫籥。人來花滿垣，事往烏集幕。憑吊徒欷歔，賭酒恣諧謔。

朱士琦三十二首

述懷

去聖日以遠，轇轕互分張。重仞一棲心，美富空宫墻。沿流溯所歸，中道頹波揚。委形邈聞見，闃寂聞微芳。隱索若有遇，汲深知所長。達道浩無期，渾噩遠羲皇。

弧矢志四方，積學能愈愚。經術誤蒼生，不如無詩書。昔人慕良賈，深藏常若虛。儒林有根柢，弱冠足三餘。出門展素抱，合轍猶攻車。七十老斲輪，運斤惟所如。士無尺寸階，安知倕與輪。大哉乾坤內，落落誰通儒。

董狐不可作，我生邈千秋。闕文今則無，安在信史留。觀書貴卓識，萬卷資冥搜。朗照炯百王，高論凌九州。信者所自信，前賢不吾尤。芸芸耳食人，沸若蜩螗稠。

荆公昔未達，才望頗清卓。迹其上條陳，意亦憤積弱。上宰秉魁綱，玉燭調六幕。摩天揚巨仞，猋若雲雷作。霖雨遍殷郊，築巖事如昨。功成騎蒼龍，箕尾精神托。無識襲莽新，有鐵甘鑄錯。何如惜羽毛，弢光隱叢薄。

桂樹生高嶺，浥露相鮮新。芙蕖出渌波，灼灼無纖塵。古來賢俊士，脂膏不潤身。榮名既已得，子孫乃長貧。不見孫叔敖，衣葛行負薪。

伏鶉戀常匹，逐粒跧卑枝。鸕鶿競腥羶，唼喋泅污池。本性已模糊，在潔不自支。深山有猛虎，憑藉逞凶威。眈眈未飽肉，竪毛向人啼。瘡痍無寄命，肉瘦顔色悽。安得李飛將，没羽寢其皮。

寧成甚贙虎，郅都名蒼鷹。匈奴不敢射，郡守常見陵。二子等束溼，世頗廉能稱。温舒喜殖貨，賕賂動充庭。決囚日幾百，流血川原腥。是時正夏五，南風作秋聲。殺氣逼炎威，六月清霜零。殺人以爲功，無乃非哀矜。東海有嚴媪，遺言宜服膺。

憶昔回舊鄉，路上多少年。十金飾刀頭，百金買馬鞭。逍遥亘長陌，裘馬長翩翩。睚眦喜殺人，凌厲氣無前。虎狼一失所，鼎鑊恣烹煎。君看上東門，白骨秋草纏。

飛蓬離本根，浪浪隨天風。回旋越萬里，豈料還故叢。三年客燕薊，蹭蹬辭高空。歸來尋舊巢，芋菽飢腸充。風塵滿天地，四郊多近戎。幸免拾橡栗，空谷隨狙公。達節豈敢期，庶幾能固窮。

劉伶善閉關，阮公俗不諧。世無知我人，由由難與偕。酒中有真鄉，沈醉寫其懷。豈惟没聞見，直欲忘形骸。大化等須臾，安知沈與薶。

北里夜吹笛，宴客登高樓。結交盡豪門，追歡皆貴游。冠蓋溢路衢，車前鳴八騶。日開金谷園，荒樂無時休。玉繩夜低户，金波曙西流。一朝豪華盡，荒煙起長楸。

西京喜任俠，解孟爲之魁。然諾立名義，千金不可回。聲名震王侯，氣概横八垓。雖非取世資，要亦奇傑才。驅車薊門去，北上黄金臺。燕昭死已久，故宫委塵埃。得士能幾人，駿骨空西來。樂生抱讒去，千古爲心哀。

陸通棄軒冕，舉世笑清狂。雄雞憚爲犧，不敢愛文章。黄鵠奮六翮，高舉見員方。通津有飢蛟，要路多虎狼。碩鼠滿原田，鴟鴞鳴泮桑。四顧靡所適，欲濟川無梁。鳳兮德何衰，歌音慨以慷。

澤蘭在空谷，不争桃李姿。高人秖自珍，詎受塵鞅羈。涉園日成趣，松菊愜幽期。四時風日佳，好鳥鳴高枝。天籟信所觸，彈琴還詠詩。何必留瀛洲，浩歌懷采芝。

遠游既不懌，脱身迴塵寰。乘雲追赤松，王喬去不還。回旋遍八極，騎鸞叩天關。閶闔翳雲霾，慘戚凋朱顔。迴首見王母，戢翼閬風山。五城十二樓，高高不可攀。

邨居

我里十萬户，耕作仰魚桑。桑土極樵南，餘地皆陂塘。牂柯繞其腹，萬里落炎荒。春夏成絳河，泥沙隨波揚。巨魚穴潛溪，窈邃如堂隍。春陽動鬐鬣，煦育在殊方。雷電變鯤鮞，億萬赴羚羊。鄉人習水性，視水安魚梁。椓杙列江滸，儼若田分秧。鱅鯿雜鯪鯉，豪髮瞻之詳。測電辨濡潦，相風知土疆。百慮不爽一，魚苗動連檣。四月桑葉肥，麥熟梅正黃。微雨扇和風，緑疇沃以光。南鄰與北舍，軋軋繅絲香。土厚氣亦燠，八蠶相遞當。衣食有所歸，在業貴不荒。行當勉歸耕，面水規漁莊。

詠史二首

夜出昭關道，脱身去楚庭。向無蘆中人，誰爲掉舟迎。吹篪吴趨市，乞食闔廬城。昭然契立談，子光資以成。麾兵入故國，拔郢報王平。大雠既已雪，壯志不宜遑。忠言而不入，高蹈且遺榮。如何抱讒死，炯炯留雙睛。

神龍施雲雨，瞬息遍澍濡。雲收雨脚散，龍自還天衢。偉哉鴟夷生，曾是越大夫。功成不侯爵，如魚忘江湖。何須托赤松，辟穀黄石書。泛泛掉扁舟，西施吾與俱。千金聚還散，人知陶邑朱。

催租二首

縣令四五至，敦迫無休時。甯匐白令言，正供豈不思。天吴肆漂虐，雨暘時愆期。連歲五失收，比閭常忍飢。冒雪劚野草，涉冬鮮完衣。官長面如霜，判牒毋稽遲。公門知執法，休令受鞭笞。揚揚升輿去，訴者泣路歧。

杪冬縣帖下，力役粟米征。有吏虎而冠，目睅腹彭亨。東邨夜捉人，西舍雞犬鳴。揮涕喻閭里，努力完斗升。汝近忍飢凍，豈復堪笞搒。刻膚豈不痛，慮汝大命傾。剜肉且醫創，無令箠楚嬰。

猺山望絶壁上板屋

猺排巇巢居，结茅蒼山巔。陡上絶恒蹊，扳附愁猱猿。耦耕絶巘外，隔絶殊人煙。盤瓠別種類，谷飲狉獉前。歠齕半人畜，報賽儀古先。與世本無争，猛噬甘肥鮮。嚻然奮螳臂，牙爪森戈鋋。幸爲別土疆，解讎恕生全。豪酋守盟約，使各還其天。相去異秦塞，生生長晏眠。

雪後度西嶺 即臨賀嶺，又名都龙嶺，俗名黄泥嶺。

寒雲凝不飛，茅茨溜猶滴。山行困登頓，加此短景逼。崖傾古未鑿，徑仄不盈尺。陽陂暖猶待，沍谷凍逾積。昨日雪壓山，冰凌没尻脊。凝以夜氣嚴，受足滑無力。築冰鑿爲坎，一步一踝迹。後履前人踵，來交去者蹠。有時不相讓，怒目對立寂。尺寸偶移孔，失勢落何極。溪風復怒號，突面劇矢石。鼓勇氣益厲，解衣汗流赤。長途知未半，欲上懷轉戚。嶺轉見人家，勞筋欣暫息。

半嶺宿清水人家

南荒氣鬱蒸，地暖寒寡積。霜霰偶飛灑，見晛自消釋。兹行詫奇絶，彌日雪三尺。登高眺天末，萬嶂齊一色。僕夫嗟路難，進退置叢棘。戎戎雲不開，黯黯日向夕。迴陂頗平曠，潭水涵空碧。山家隱巖崖，結搆倚石壁。徒御若飢凍，薄暮權偃息。挈榼出行沽，尚喜鄉音識。問知北去程，嗟哉此勞役。孟公已困頓，李孝廉鳴韶。薄醉鼾聲逼。無睡想乘危，魂營夢猶惕。會摹踏雪圖，長歌紀行迹。

黄竹寨

度嶺已千盤，境異巖壑别。天開睹衆峰，儼若兒孫列。直下路莽平，山脊走曲折。孤高朔風厲，指直步屢蹶。陽崖輕冰消，沮洳雜殘雪。迸作細泉流，隨風響鳴咽。西南眺蒼梧，九疑見豪末。廿里黄竹寨，下視勢庨豁。崖空林木疏，石聳溪流潔。猺居時三兩，蟻附在嵂嶱。巖腹聚山家，日午炊煙接。殷然得主人，飽飯飢腸活。

讀愛棠録書後兼呈稚圭五十四韻

古人貴達節，憂樂行違之。隆污在世遇，卷舒不自疑。稚圭生南海，降神禀重離。祝融沐日月，摩盪生胎胚。貫弗絶道奥，百氏無弗窺。介節厲秋嶽，和神藹春暉。四十晚通籍，作宦逾山西。渥洼千里足，月骴歸霜蹄。幸非屈華屋，立仗空驕嘶。之官似趙抃，且無琴鶴携。一龕寄彌勒，五載枯禪棲。有道德不孤，無言下成蹊。問字叩子雲，學古仰昌黎。群彦後塵滿，高名大賢齊。晋陽人士稱爲後朱夫子。歸綏古甌脱，部落羅羌氏。五月塞上寒，陰山雪霏霏。惟見白草枯，未覺莜麥肥。驅車絶大漠，千里驚沙飛。呼韓國肺附，卵翼如昆彌。豪末誤不札，瘡痏生瑕疵。推誠布大信，異種咸皈依。遂偕大贊公，解仇與南歸。君銜朝命代晋，撫往蒙古平章漢蒙事，兵釁遂弭，厥功甚偉。爲《愛棠録》所未及，故補叙之。又君之出也，挾五臺黄喇嘛德徹以行，故事易蕆云。歸來令襄陵，劇盜怵神威。越境縛行縣，三日囚纍纍。平河折巨獄，君因讞平河争水控部重案，遂慨然籌費巨億，變行縣中水利，得膏田十餘萬畝。聰强苦勾稽。君精泰西法，渠堰先清釐。刻石晷分寸，灑潤匀高低。口授兩吻瘁，足繭千畦疲。魏起溉漳水，白渠冀涇泥。均此仁明吏，民依切肝脾。慫陽苦暵旱，我境潦淒淒。郭鄰降霾雹，我稼黍離離。姑射助驅狼，九秋濃霧滋。汾河爲縮水，十步迴瀾馳。民情共感激，天意篤純禧。且爲復社倉，終焉革棚規。驛折虢虒鋒，訟釋虞芮迷。纖悉準面命，驚呼成口碑。何怪邦之人，展轉懷去思。去縣時，縣人籲大府，乞留不得，則請留像。於君教士之養中堂有築祠以祀。寧云頌德政，詠歌富文辭。千載養中堂，想見賢須眉。君來一綰綬，秋鏡縣清輝。冰兢手自辣，海納才不遺。先幾定大策，黑白如觀棋。又若泰山雲，膚寸霖雨施。詎曰烹小鮮，大庖不解治。解牛遇髖髀，捷以斤斧斯。蟻封攬六轡，控縱惟所宜。云何未席暖，幡然遂初衣。區區未了心，遽作北山移。送行滿廣陌，識者爲歔欷。吁嗟晋山河，都會古帝畿。全局不自有，無辜爲瘡痍。悠悠嶺南還，深衷果誰知。

和潘相國《循吏詩》，因效其體。初道光丁未，吴縣相公爲《循吏詩十章》贈門下出宰，諸君所以期許而敦勉之者甚厚。今年秋，家弟次琦南還，出以相示，寓感抒懷慨然，有作用質心，期不必呈相國也

國醫護元氣，良相理化原。期修百吏職，乃以逮元元。三古醇治遠，兩漢遺意存。課最首豈弟，豈伊健吏先。道在使民親，不在畏與尊。除苛復解嬈，訟理而政平。盡取愁苦吅，被以王風暄。問疾痛痾癢，及葱薤雞豚。各用安耕鑿，因之長子孫。民亦戴如耆，忘其爲縣官。奉嘗達世世，祠墓有餘恩。吁嗟慈惠師，實操理亂權。果見生人樂，遂塞患氣源。相公廓仁宇，良政勑及門。去思與來暮，有味乎其言。佇令郡國吏，一一追黄軒。譬如萬家雨，同出天山泉。百僚倘師師，吾將聞虞絃。

望九疑

連緜蒼梧野，迢遞九疑峰。高陵閟南服，參天栝柏松。騷人踸陣辭，肸蠁何緜通。英皇隔湘浦，千載不相從。遥遥楚雲遠，淚竹生秋風。

少年行

年少誰家子，走馬長安陌。纍絲白玉鞭，寶鉸黄金勒。青樓臨大道，出入金閨客。張燈夜開宴，火樹珊瑚赤。絡繹進杯盤，紛綸羅酒炙。燕姬鵾柱絃，趙女霓裳拍。歷歷哢鶯喉，冥冥沈月魄。春宵動高興，一席千金擲。紅罏促曙光，窗紙東方白。獨有羈旅人，懽場雲霧隔。

遣懷

孤桐上無枝，半死抱奇音。牙曠不我遇，空山誰見尋。緪絃發逸響，萬象涵高深。佇月澹將夕，清商交茂林。緬彼送遠情，滌此塵外心。巡檐散微步，凉風送疏襟。

園菊盛開日賞無人悵然有作二首

懶拙少生事，藝菊東籬間。今秋挺霜枝，佳種粲以繁。五色燿朝日，九匝頻相看。悵無素心人，清尊時往還。相歡博一醉，暫駐桑榆顔。豈伊地僻遠，樂意不相關。待覓美霜螯，寒英飽加餐。

繞徑雜花滿，裛露争新鮮。淰淰白萼秀，灼灼朱華然。霜風百卉悴，地暖雨露偏。數叢暎秋菊，日鑄黄金錢。老囊素羞澀，足可誇臞仙。豈惟笑口開，直欲延頽年。晚節慕陶公，庶無外物牽。

甲子

垂老兀無成，甲子倏已周。迴首視白日，崩波去不留。緬懷素心人，畢景多山邱。飄飄晚來秀，蒼然成老儔。大塊有息機，分定非所求。自恨蒲柳姿，炎風已先秋。淹忽閲人代，榮名不自謀。

朱庭森一首

答談太學子粲即次原韻送歸順德有序

余還自粤西，造訪太學於大良，不遇。越日，太學即來鄉報謁，并貺新詩，肯留數夕與其故人關丈少白等一一相見，盡歡而别，故酬之以此，不能自韜其拙也。太學此來主正覺寺，僧互禪禪室。

與君十年游，復作十年别。羊城重握手，情話殊關切。我餬四方口，君爲五言傑。四方今多故，君聞爲吐舌。姑説山水奇，助君詩曲折。君歸訪君居，情緣似未歇。造化好作奇，頓使兩情熱。羡君素多情，訪我黄花節。贈我以長篇，意曲辭頓跌。此日赴高筵，群仙咸在列。分韻各賦詩，刻燭騁敏捷。愧余素枵腹，才疏難摽竊。況我兩情深，萬端何處揭。今日再別君，言盡情難竭。高僧笑我癡，萬緣不了結。請看三笑圖，何必淚嗚咽。

朱才貴四首

田園偶詠

富貴固有命，斯人何役役。守拙在田里，幸遠物態逼。清興涉郊圻，懷異得所歷。緑蘋媚幽泉，蒼松抱孤石。仰視頭上雲，無聲落虛白。漠漠人境遠，依依墟煙夕。氣候乃漸變，昏旦各有適。願言酌春酒，樂我同懷客。

夏夜獨坐爰有所懷

亭午深閉户，入夜稍見凉。隻影坐階石，風清瓜葉香。美人隔雲漢，各在天一方。仰視星西流，動蕩生寒光。低頭自沈思，惻惻酸我腸。買臣留負薪，蘇季去擔囊。身世各局促，離合轉蒼黄。羨君耻苟求，皎然抱冰霜。志大氣愈厲，淬刃見光芒。隆棟堅厚姿，文理乃餘長。今我家具迫，重以契闊傷。安得高飛鴻，將心千里翔。

田家雜詩 十首録二

孟夏雨初歇，天氣有餘清。野人雖枯槁，禾黍則已榮。彌望緑如染，竟日少人行。惟聞新水喧，不聞桔槔聲。但恨苗根莠，費我薙且耕。良種固有秀，稊秕亦易萌。乃知得天厚，人事未可輕。第戒宋人愚，揠苗以自鳴。

安居數十載，逢年無惡歲。畢力服先疇，得非昔人惠。羹魚與鼎肉，黽勉備時祭。今年頗告豐，新飯上堂饋。長者踞前席，傴僂領群季。幼媳青布裙，抱兒拜其次。老懷一以舒，因之發長喟。貧居無今昔，朱門有興廢。眼見騎馬人，炎赫幾衰替。永言戒子孫，毋慕簪笏貴。

七言古詩

朱完二首

初春游環谷

嶺南地暖三陽蚤，春入郊原美芳草。携笻步出郭北門，和風麗日春光好。無客同游惟兩兒，大兒矯健能追隨。小兒九齡好游嬉，飛揚跋扈掣人衣。舊卜山莊在環谷，峻嶺層巒多古木。巉巖怪石出清泉，錯落名花間修竹。我來汲水試新茶，團團碧露覆黄芽。甘冽令人清神骨，中冷石井徒爾誇。啜罷低回隴畝側，指點艱難是稼穡。荒冢松柏易摧殘，往事興亡同嘆息。緩步長歌意悠然，家僮隨後汲山泉。小者負具力難前，且行且止故遷延。牛羊各散群動息，歸望城頭日已夕。候門稚子歡相迎，娟娟新月林間出。

自題小像

憶余齠齔離襁褓，不好嬉游事探討。弱冠已與弟子員，一時英雋推文藻。自謂富貴來逼臣，致身青雲不足道。寧知此事竟寥寥，敝帚千金徒自寶。結客不復顧家貧，意氣繇來慕管鮑。尊中綠酒長不空，坐上佳人多燕趙。臨池好仿右軍書，學詩偏愛杜陵老。囊中羞澀無一錢，圖書萬軸猶嫌少。門前冠蓋雜遝來，終日同游似鷗鳥。結廬岡上怡白雲，竊笑世人徒□擾。倏忽年過四十餘，瘦骨崚嶒尚蹇矯。偶有游客自七閩，傳神寫照長康巧。邱壑置我在其中，目送飛鴻意緬藐。恨無仙術駐朱顏，蒲柳之姿難長保。昨日看圖今日殊，何況它時不衰槁。爲我多謝諸少年，人生努力應須蚤。

朱伯蓮二首

樵山老

樵山老人粗讀書，秪觀大略遺其餘。持論往往與古合，麋鹿却走身巖居。不省紅塵是何物，原非有托逃空虛。樵陽我來數登眺，坐破匡牀山月曉。野性繇來慲野人，不假忘機伴鷗鳥。巖邱招手笑相於，入望平疇青未了。一譚一笑古人心，較晴量雨指雲林。山中秪合歌槃澗，世外何人問陸沈。

花惱歌

竹雨冷逼榴風熱，薰鑪簇麝香微歇。煙光薄翦柳花慵，鶯燕呢喃妨百舌。落絮何飄颺，輕窺琥珀光。洞簫聲咽寶瑟荒，孤月纖纖貼屋梁。拚開冰簟携紈扇，遮莫釵鈿膩鳳皇。

朱程萬一首

穗田心農枉過有贈即次原韻奉酬

嘉慶甲戌三月廿九日。

説書昨説詩反偏，因憶故人各一天。忽投兩地錦囊句，舊雨關懷同眼前。課蒙未暇願藏拙，索和逼迫來求旃。呼童净洗久荒研，信筆疾書難再延。三十年前沙谿墅，放歌握手相流連。怪事書空豈咄咄，高談驚坐時便便。通天會擬蘭亭會，（其時會文，來者不拒，家繡雲，號爲通天會。）俗士數見嫌不鮮。光陰遞嬗日復日，意氣空縣年復年。相憐同病心農氏，獨往空群惟穗田。穗老今歸五柳宅，心農還待九方歅。君家并轡好齊足，跛鼈甘讓騂騮先。近者閉門理舊業，退如處女兵家權。跫然何意足音至，互賡伐木嚶鳴篇。形骸偶合忘脱略，鑿枘相入同方圜。既紬插架圖籍富，亦訝小影形容遷。編貝兩行自君手，過情稱譽慙仔肩。（穗田前贈楹帖「苔痕不破出門少，詩興難抛得句多」尚縣壁間。）愧無竹葉佐談柄，賴有松風供醉眠。一酬一對日車昃，陳榻未暖開柴鍵。我近深居似蟄燕，壁魚蟫蠹相因緣。送君偶出鄰里怪，定作佳話紛流傳。桑畛平分屋角緑，荔奴遍繞谿頭煙。藍田里外一開眼，春光未去韶景全。獨惜苔岑幾密契，舊吟春樹增纏綿。平生未慣徵逐友，今辰見爾真陶然。羨爾急流能勇退，不爲五斗歸情牽。卷懷經濟付詩酒，得過且過何憂煎。羨爾凌雲志猶壯，五旬射策追昔賢。我聞文藝投時好，琴瑟不調須改絃。此事畢竟付兒輩，傲骨勿受天公憐。願買荒山偕母隱，南陔日檢康成箋。

朱深遠三首

吊傅巖兄

箕疇五福備考終，彌留枕席千人同。無疾而亡史所羡，君更撒手游虛空。平生任真無城府，不將冰炭胸中貯。墜車弗損虛舟游，天全正合莊生語。其死亦復無端倪，適然而來脱然去。惋我還鄉君已卒，窆合邱封剛兩日。寢門哀慟不勝情，傷彼向平願未畢。知君卓犖超人群，生死視之如浮雲。獨惜芳園有時宴，群從聚首常思君。况我與君尤莫逆，相契以心不以迹。愁腸終古斷西州，恨未追隨執紼客。邇來入夢頻依稀，夢時輒喜醒時悲。連夜夢兄回家，以爲不死也。望見門前有喪具，方信方疑，或曰：其父喪耳。及醒，不覺悽然。一子成童見頭角，願期福履來綏之。

端溪研歌

光涵一片碧無塵，老坑石研世所珍。東洞西洞判豪髮，天青蕉白徒紛紛。滑不傷豪重鎮紙，坳池深黝尤精美。寧知神物此中蟠，洶涌玄雲有時起。世間玩物癖良多，紫石豔説長吉歌。絶憶清廉古太守，擲研昔有包閻羅。

輓族兄曉崖先生

龍蛇之歲賢人咨，愁雲漠漠狂風吹。飄零摧折榑桑枝，里人罷社同銜悲。我亦悽愴無已時，傷公高行季世稀。賦性磊落無偏私，墮於冥冥斷弗爲。洽比古誼今則微，白裘杜廈公能追。所識窮乏寒與饑，推食以食衣衣之。至今親識人涕洟，曰公去矣誰倚毗。守己不惠亦不夷，修學不成亦不虧。興酣爛漫誇文辭，泉流峽倒無停揮。或云糞壤以充幃，公聞不屑相是非。迨其下筆仍不羈，似此歷落而嶔嶔。風流儒雅堪爲師，憶昔髫齔相追隨。口講指畫爲吾規，渴望蘭玉生階墀。壯心未已猶孶孶，胡然一老不憖遺。勿使暇年享期頤，三世淵源文字知。重以至戚兼本支，忽見玉棺天際垂。令我涕泗交漣而，惟公神明儼可思。揚休玉色天人姿，七尺噩噩飄鬚髭。大兒已中博浪椎，足慰弓冶之裘箕。孫曾鵲起爲羽儀，緜緜食報無窮期。我濡大筆書淋漓，無愧庶繼林宗碑。

朱堯勳一首

南漢鐵柱歌

文淵之柱先範銅，洪鑪熾火光熊熊。至今雲表擢修幹，鴻溝一劃分華戎。劉王之柱先鑄鐵，百鍊千錘嘆工絶。莫誇巧技侔鬼神，中有當年冶人血。摩挲拂拭求歲年，剜剔篆薛揩蝸涎。

知是乾和舊時物，款識黝黑深雕鐫。傳聞此柱十有二，羅列交撑殿間置。珠閣翬飛欲跨空，金鋪俯瞰疑無地。小朝臣主同娛嬉，南薰玉礎争崔巍。以銅爲象鐵爲塔，九州鑄錯財空縻。無端執梃辭宫掖，墜地金甌問誰惜。柱兮耻作金銅仙，尚戀深宫冷煙碧。匆匆浩劫浮雲過，寶器久矣隨消磨。猶留一柱傍薇省，餘亦汩没東濠波。君不見坐擁雄圖據百蠻，康陵龍去渺難攀。魚研鮫函零落盡，也同玉盌出人間。

朱士琦八首

庚子元日渡洞庭湖

平沙莽莽西入天，洞庭遂與天相連。瀟湘瞬息不可見，但見長空落日浮蒼煙。蒼煙沈沈浪高湧，珠光萬顆摇星躔。不流不止亦不旋，似泛春酒浮桮棬。乃知富媪有深意，豈但設險雄八埏。禹力不到西南偏，南絶九棪西先零。岷峨連岡走萬里，溪分澗匯成奔川。一江入海何延延，負以漢沔沱潛千。淫霖積潦歲則有，無乃降割憂黎元。帝命夸娥巨靈先，鏟是大塊開重淵。支祈天吴據窟宅，然後百川騰沸無崩騫。我來正值春風顛，衝風五兩帆高縣。頃刻已過磊石驛，半日遂抵荆河壖。沙汀浦溆或一遇，夔龍閟怪時蜿蜒。天池南溟何邈綿，我生嬉戲當其前。積水浩浩自太古，鯨呿鼇抃鯤鵬騫。奇光燭天夜再旦，魚眼射波陰火然。海民捕魚縱大舶，往來梭織洪濤穿。夷亶之州直咫尺，百寶攟載波斯船。髫齔習見了不怪，豈復顛簸憂瞑眩。邇來踽踏塵網牽，琅邪哀樂傷中年。得此一洗胸芥蒂，盪瑕滌穢心瑩然。惜無同調騁高足，晞髮踞坐君山巔。

極樂寺觀荷花 前明寺中牡丹最盛，花時游騎經月不絶。

香風十里吹陂陀，高粱兩岸喧風荷。招提樓榭滃空碧，梵音闃寂聞蓮歌。稻苗森森錯繡壤，吠蛤閣閣鳴磯渦。久蘊湫囂溷泥垢，縱力淘洗愁塵魔。五城喤聒軒蓋鬧，千騎蹴踏障泥拕。狡童佼俏隨玉珂，被服炫耀紆纖羅。舫樓舞榭日餉客，彯纓緤組如穿梭。野人疏散常蹉跎，歡場偶到多譙訶。蹇驢雨後問一出，淖濘滿眼泥翻韡。邇來杜門深養痾，兀坐一榻若橐駝。愛憎不受世議隘，嗜好略與人殊科。忽逢雲水一洗眼，蟬脱濁穢離蜂窠。紅蓮白羽恣賞玩，碧筩緑酒資吟哦。古松撐天翠鬣翦，弱柳踠地長條搓。憶昔方春游騎過，名花萬樹交枝柯。珠簾高車衆玉輦，銀鞍細馬紅糚馱。風裳水佩隱歌舞，金支翠蕤相盪摩。百年人事忽代謝，廢興迴首空山河。雨花亭前滿青莎，緑陰晝静蟬聲多。薰風徐來妙香入，西山窗際横青螺。去年病肺酒量隘，不覺多飲顔爲酡。歸途欲瞑暮煙起，皎月瀲瀲舒金波。

京邸聞紅夷寇廣州

九重下詔摧群凶，重臣趾錯來嶠東。天潢上相凡幾輩，沆瀣一氣皆和衷。秖聞妖氛掃鯨浪，莫令吴越羅邊烽。是時英逆噓腥風，或輪船礮轟天紅。虎門失險將臺弱，犀軍破律師徒凶。萬雉嚴城閉白晝，避兵避寇人洶洶。諸公幃幄密籌策，香港割棄歸西戎。復聞士民切義憤，同仇十萬人梟雄。犬羊眼眯恣蹂躪，城北幾殪空山中。黄堂一騎來匆匆，指麾萬輩如旋蓬。柄臣廟略在和議，軍令不許私相攻。遂令鼎魚縱大壑，竟使射隼逃高墉。紛紛傳語遍萬口，有耳欲聽聲爲聾。市交三虎古或有，邱聚一貉將焉終。會須南還問消息，甄别黑白開群蒙。

廣陵懷古

平山十里揚州郭，野水照人光綽約。園林虚寂晝常扃，池館荒凉花自落。乾嘉以前聞約略，往來諸老多鴻博。紅裙中有文字飲，辭章亦肯豪華托。風燈轉眼閲百年，栝筸論心事如昨。鮑照蕪城千古哀，不悟今兹更蕭索。太息誰家好墓田，日暮鴉棲煙漠漠。

題徐韻笙孝廉維城西湖放歌圖江蘇丹徒人

赤松棄人間，王喬久不還。何如學頑仙，笑傲湖與山。天下湖山皆可喜，錢塘西湖觀止矣。

日照雲鬟出水明，風飄翠袖凌波起。凌波出水總盈盈，嫵媚天生畫不成。況復樓臺工點綴，更饒水木寫空明。空明影裏人相逐，共道湖山看不足。只有孤山處士家，死生占盡湖山福。自笑我生真碌碌，蟣蠓蜉蝣同轉燭。登臨秖合醉醍醐，憑吊何須寫歌曲。欷歔涕爲古人哀，那識身爲後人哭。哭到今人無幾人，纍纍盡作北邙塵。君不見，在來冠蓋湖頭路，惟有英雄兒女，後先輝暎堪千春。近人袁枚詩《蘇小墳連岳王墓》：「英雄兒女各千秋。」披君圖，對君歌，君歌我歌兩婆娑。眼前歡笑且自適，一別揮手殊山河。君作鸑鷟鳴卷阿，我爲野鶴歸尉佗。朱明洞天仙草多，日與五色雀，翠羽相鳴和。師雄夢裏尋梅花，放鶴亭前梅萬樹，有時飛去西湖住。

素絲行

素絲如銀麗且清，美人練日初繅成。經綸素手自姣嫭，純束大帛尤光晶。青塵何因巧相污，什襲幾人爲珍護。由由人海易叢污，何但高明逼神惡。白鷗浩蕩誰能馴，萬里空江隱煙霧。

陽朔縣舟中作

維舟夜泊官巖灘，灘高流駛江彎環。群山玉立比於櫛，雜樹滃鬱泉潺湲。深宵掩卷對圖畫，恍若尊宿皈靈山。如來世尊坐說法，旋螺瓔絡盤花鬘。小沙彌或大阿難，魔王龍女群趨班。

一峰佝僂若頂禮，背駘俯伏形媻跚。一峰諦聽若冥會，趺坐不語深安閑。數峰兀突儼介胄，天王護法安禪關。餘或耦語或離立，萬衆拱侍環齋壇。一峰縹緲虛無間，翛然塵外垂煙鬟。明媚似是散花女，珠環玉珮來姍姍。伏獅馴象逼形肖，怪狀森布言難殫。我來枉道貪看山，溯江千里和諸巒。日日蜷坐短篷底，雲魂石魄供朝餐。縣崖鬼工絢如繪，得此洵足開心顏。愧無鉅手恣揮灑，濡染大筆追荆關。桂林陽朔三百里，窮極萬態歸雕刓。豈惟營邱擅千古，嘉陵山水摹非艱。此行彌月留江干，殘臘未去春先還。是日適值立春。旅程苦迫興未愜，眼福雖飽緣終慳。會當南還恣登眺，青鞵布襪重躋攀。

游碧雲寺

在西山圓明園西北十五里。寺後有前明魏御閹墓遺址。高宗純皇帝曾駐此。御座前有二松樹，上合下分若門闕，御書題「松門」二字刻石上。有涵碧池及雲容水態，額皆御書。香山寺爲淨宜園行宮。

香山縹緲仙蓬壺，結基迴出西山隅。林巒陂陀互出沒，離宮別殿紛盤紆。東偏碧雲擅奧區，樓臺天半根虛無。雙流環合繞山腹，石虹飛渡瀦天湖。神工鑱刻百寶相，妙手雕鏤千仙姝。刀削揮灑等豪素，氣象變化隨須臾。廣平白石誰轉輸，一石日役千民夫。賊閹滔天肆凶焰，爪牙指嗾皆狼狐。守令鞭驅輦山麓，淚痕血點猶模糊。此山形勝天下無，俯視幽薊臨燕都。老奸借此斂羞魄，佞佛欲保尺寸膚。熹廟童昏賊陰賊，坐使四海均毒痡。豈知府怨刻萬骨，漆鐙不照燃臍誅。髑髏抛擲塹邱壑，後人憑吊猶嗟吁。甕山耶律有遺墓，何年捨宅歸浮屠。高皇六龍偶一憩，古松連理留雙株。雲容水態照涵碧，淋漓宸翰蛟龍扶。風鐙轉眼閲百載，翠華寂寞途崎嶇。我來躑躅未忍去，西峰日落啼飢烏。出山迴望雲木合，待記瑣碎追亡逋。

朱庭森一首

題開雲甫小影 圖作枯木竹石。

女媧補天留奇石，高空擲下雲甫得。雲甫好奇石尤癖，蒲團坐對能竟夕。芒鞵躡遍秋樹根，白沙翠竹郵路平。去年西游先我行，觀山玩水陶其情。選樹選石選畫手，東坡筆法秋氣横。我見雲甫不忍别，雲甫見我奇情生。示我斯圖更奇古，老樹經霜竹石譜。中有人兮貌瘠神，腴欲仰仍頫問何，高士對我以雲甫。

卷四　正集詩

五言律詩

朱謨二首

七夕憶梁中舍都門

長卿云善病，王粲解銷憂。以我家園興，知君羈宦愁。月遲停漏箭，花散曝衣樓。莫再雲軿怨，高文厄柳州。

九日里中友人携尊見過喜而有詩

何意龍山會，今年真故鄉。雲巒償舊夢，軒序入新凉。蟋蟀商聲苦，鯉魚風信長。老夫愛朋酒，翻作少年狂。

朱疇一首

德清署中懷來紫臺

攬勝來游霅，非緣問俸錢。未百經累月，似覺已多年。閉户看山近，擔泉省驛傳。奈非吾土也，歸思日來煎。

朱端志一首

西清樓感懷

宇宙吾猶在，縹緗老轉親。三年餘病骨，半壁隔囂塵。性狹終何事，狂癡未定身。浮名徒自苦，從此一閒人。

朱伯蓮四首

春日友人偕游正覺寺

春雨來方蚤，窮年幸已刪。因君發游興，拄笏共朝山。粉本兼詩寫，齋厨買醉還。閒僧真可妒，昕夕翠微間。

偶成三首

讀易忘春去，聞蟬覺夏來。春風能幾日，夏木已恢台。花竹憐堪借，琴尊懶且開。徒行吾自適，不必恨莓苔。

雨足春苗喜，花飄布穀啼。飲餘雲母屑，睡破竹林西。問俗安樵爨，稱詩借品題。不因人冷熱，吾殆和天倪。

娟娟過戲蝶，冉冉待香荷。壁立看巖石，閒心對逝波。庭空貪鳥絶，墻短野雲多。不識眉山老，誰憐春夢婆。

朱協蓮一首

詠山

當窗來翠色，最是夕陽時。飛瀑縣遥影，黄猿挂遠枝。雲中籠半岫，谷上見蛾眉。怪得高峰住，陰晴恒自知。

朱元英一首

熟食日坐鏡機堂簡陳雨若

淰淰苔侵榻，涓涓屋響泉。愁人春似夢，澤國雨爲年。筆冢生前債，瓶笙静後禪。何當雞黍局，斗室話閑緣。往雲淙公亦有此堂，賓客殊盛。

朱祥麐四首

哭曾政衡太學四首

前輩風流盡，君登大雅壇。霸才通筆舌，京國老吟鞍。薄産容身易，斯文奪命難。汝南論月旦，蚤作古人看。

少小言交後，銜盃合議圍。朱雲豪使氣，白墮醉忘歸。握手旬時闊，驚心百事非。那堪寢門慟，淚盡轉依依。

推解尋常事，難君更乞鄰。殘年頻累友，寒室借餘春。此誼時時憶，浮生日日陳。老懷泥絮帖，感舊一輪囷。

自挽陶彭澤，酬章待友聲。誰令稱後死，反哭誄先生。剩葉無停隕，離鴻有離鳴。述哀哀不極，天地日孤清。

朱儒挺一首

偶成

不與人間事，山中一布衣。讀書觀大略，作圃趁良時。落落乾坤内，悠悠造化機。神明吾自養，寄托有誰知。

朱錫光一首

和廷光寒宵命酌兼寄子襄晋中原韻

謀生無半畝，憐汝不知貧。麴錢能同醉，梅花好結鄰。廷光宅後有老梅甚繁。永懷湖海客，此夕宰官身。歷碌風塵苦，寧思邱壑人。

朱堯勳二首

在椒叔六十初度 四首録二

舉世矜才望，如公有幾人。氣蒼撑骨格，筆老健精神。理以研求熟，功因養到純。論文尊酒夜，一筏渡迷津。筋力何曾減，公真健者哉。文能無量壽，酒亦不凡材。范蠡圖誰獻，姬公夢未灰。條聞萊雅頌，一笑倒金罍。

朱士琦二十三首

居庸關

九塞扼居庸，巖關疊石重。華胡争一隘，南北夾千峰。舊塔欹寒日，鳴琴響澗松。時清天險失，絶域久藩封。

入舟

入厭風沙苦，今朝喜可知。入舟魂乍醒，叱馭夢猶疑。眼界空雲水，生涯付酒卮。僕夫憐況瘁，一任起遲遲。

蘇州謁白太傅祠

豈藉廬山寺，新詩始不亡。風流集長慶，支派濫殘唐。廣大才思富，温柔諷諭長。文壇舊圭槷，遺愛更江鄉。

落第後送子襄南還

三殺摶風翮，重回積水濱。凄凉燕北樹，迢遞嶺南人。出餞難爲别，分飛更愴神。丈夫輕萬里，握手訂來春。

春園曉起

春入鳥聲喧，争枝占小園。哢晴晨霧集，囀樹曉風暄。偶坐添襟勝，尋書見道源。善淵空衆累，翻覺布衣尊。

浛洭舊縣

憶昔浛洭縣，南宫舊棘棲。坐貪英石瘦，不厭簿曹低。拳曲峰巒集，巃嵸洞壑迷。無窮供丈拜，俱與楚雲西。

林文忠公輓詩四首

温詔傳三殿，閫中起輔星。梟狼齊落膽，魑魅欲潛形。粤西逆匪聞公起用，即欲解散。未幾，公卒，賊遂猖獗，陷永安州。東駱旗空白，南交草不青。無窮憂國恨，齊斧未湔腥。

蚤歲欽公輔，無繇拜後塵。兩江聞愷悌，三楚得經綸。永作華夷鎮，常留嶺海春。越臺瞻使節，風采記來旬。公初到粤，駐越華館。

七省歸經略，燒煙駐粤中。横江無鎖鑰，蓋海出艨艟。尚憶波沈黑，猶傳火射紅。無繇睹雄略，丹旐海潮東。

萬里雙旌遍，艱難宦迹存。收煙來嶺表，行水到河源。絶域威名大，中朝德望尊。老成殂謝盡，烽火哭中原。公在烏魯木齊時，疏河鑿渠七百餘里，溉田無算。

郜居四首屬宜城弟和

家住水雲間，幽棲事事閒。孩童情不隔，人我相全删。龍眼重重樹，蛾眉遠遠山。經過皆夙好，相對一開顔。

矮屋方塘側，周迴水繞庭。路幽瓜架密，鉏緩草根青。偶語論絲價，相遭問潦形。子孫生業在，欲著種魚經。

小滿西流長，新魚蚤上塘。似針紛出市，如髮動連檣。本業勤終歲，生涯走四方。地窪租稅苦，賦額一千强。《九江鄉志》謂魚餉自兩廣總督凌司馬平兩山復開，羅旁并都含下諸處歲餉千金，載藩司章程簿止二百七十兩。

交榈桑萬樹，到處緑成圍。葉密蜩逾聒，林閑鳥倦飛。請纓虚願了，待字夙心違。自信漁樵老，憑誰判是非。

感事五首

大角仍兵氣，師干有歷年。指揮空將相，撫馭失仁賢。朝豈飛芻缺，師應作氣先。何人事姑息，養寇長戈鋋。

顯允林宫保，丹心照汗青。龍荒返旌節，蛾賊慴雷霆。逴矣紓長轡，翻然落大星。遂令梁宋地，枹鼓震朝廷。

吴楚天儲貢，淮揚此結喉。百城資劇盜，千里礴方舟。何日紓皇眷，繄誰與國謀。妖氛纏數省，南顧得無憂。

莫引古交子，生財誤計臣。艱難刻一楮，指顧累千緡。事果能紓國，鈔行亦裕民。濟時思哲輔，規畫動如神。

疇昔苞三蘖，群公稟廟謨。大奸皆距脱，積瘵與時蘇。將帥膺殊錫，乾坤啓壯圖。煌煌開國日，英儁滿高衢。

亂後得子襄南安書喜而有賦二首

南北烽塵滿，中原信息沈。往來空有夢。去住總關心。倏爾經三載，寧云抵萬金。路難行不得，遥望嶺雲深。

經亂餘生在，鄉居萬念灰。自拚身溘死，不意汝真回。反復營魂醒，瞞瞞老眼開。孰知行路穩，珍重好歸來。

友人惠貓翌日謝之以詩

黠鼠群宵遁，方知名捕能。原來資搏噬，尚未試趫騰。引睡依寒榻，觀書護夜燈。偏裨饒爾輩，城社可無憑。

小樓獨坐

蓬蒿仲蔚宅，門巷秘幽清。盡日無人迹，疏林自鳥聲。遣愁惟握卷，垂老畏言兵。誰信書生志，時聞伏櫪鳴。

朱大章一首

在椒家叔六十初度賦呈

一鄉尊閭里，須眉綺季儔。林間增歲月，皮裏有陽秋。窘以多文富，窮猶當世憂。平生饒可述，豈止足孫謀。

朱才貴二首

九日登高

西風逼佳節，秋樹幾經摧。歲月愁將盡，江流去不回。山噓雲氣冷，風入雁聲哀。高詠彭城餞，商歌送酒桮。

感懷

風緊木逾脱，日沈天更寒。倚燈悲自語，買劍醉頻看。彼美闊河漢，憑誰托膽肝。歲華恨將老，躑躅起長嘆。

五言長律

朱遐一首

水雲樓

畫閣開炎甸，紗窗瞰遠汀。創垂誇祖烈，呵護有神靈。連柱山爲節，重簷鐵作扃。日光通箭筈，風信付簹鈴。鳳翅低承露，鼇頭俯摘星。簾疏朝爽入，磴曲暮雲停。跂足雞冠紫，迴眸雁嶺青。澄波千里外，煙樹九江冥。懷土非王粲，揮鉏類管寧。憑高聊一嘯，天地亦浮萍。

朱程萬二首

詠竹

此君無俗韻，瀟灑對朝陽。性直清難涴，心虛炎自忘。稚年矜粉飾，晚節勵堅剛。達革南山勁，諸聲嶰谷良。雨過龍欲化，風舞鳳來翔。太息湘妃淚，重尋阮籍狂。陰濃宜逭暑，林茂好流觴。有斐人如見，猗猗淇水旁。

嘉慶元年元旦恭紀

天以德相肖，精華萃聖明。耄年勤未倦，久道化先成。禹鼎詒關石，軒圖訓穆清。重離皇極建，九寓曝忱傾。神嶽聞呼祝，榮河緝頌聲。春風隨地遍，元氣趁時生。堯舜君臣義，商周父子情。何如明兩作，禪繼衍昇平。

朱儒挺一首

在椒弟六十初度

浩氣貫長虹，中流砥柱風。文章曁丰采，不與衆人同。久抱藏山璞，何無琢玉工。潛蚪媚幽壑，苞鳳集孤桐。下榻虛徐稚，開尊慕孔融。志超邁軸外，人在舞雩中。皎皎雲間月，冥冥天際鴻。弄孫渾未老，群季祝華嵩。

朱士琦三首

鄒縣謁孟廟二十韻

魯叟宮墻遠，卮言少折衷。巖巖承聖出，皜皜幾人同。永憶江河下，能令日月中。王綱淪草莽，奮説誤屯蒙。世競縱横尚，時誇戰鬭雄。兩生師鬼谷，三術鑽秦公。藩魏名虛重，卿齊禮枉隆。言疑争性善，見履急心攻。墨者知逃墨，弓人乃耻弓。契疏才不展，道屈遇終窮。閲世流芳烈，中朝食報豐。嶧陽開邃宇，魯甸敞新宫。碧瓦嵐光接，朱甍曉日烘。秋蘗青覆地，古柏翠浮空。下士慙皮日，南來自祝融。心多思至鵠，技拙悔雕蟲。入廟瞻遺像，登堂拜下風。精神千載焕，肸蠁一誠通。躚矣思公德，遐哉并禹功。向微夫子哲，誰障百川東。

憶弟二十二韻

赤縣汾洮北，黄圖太嶽東。山川今晋省，民俗古唐風。有弟承丹筆，趨官綰墨銅。霜操傾幕府，孺愛洽轅童。緊昔脂車出，殊方信節通。五原歸指顧，九塞入牢籠。雪窖看傳箭，天山憶挂弓。草飛千里白，鹽凝一池紅。逆暑行人少，乘秋落木空。醉歌聞勅勒，高詠答崆峒。彦國執言壯，班生都護雄。數言排大難，再疏解群公。

天聽恩將究，雲還興已終。魯連縱拂袖，魏絳此和戎。自合詩多眖，寧云蔀驟豐。妖氛先嶺右，兵甲竟寰中。攘攘騎高馬，紛紛禮百蟲。三軍虚鸛鶴，兩地窘鱗鴻。捧檄嗟予季，無心付塞翁。動石繇此大，肝膽幾人同。雲朔空相憶，鄉關望不窮。抽簪應有日，攬轡待春融。

與隱石别後一日却寄

我生苦懶拙，汝亦性粗疏。北地空彈鋏，西疇不荷鉏。艱難成遠邁，離别一長吁。狙儈輕衰老，蛾眉善毀譽。豹曾韋作佩，張也帶先書。謙退寧嫌爾，清貧任笑予。蘪蕪收藥籠，洴澼剩方書。海壖重溟隔，炎洲百寶儲。舟鮫集龍户，金貝售蠻墟。鬬象朝行陣，鳴螺夜聚漁。搜奇添異物，覽勝續方輿。洵美終殊俗，安便究客居。老懷長記憶，旅次莫躊躇。慮一經千得，耕三或九餘。十朋能取益，五兩藉吹嘘。早寄長公報，先令廑念紓。

七言律詩

朱讓一首

偶山釣臺詠漁

羡爾逃名泛短槎，江湖隨處即爲家。晚風楊柳千波月，秋水芙蓉兩岸花。輕棹放歌群雁鶩，滿瓢沽酒醉煙霞。會看漢節來相訪，誰謂嚴灘負歲華。

朱完二首

泊水口望西樵

浮煙乍斂郡原迴，鷗鷺親人故拂窗。柔櫓趁潮侵斷岸，疏雲逗月暎寒江。漁舟依渚喧無數，野雀歸林鬭一隻。七十二峰青似染，遥聞絶壑水淙淙。

贈客

題罷燈詞興未闌，捲簾佳日照春盤。忍拋竹葉不成醉，爲愛梅花偏耐寒。劍氣冲將天上去，驪珠握得手中看。與君只合頻消遣，脱穎於今知者難。

朱凌霄一首

喜陳淇涯前輩祀鄉賢

神開川嶽降東南，淑世儀型喜共探。德沛蒼生標最績，道師吾黨式華簪。繇來劍佩留賢籍，况有圭璋焕史函。今日宫墻隆禮樂，行看殊藻鳳毛參。

朱實蓮十四首

贈綏州羅才女

麗質天成未易媒，美人幽思費徘徊。蘭香暗繞金條脱，薇露晴薰玉鏡臺。譜上鴛鴦從指出，空中鸞鶴逐絃來。吴鸞難久瑶天住，謫嚮人間又一回。

得鄉耗志喜二首

忽傳鄉語報平安，狂喜連朝欲廢餐。徼倖草堂猶几席，愁傷井里半彫殘。日高解信耽眠穩，霜落猶疑雜膽寒。有夢正思懷杕杜，餘生寧肯負漁竿。

白雲咫尺同千里，蓬鬢蕭騷一釣舟。落木夜烏來枕畔，寒冰雙鯉寄沙頭。薶名顔面終難改，抱恨園林非昔游。歸去故山成舊隱，妻兒相對且忘憂。

佩刀婦

誰挽吴鉤繫錦襟，炤身如許吼龍吟。電飛紅線三更步，霜作荆軻一片心。義旅孤邨傷蚤却，雄威雌守諒難侵。畏途此日堪持險，坤軸何時起陸沈。

無題

休驚長漏促銅龍，夢醒瓊樓有路通。曲勁柘枝憑踏節，絲柔楊柳白禁風。博山灰爇金猊伏，積瓦雲凝玉殿烘。狼藉錦幬歡不盡，橫經腐殺馬家融。

賦得明妃夢回漢宮四首和李青來韻

不分餘恩絶未央，幻將啼笑到昭陽。恨深自失寒更漏，命薄誰憐曉日霜。僥倖舊顔通漢使，支離嬌骨厭胡牀。却留千古琵琶怨，宛共西戎道路長。

倦倚穹廬博晚曛，意中夷夏陡然分。丹青羞買當時寵，羊豕爭投異類群。眷爾來思方殢妾，翩何立望且疑君。豫知清冢千年骨，不及陽臺一片雲。

忍將環珮侍天驕，時借精誠感聖朝。杜宇恨隨金管發，秋風寒逼玉顔銷。蕭條塞月千門冷，咫尺悲心萬里遥。莫擬妾魂招未得，相思一夜渡西遼。

朔漠風霾日月昏，紫綃顛倒積啼痕。戎非我匹曾何惜，命在和親未敢言。一線玉關通舊闥，千行霜雁寄歸魂。徑當贖取垂楊縷，穩繫君王覺後恩。

春塘五首

春塘柳弱借煙持，一雨頻催水部詩。短袂正堪驅禿穎，閒心容易就枯棋。夢思未合柔鄉老，冷暖何分飲水知。光氣忽生芝玉砌，板輿輕馭宴芳時。

晥爾桃笙傍砌舒，羲皇人醉落花餘。燕鶯未老啼春數，絲竹交纏渾玉如。鄭野幾番駭夢鹿，碧山休復笑焚魚。霞衣一振凌秋漢，莫遣纖塵且染袪。

蟬噪移風若有腔，露形雲態澹應降。分香銅雀誰悲武，假藥靈山豈贖雙。道險未遑嗟劍閣，星芒空見起桐江。亦知塵界今如許，且并寒蜂鑽一窗。

回溪垂翅失東隅，松徑春園豈就蕪。夜色定須賒太白，古聲誰與叩錞于。虛疑鎖骨終成佛，肯信靈蛇自握珠。鼓吹條看分兩部，渭城朝響答樵夫。

松以高寒不隱聲，心如方嶽詎能平。頭顱半百嬰兒色，草木三春晚暮情。饒兩哺糟分薄醉，誰將封髮問初盟。静聽寶瑟空城怨，閒撥淋漓到墨卿。

朱協蓮二十一首

園居二首

東風晴日幾家春，零亂江鄉轉白蘋。尊酒每逢人日醉，椒盤又薦歲書新。香車九陌紅塵滿，碧樹千山緑葉勻。聞道江湖多隱逸，入林應與子真鄰。

澹蕩雲生擁緑波，蚤春莩甲渺行窩。香須夜淺看難定，玉蘂寒深奈若何。閉户莫嫌幽事少，閒園真信曉風多。桃花漫嚮前溪放，仙島漁舟語涉訛。

春日正覺寺 甲午上元道場。

古寺猶存漢代霞，桃源重見有人家。星橋鎖放新明月，詞客詩籠舊碧紗。覺地何年分小竺，法輪今日轉南華。休嗔歌舞逢場戲，回首乾坤一雨花。

偶山

釣臺突兀俯江干，遠瞰飛帆足大觀。日落亭中陰半坐，冬初江上氣全寒。盈盈網罟收前浦，細細鳧鷖浴急湍。回首森茫煙樹隔，暮雲山色此同看。

深潭夜月 分詠九江八景。

古木山川半陸沈，澄潭一色月華侵。千年皓魄留湘佩，幾夕秋風起越吟。水漾珠明鮫室動，夜闌霜冷釣煙深。最憐摇蕩波光滿，蘆荻花開隱近林。

花影四首

數枝斜傍曲欄前，一色參差落水邊。浪引遠枝摇不定，香横高岸態先傳。弄珠神女歸湘浦，委佩先人過蘂川。無事横塘安小席，浮來千變總嫣然。水中

蟾光如洗透花鈴，陰裏流光到緑庭。斜倚芳魂輕剪剪，高環香幕半冥冥。色分明暗真兼幻，枝帶蒼凉影是形。何用虹橋開漢道，花神素女下雲軿。月中

何許横斜上鏡臺，千枝萬朵渺然開。緑窗隨處窺嬌面，金屋無勞倩巧媒。京兆畫眉時借照，閨人彩勝對相裁。疑真疑假分香氣，怪嚮菱花首重回。鏡中

半林爛漫對朝曦，葵藿何勞問此時。但是有心能嚮曉，却憐無影不争奇。色香隨地晴偏見，頃刻移陰午較遲。有酒夕陽應命駕，也須延賞和新詩。日中

擬卜築

欲嚮青山買半隅，移家種黍近禪居。不須扃鑰藏君子，甘以餘生學野漁。草罷雲藍看藥竈，吟殘煙水讀藏書。山花三里多佳色，故舊憑它一訪予。

宿海幢寺

風細輕舠渡海幢，毒龍多被故人降。江聲午後侵禪夢，佛火千條暎釣矼。輪或卧時空伎倆，刹開喧處壓鴻厖。閒身恰與閒僧共，野鶴歸來見幾雙。

晴窗

成敗休將過耳輪，是非先已息根塵。手鈔王建詩三卷，吟與林逋聽一春。挂壁遠飛遼海鶴，焚香濟寫藐姑神。求書又有閒人至，復染鵝溪素絹新。

贈胡亮泉父母

紆袂霜清肅蚤秋，神君到處共風謳。鳴琴已見來馴雉，秉軸遥看問喘牛。桑柘叢中觀執訊，旌旄影裏急旁求。成蹊桃李皆時雨，怪得攀轅過海陬。

丹霞非身上人過坐妍瞰堂

能悟此身非是身，三身總已脱氛塵。丹霞有篆迎香象，碧海無波輾法輪。巢破臞同深谷鶴，客來眼見急灘鱗。徒慙五施盟心在，未必恒河認舊人。

自題依園七首

草堂諸阮瀼西東，花發溪頭處處同。青幔繞波連浦口，錦紋如畫挂窗中。天人策遡窺園緑，文字禪空指樹紅。約莫故人時問訊，今來霜鬢舊兒童。

新塘六月正花開，水榭乘凉客又來。儒服暫更傷舊緒，荷衣初試識新裁。香風半妒芙蓉面，狂雨斜臨竹葉桮。醉後招邀横小艇，繞堤楊柳見栽培。

海目山前一畝宫，午風圃裏數株桐。青絲籠接櫻桃熟，老瓦盤堆丹荔紅。鳥鼠競除留舊俗，蠶魚兼掌驗流風。豈無文字干時策，寂寞長甘邱壑中。

晴窗時鎖緑芸香，半榻經年對夕陽。剩有閒情忙尺素，任隨群卉鬬輕霜。蓮因清潔多生白，菊爲孤高每種黄。三徑疏籬還自適，遺懷花雨一方塘。

西河古昔有奇男，棲息盤桓一小庵。得意常時翻蝶夢，爲人終日寫雲藍。花分紅白防相妒，酒判歡愁總半酣。吟詠多年懃大好，任呼牛馬任稱憨。

江邨終歲少逢迎，倚杖空聞晚笛聲。孤月似霜千樹滿，流霞如赭一峰晴。松亭先削秦封號，蘭畹猶存楚佩名。半世爲儒貧已慣，最憐秋色惱人情。

浮雲節序漫追歡，鴻雁北來已厭觀。山入窗中青漸小，月横林杪白將殘。絶交公叔終情劇，別恨江淹幾夜寒。有客空歌來白馬，無人揮涙甸琅玕。

朱實蓮一首

喜陳丈淇涯司馬祀鄉賢

嶺嶠當年際鳳麟，漢廷禮樂此時新。誰從没世思君子，自解賡詩誦美人。山水高高留楚甸，雞香細細待楓宸。先臣亦幸叨恩祀，共許諧優訴負薪。

朱會蓮四首

偶山

丹邱環海夾嶙峋，亭榭苔階迥絶塵。修竹編籬閒野老，一竿垂釣避狂秦。龍魚逐浪來汪氏，山水怡情問子春。願得東南息燧火，登高長許漉陶巾。

桃源井坐月

井傍青山一谷盈，藤蘿孤月入懷明。轆轤夕引銀瓶滿，塵滓閒消玉液傾。沈鏡久隨文石底，沸煙應與惠山清。武陵不遠堪逃隱，芳夜流連一策輕。

福慶寺

古刹依山秋氣清，禪林蕭瑟暮蟬鳴。龍頭暗浪喉生潤，鵲尾焚香煙自輕。深淺欲知三獸渡，百千惟共一燈明。豈無善識相緣慶，竹院逢僧話最乘。

春日正覺寺甲午上元道場。

寂歷青山又及春，西凉千影更宜人。中逵月滿觀如堵，絳殿香生法轉輪。未盡劫灰彌大冶，何當善識了前因。閒隨清磬瞻幡動，勝卧滄江濯滓塵。

朱光允一首

嘯園

春宵凉吹起平蕪，散步携琴過北閭。翠柳煙霏元亮徑，青山晴擁輞川圖。芳誇金谷花千樹，寒浸瑶華月一瓠。自笑阿咸多逸興，清言時醉步兵厨。

朱元英一首

壽黎母

紫閣花飛拂水涯，雲扶戴勝下瑶池。桃青幾歲紅生實，松碧多年緑染枝。傍暖籬英穿藥枕，深秋楚畹對靈芝。物華同待芳辰滿，色照庭階上玉卮。

朱順昌八首

續擬文昌縣八景詩

紫貝晴雲

鴻濛天外五雲飄，矯首晴空一望遥。澮拂罏煙籠古寺，高盤虹影徹南橋。層層遠自連千嶂，落落寒方薄九霄。不睹奇光新雨後，誰知紫氣暮山饒。

清瀾夜月

渺渺煙波印月生，遠天如晝及潮平。七洲隻寺燈無色，半壁孤城漏幾聲。光入四邊迷畔岸，寒飛一片總虚明。谷王問夜開晶殿，疑是驪珠海外呈。

天塘瀑布

水止驚看天際來，汪汪陂在萬山隈。飛流直接千尋落，分野遥連一鑒開。何但良田資灌溉，還將漱石寄瀠洄。它時習坎宗于海，依舊濤聲壯若雷。

龍潭釣竿

磯頭摇落野雲孤，尚有龍潭日與俱。地古曲原通瑇瑁，竿長直欲拂珊瑚。也知深極能持久，焉識寒來肯下無。笑指陽鱎紛逐餌，泛然相遇匪相須。

石鼓湧泉

井邊溢出是靈泉，飲者無勞鑿者先。一自鐵邨開地竅，四圍石砌本天然。冬温合得梅羹洌，夏冷宜和藕汁鮮。海外怪無人品水，尚留仙液置荒煙。

霞洞絢錦

嵐銷一望四山清，錦滿山中媚晚晴。邨徑隔溪連紫貝，人煙如畫嚮朱明。寒侵楓葉驚秋老，嫩入桃花散綺輕。洞口却從天半出，天孫爲織恐難成。

長歧濟渡

津頭莫問去何之，須信長歧路不歧。煙火多隨山徑起，邨原頻嚮樹陰移。荒郊馬首星流處，薄暮羊腸水隔時。最是檳榔忙過客，招招不計往來期。

分水飛帆

一帆飛動在泱泱，二水中分挂異光。輕拂浪花霜澹蕩，暗摇沙鳥夜微茫。濤聲遠卸東南外，天色高縣西北方。海若不教黑白混，劃然開濟引風長。

朱程萬七首

游沙洞五首 屬鶴山縣多朱姓聚居。

煙水蒼茫一葉舟，多人挽楫擊中流。厭聞瑣語談錢穀，儘有閒情寄鷺鷗。鬱海舊傳龍躍浪，古潭新説蜃成樓。相傳吾鄉科第，則有西江龍蚌之瑞，近己酉、壬子、乙卯皆驗。推篷攬勝方敲句，欸乃聲喧泊渡頭。

舍却舟人喚僕夫，它鄉風物頓縣殊。山留古廟危銜岫，崖卜新居險負嵎。洞口千峰疑列障，豳風一什怳披圖。邨翁若問今何代，爲道非秦出仕無。

崎嶇歷盡世途艱，得款柴扉意轉閒。萬壑笙鐘吟興發，百盤花鳥俗塵刪。鼇峰穩踞霜千樹，洞水清流月一灣。聞道此中多虎穴，探奇猶嘯白雲間。

山邨十數隱蓬蒿，疑俗疑仙品最高。水木有源論族誼，王侯無種要人豪。料因質美猶留璞，況值時清盡賣刀。夾岸桃花將種就，武陵入傳愧非陶。今年舍弟雲萬授館於此，故云。

幾夕淹棲隱者居，深深款款接談餘。也知禮失宜求野，何必風醇盡讀書。綠酒擬留游客屐，白豪歡贈旅人車。瀕行鄰人筵餞，力辭免，仍以茶見惠。一邨屬爾長和好，出入扶持幸兩於。鄰人原有雀角，今始和睦。

心鏡和主簿嵇父母原韻

幾許工夫洒濯成，纖塵不著見公明。肝膽照我方求慊，面目窺人便得情。物化平衡星自朗，光浮止水月初盈。案頭別有磨礱具，怪得虛靈觸處生。

家瓊芳兄枉過書齋偶談時命慨然有作

文章憎命古來聞，太息當年困倍君。不遇孫陽悲伏櫪，未逢楊意惜凌雲。結褵舍去星乘爛，君花燭之夕，猶待試有司。履蹻歸來日趁曛。二十七年焚舊稿，昂藏猶自溷雞群。

朱雲萬二首

族兄在椒六十初度二首

半生筆研訂心期，聊擘雲箋寄所知。自昔共懷宗慤浪，而今同困仲舒帷。迎賓倒屣交應廣，釃酒論文志未衰。絳帳年年富都講，公門桃李屬伊誰。

清操介節重名流，品越尋常齒亦優。八斗既推文陣帥，百壺又拜醉鄉侯。門前車馬爭投轄，架上圖書愛汗牛。最喜介眉同九月，黃花酒熟迭相酬。

朱光宇三首

渡白鵝潭

片帆高挂出鵝湖，水綠山青入畫圖。潮長午天新漲滿，日沈西岸夕陽孤。隔溪煙樹分濃淡，過眼郵莊認有無。快意乘風秋海外，十年心迹正相符。

在椒叔六十初度

西亭絳帳憶從前，珍重肩隨講席邊。叔侄更兼師友誼，詩書豈爲利名緣。近持樃栗初娛老，舊種梗楠不計年。恰喜團圞桃李會，一家詞賦寫雲箋。

朱深遠八首

客舍聞雁

秋深嘹嚦度重雲，似訴離情不忍分。别恨忽從天末起，寒聲偏嚮客中聞。酒醒孤枕遲歸夢，人倚高樓對夕曛。此去莫多飛故國，免教兄弟憶離群。

消夏雜詠四首

松棚

夏來逭暑結松棚，挹得薰風滿坐生。却愛遠遮暉杲杲，最宜斜傍水盈盈。招徠幾輩閒哦客，慰藉平生蔭暍情。屋上鳴泉徒擾擾，何如小住道心清。

竹簾

低垂銀蒜色青葱，半榻輕吹面面風。夢入瀟湘猶縹渺，凉生節目自玲瓏。篆煙鎖處千條碧，花影侵來一段紅。却惜笛材成小用，不將軒律審雌雄。

紗窗

翦得輕紗似練紋，博山香嫋駐氤氳。蘭臺綸閣偏宜汝，蔀屋蓬廬不稱君。好隔花陰通鳥語，愛留竹影度朝曛。儘憐織綿秦川女，一炬籠煙到夜分。

團扇

團扇新裁劇可憐，名誇鶴羽總徒然。替它揮塵重簾裏，羡爾生風兩腋邊。百綺芳聲傳此日，六朝丰韻儼當年。齊紈自是無風骨，有用何妨任棄捐。

五月生朝有感

光陰虚度卅餘秋，收拾雄心付白鷗。未老豈能荒筆研，求名非爲報恩讎。大匏過石知何用，小草依山且自繇。慚愧故人來惠我，葡萄酒熟迭相酬。

秋雲

因風舒卷總無心，張宴羅遮皎月臨。河漢最宜拕瀶蕩，階庭却愛見晴陰。白蘋低罩朝煙重，紅樹輕籠暮靄沈。萬井驕陽暵秋暑，蒼生望爾蚤爲霖。

品菊

寒英次第道東籬，别有心精照不疲。蘂榜姓名喧此日，高人聲價重當時。百叢應訂群芳譜，三徑閒題處士詩。花不知名香更甚，笑君猶屬有情癡。

書范希文嚴先生祠堂後記

有功名教豈凡民，介節如公孰比倫。羨此廉隅師後世，不徒耕釣寄閒身。高風自足傾天子，陰雨何曾棄故人。漫道先生非助理，頹波維挽即經綸。

朱堯勳一首

送子襄弟之任山西

無盡勳名發軔剛，蕭然匹馬戒行裝。携將清慎勤三字，并有琴書劍一囊。作宰要思民父母，讀書原慕古循良。百城五馬尋常事，到處須留一瓣香。

朱士琦十七首

老將二首

古戍烽沈戰氣銷，柳營清暇足逍遥。平蕪日落閒調馬，大漠風高遠射雕。投筆未慚班定遠，論功終讓霍嫖姚。數奇自乏封侯骨，李蔡中人已珥貂。

喋血軍鋒歲月多，英雄老去恨如何。三邊舊夢時聽角，百戰餘生尚枕戈。苜蓿秋高歸獵騎，川原春暖散明駝。醉來倚劍陰山下，猶唱將軍勅勒歌。

游鼎湖慶雲寺

溪昏萬木晝陰森，徑壁千崖路阻深。雲外有時聞鶴語，嶺頭無處不猨吟。界連金粟虚塵想，法轉燈輪見佛心。頗恨蓮公嚴戒律，不教携酒快登臨。寺不設酒，故云。

袁督師墓 墓在京師正陽門外西南數里金魚池側。

勝國山河歷數終，長城自壞恨何窮。誅毛坐誤三方策，銷骨終罹衆口攻。遼薊一朝畀大敵，風波三字屈精忠。燕郊鬱鬱孤墳在，毅魄猶應作鬼雄。

渡揚子江

帆開瓜步水天寬，四月江深曉氣寒。轉眼紅輪生海底，迴頭素月尚雲端。上方樓閣參差出，鎮海旌旗縹渺看。此後客途春酒美，香蓴銀鱠飽加餐。

吴山謁周廉使祠 祠即城隍廟，廉使名新，南海人，《明史》有傳。

落落南邦幾偉人，生留勁節越江濱。獬冠面冷寒如鐵，犴獄風清聽若神。白簡帶霜飛黼座，紅衣暎日見楓宸。武林廟祀吴山肅，尚識吾鄉有直臣。

重經洞庭湖 庚子元日過此，時同舟五人，李廣文鳴韶、馮孝廉汝棠、上舍汝棻及三弟子襄。

五年三度客滹沱，萬里南還此重過。漢口日斜帆影遠，洞庭秋盡雁聲多。新詩尚憶聯牀賞，舊雨猶聽擊楫歌。苦恨川途淹歲月，不堪霜鬢更蹉跎。

郴嶺遇雨

遊人駐馬雙峰頂，脚下千巖萬壑開。但覺火輪蒸赤日，旋看紫電走轟雷。嶺頭滃甑頑雲起，眼底傾盆大雨來。未到半山松翠暝，飛泉歷亂瀉瓊瑰。

除日偕孟夔子襄登永州郡城北樓

山郡層城俯鳥巢，城頭重矗畫樓高。衣邊積氣生虛籟，烏下驚風走怒濤。雪霽西山堆晚翠，雲開南嶽了秋豪。山僧除日驚行客，守歲應歸負濁醪。

丁未二月哭梁思林比部 啓文

郎署浮沈倏十秋，挈家歸養獨來游。薊門夢斷悲黃髮，珠海魂歸識首邱。莫遣他生仍頌酒，可知夜壑易藏舟。撫棺無及尤嗟痛，重過黄公涕自流。君豪於酒而病，子屢争之而君不迕也。今春抵都，君櫬南還已旬日矣。

望太液池

金鼇玉蝀接離宮，西苑樓臺紫翠重。瑶島瑞煙開芍藥，液池初日上芙蓉。地連渤海恩波濊，天近蓬萊雨露濃。遥憶瀛臺臨幸處，萬花團簇五雲封。

送二弟隱石之越南二首

圖籍安南古越裳，飢驅垂老客炎荒。倉公術妙知偏少，靈素功深病却妨。地入麋泠能漢語，令傳句漏有仙方。乘槎此去應如願，桂蠹文犀滿藥囊。

越南貢使促歸裝，海道初行上客航。積水遠通三佛國，重溟飛渡七洲洋。乍離粵嶠行須穩，新入蠻天飯要强。知汝老成還豫屬，勿添家累在殊方。

卧病室中作四首

轉眼風燈六十年，愧無長技逐時賢。人嗤懶散謀生拙，我識乖崖受性偏。兀傲久空塵網逼，浮沈不受俗人憐。只今撒手歸山去，長占朱明古洞天。

接迹名山入卧游，頻來宵夢費句留。棲巖笑仿龜三窟，入世終嫌貉一邱。秖有文章能續命，曾無骨相應封侯。年來深抱淵明節，固守空罍不外求。陶詩：不賴固窮節，百世將誰傳。

六塵洗盡繞高縣，清到無生意炳然。幸免昏衢迷白業，得從火宅吐青蓮。善根不壞諸空證，慧性無磨萬相圜。眼底天花看亂墜，却疑身是大乘禪。

柴桑老去閉荆扉，恰似知還鳥倦飛。時事喜隨新節換，故人多與夙心遠。秖宜漁父論醒醉，不嚮莊生問是非。千載騷人示遺則，荃蘭薋菉各芳菲。

朱庭森一首

贈鄭牧之茂才

與君連譜復連姻，屈指星辰尚幾人。邂逅漸同千里隔，兒童近喜一鬮勻。河魚疾豈偏爲害，扁鵲醫來妙入神。風雨對牀猶憶否，耐交端賴性情真。

朱才貴八首

春懷八首和子襄 録一

幾日春風似剪刀，春衣典盡興猶豪。誰悲桑户供餐食，轉笑花時慣緼袍。新水欲生漁步晚，遠雲收盡雁峰高。琴心須俟和音者，未許無絃便和陶。

秋草四首次吴樸園先生韻

山郭蕭森入望遥，王孫一别又秋朝。冷煙寂寞霾三楚，寒雨消沈鎖六朝。無復蹋青隨馬足，空憐殘照剩山腰。思蓴偶觸歸來與，自嚮湘江撥畫橈。

珠簾寂寂爲誰開，南浦魂銷客未回。幾處蘼蕪空有恨，舊時袍褶半成灰。明妃冢没寒雕急，漢興臺荒畫角哀。冷落閒亭鴻信斷，關心重理菊霜栝。轉眼榮枯也自常，記曾春夢繞池塘。望回北驛心空苦，愴絶南枝雪未香。野色荒寒添别恨，客途蕭索正斜陽。獨餘楓葉紅於錦，譜入秋山幾樹凉。落霞孤鶩點霜天，舊恨新愁總眼前。雲夢陂頭疏雨後，夷陵山外古城邊。拚將歷亂如蓬鬢，無奈淒迷到客船。野火年年燒未盡，萌芽依舊占春先。

歲試後贈家昭時先生

久困浮生路轗軻，十年意氣耐銷磨。空嗟利器逢時少，倍恨高文妒命多。同學何人稱特達，撫時憐我重蹉跎。龍豬同盡終塵土，好共携尊帶笑過。

和子襄叔

柴栅筠籬對畫巒，招携日日接清懽。論心難與期筲斗，握手應須托膽肝。細草緣階隨雨長，好花含纈耐春寒。晴光流轉能相借，試倚鉤陳插劍看。

送關璞軒孝廉北上

萬里橋頭攬鞚初，故人戀別一踟躕。幾年割肉饑臣朔，此日揚眉獻子虚。逸足試騎沙苑馬，稱心初食武昌魚。壯游定憶蓬門客，牢落秋原賦卜居。

朱瀚二首

九日公宴作詩次黄磊英韻

摩天鵰鶚盼秋高，雲路迢迢刷羽毛。宋客三年勞刻楮，劉郎九日枉題餻。高堂歲月留烏哺，邊塞風煙待豹韜。此集仙凡誇勝會，壯懷鬱勃首重蚤。

顔侍御招飲椿樹胡同官齋賦贈

望氣騰騰涌紫霞，煦人彌愛玉無瑕。清吟自合鈔千手，仿古何曾限八家。午夜避人焚諫草，春風留我看唐花。料應東閣延賓處，詩牖重重護碧紗。

五言絶句

朱完二首

奉和何古林宗伯西樵山居

夜夜眠溪聲，朝朝吟翠屏。欲尋餐玉法，安穩住巖扃。

奉和歐崙山丈山人寄西樵樣

客有餉雲牙，溪方流石乳。何必惠泉山，松風竹鑪煮。

朱元英三首

藴真山房次韻三首

久停風中絃，復罷池上酌。竟日無希聲，但聞松子落。

爲耽刻燭吟，擬展論文酌。解事惟白衣，敲門送桑落。

幽人寡送迎，淺醉罷餘酌。隱几眠不知，手中書自落。

朱士琦二首

淇上

隋岸空秋草，危橋忽亂流。歸心似淇水，無日不悠悠。

伐桑 有序

嶺表樹桑，歲冬仲輒斫去。離地僅分寸許，不令樹也。閒於宅外墻下留一二株，春夏枝葉扶疏，緑膩可愛，與吴杭無異矣。然不數年，即以蠹敗，鮮久。植者豈樵蘇代爨，風土使然歟。將繇炎壖氣燠，八蠶連屬葉盡生理堅緻不存歟，爰書數語以質明者。

八蠶已作繭，葉盡斫青枝。嶺外清霜冷，江南微雪時。

朱才貴一首

正覺寺碑亭

世事苦催頹，殘碑幾來覿。空亭不見人，青苔上寒壁。

六言絶句

朱完七首

山園漫興五首

繞屋桑田百畝，當門松樹千株。墻東墻西蝴蝶，山北山南鷓鴣。
石上風摇薜荔，林間雨滑蒼苔。新蟬響斷還續，暮鳥飛去復來。
僧來有時鳴磬，客去經旬閉關。夜雨飛泉百道，秋風落葉千山。
石上流泉飲鹿，雲中茅屋鳴雞。幽人策杖何去，采藥菖蒲寺西。
性懶逢迎漸少，山深幽趣偏多。呼童移花移石，對酒自酌自歌。

閨怨

少年輕薄何去，幾載音書未通。江頭朝朝暮暮，愁中雨雨風風。

九日山行

荒郊重陽極望，霜葉千山盡紅。纍纍何人古墓，年年此日悲風。

七言絶句

朱讓一首

迎曦樓花徑次韻

三月殘春花未催，雨餘花氣逐人來。惜春每爲花移席，日暎花枝勸酒桮。

朱完十二首

山居雜詠

岡連雉堞白雲攢，池館新營十畝寬。幾樹桐陰雙白鶴，主人常著竹皮冠。

倚杖空亭日欲晡，烹茶還就竹間鑪。蒲團偶坐譚禪客，更速能詩舊酒徒。

荆扉寂寂日初長，短揭疏簾納晚凉。山鳥不知方睡覺，引雛猶近小窗傍。

城隅幽僻似郝居，習懶相過禮法疏。供給豈須愁市遠，山園菜甲自堪鉏。

塵心頓息學維摩，誰悟浮生亦逝波。病瘦原非因酒苦，身忙只爲索書多。
萬竿修竹繞山堂，即使炎蒸午亦涼。留客有時燒素筍，酒醒常覺稻花香。
繞徑新花手自栽，捲簾長日對花開。亦知不是草元宅，載酒何當客故來。
平岡極望蔭檀邊，中結一庵可入禪。清磬有時還自發，楞伽常日對僧看。
爲園敢擬辟疆幽，只可栽瓜學故侯。獨有山門長不閉，任從傖客日來游。
坐客絶無褦襶子，脱巾裸體卧長林。寧須絲管供觴詠，自有山蟬盡日吟。
窗臨煙樹千家暝，坐對晴峰萬疊重。讀罷離騷新茗熟，忽驚涼月挂高松。
門護垂藤别一家，野人性本癖煙霞。閒依竹徑還調鶴，晚汲山泉自灌花。

朱繼鳳一首

題自適軒

紙窗茅屋竹方牀，荷葉田田夏亦涼。讀罷黄庭閒柱杖，數聲漁笛起滄浪。

朱協蓮三首

和子潔兄芝園

幽幽春圃嚮山南，水色山光恣遠探。棋伴不離諸阮在，坐來三月正初三。
閒看稚子種春畦，蟻穴籬根引鬬雞。細雨蚤知連遠浦，園亭又見晚雲低。
趺坐焚香時學禪，偶從得意助書顛。股釵未滿臨池興，屋漏痕深風雨連。

朱實蓮八首

樵陽雜詠

行行谿路采芳荃，古木千章落照邊。雲裏轆轤聲不斷，幾家齊汲九龍泉。

芝園六首

宅傍爲園事事宜，方塘四面長蹲鴟。欄前但覺花香酷，知是它人苦熱時。
緑揚風起藕花開，浴鴨依人喚便來。金彈莫教調驛使，主人留傍練塘隈。
樵山北峙雁山南，南北山雲恣遠探。莫使山靈怨孤寂，蕪園相錯便成三。

夏荷賞遍又秋蘭，終日夷猶傍藥欄。一自北堂傷冷落，萱花開處不能看。
石上瑶琴自可憐，金徽遺響已多年。何嘗苦病手如棘，勉强猶能操水仙。
數畝梅花間荔枝，棗梨橘柚盡垂垂。午雞咿喔鳴桑樹，又是先生睡熟時。

題英巨兄山齋

野橋枯石水澄清，絲柳深藏百囀鶯。夜班更無竽籟起，一簾明月讀書聲。

朱光允一首

題友人書齋

仿佛南陽諸葛廬，數竿修竹間樓櫚。紅塵不到生虚白，弄罷瑶琴讀素書。

朱璧一首

偶山釣臺

龜石巉巖鎖緑苔，牂柯風漾紫瀾迴。多情最是鷗和鷺，依舊年年傍釣臺。曾刺史儲釣臺詩有「鷗鷺日相親」句。

朱環二首

西樵絶句

雲畦歷亂遍栽茶，流水家家汲月華。西樵風俗，於中秋夜汲水，謂之汲月華。最是陽春好風景，路邊時放杜鵑花。

曉起口號

山色空濛雲氣重，曈曈旭日暎窗紗。奚奴不解春消息，報道寒梅夜著花。

朱深遠二首

在梛先生六十初度再呈八首録二

衡門之下有耆英，白雪陽春少繼聲。不是茂先矜博物，誰知劍氣在豐城。

貂裘敝盡憶前時，豈是留良野有遺。大器自來成較晚，釣磻終起帝王師。

朱士琦十首

清江浦二絶句

桃花汛過喜匆匆，無復巡堤問土功。卯醉乍醒天欲晚，半樓明月半樓風。

掩暎珠簾薄粉施，纖纖新柳鬭腰肢。九華樓上聞吹笛，正是河員宴客時。

邗溝

荒煙迷漫古邗溝，不見楊花引御舟。惟有清淮舊時水，夜深隨月到揚州。

鶯脰湖觀采菱二首

滿月菰蔣覆白蘋，空波迢遞遠浮春。吴孃莫唱江南曲，風雨蕭蕭愁殺人。

灣頭葉爛變僧衣，傍晚乘潮渡口歸。無那鴛鴦相對宿，蘭橈驚起背人飛。

登磁州城南樓

茅店雞聲促曉籌，神京回首思悠悠。昨宵夢繞邯鄲道，又上畿南第一樓。

春陵舟中

州城斗大滿雲山，郭外盈盈灊水環。不見當年元刺史，清詩遺愛尚人間。

碑翰捎雲夕照西，清泉白石繞濂溪。東風緑盡窗前草，留與啼蛄盡日啼。周茂叔從家匡廬以終，未嘗還道州也。今故宅有宋理宗御書「濂溪書院」四大字，碑極豐偉，端勁可愛。

老去

老去心情不任勞，衹餘詩債未全拋。可憐風雪寒衾底，一字吟成費萬敲。

絶筆作

吾弟孝友性成，筆不及述。東坡云：「與君世世爲兄弟，又結來生未了因。」三復斯言，不知涕之何從也。

生無善狀死何悲，化去翻令衆垢離。獨有深情忘未得，離魂常繞鶺鴒枝。

朱才貴四首

口占古意二首

東雲欲白林影斜，日出喈喈鳴飛鴉。起看庭前數株樹，今年却勝去年花。

倚杖長堤幾往還，白雲無著心與閒。日落平沙春色遠，行行不盡好看山。

次韻關少白丈幽齋

山居寂寂酒初熟，山翁落落門不關。松花滿地無人到，罷掃瑶琴飛鳥還。

次韻關少白丈江干

罷釣歸來野渡邊，蘆花無恙對鷗眠。起看遠樹横江浦，不覺潮平月滿天。

卷五　外集文

書

陳子壯二首

復母舅朱箕作先生書

鄉關郵報稀漏，竟不審德清解任何似。嗣得舅父歸耗，略知功令所指，然聞徵額，旋亦報足，雙舄雖暫縶乎？上有聖明之鑒裁，下有司計之平準，當無深慮。且塞翁之馬，安知失不爲得也。舅父雙尊，辭子舍而間關，舟楫將無稍勞。幸已入里閈，起居適妥。褎况漸寬，京邸好音，昕夕且至。愚甥栖遲一邱，不能奉侍家慈，問渡趨候，惟有三祝加餐耳。承示政録，備悉甘棠遺思，謝謝。使促告旋，端此代布，不盡依馳。

復箕作先生書

恭承舅父手教《讀冬春吟忠孝之理》一篇中三致意焉，甚矣，詩之善入人也。二小犬夙患驚癎，比來纏緜，殆不可保。今幸藉鴻庇，尚須培養真源。犢愛牽懷，殊不解脱。尊者垂問之及，感刻曷勝，以至稽報，當得見原之也。近事以左帥不能束兵騷擾，江楚又值三農望雨，米價頓騰，遂爾訛言繁興，皆乘間思亂者所爲，自有綢繆要領耳。因風布謝，率率及此，統惟尊炤之。甥子壯再頓首。

王筠二首

答朱孝廉書

四月一日筠頓首畹亭先生孝廉閣下：辱書引義謙而見推過當，非所敢任。豈大君子虛懷盛德，與人無勧，將叩其一得之愚而隨材以教之乎。愧荷愧荷。垂詢汪氏容甫女子許嫁而婿死從死及守志議。筠案：女子未嫁而爲夫死及守志者，揚之則以爲賢知之過，抑之則謂不合於禮。竊意失禮即過，不得以賢知寬，而其過皆繇於女子之父母，而女子無過也。《周官·媒氏》：「中春之月，令會男女。」會也者，合也。合也者，自納采以汔親迎皆賅其中，而非特親迎之謂也。何以明之？《儀禮·士昏禮》納采問名至納吉而後昏姻之事定，於是乎有納徵。六禮中惟此用皮帛，而《媒氏職》曰：「入幣純帛。」繇是言之，則納幣在仲春，即納采問名納吉皆在仲春可知。計六禮之行不過二十許日而畢，而後知先王慮此至深遠也。其事出於一時，則男女之賢否必相若，而不至有反目之患；貧富必相若，而不至有中悔之患。即使比户而居，兩小無猜，而素無昏姻之説，必無指目以相戲，因致它變之患。故《摽有梅》曰：「迨其吉兮，迨其今兮。」爲無夫家者言之，非爲既聘未嫁者言之也。使六禮未畢而婿暴死，其事必不多有，即其死也，亦猶今日未聘者而已。即使今之貞女處之，亦必不爲之死且守也。先王之法既衰，於是有襁褓而議昏者，有指腹而議昏者，是其夫婦之名分或定於十年以前，或定於二十年以前，乃有賢女而適匪人者，賢夫而娶悍婦者，有家貲中落而悔議者，因有賢女而不肯它適以致變者，即有婿死而女或死或守者，皆不能作事謀始之所致也。夫女子之性專，故篤於一節而不可與通其變。當其少時，已知某氏爲其夫家矣。且有生同里閈，日與其夫相習者矣，不特女子以爲是吾夫也，即它人亦或戲謂是汝夫也。熟聞於耳，浸灌於心，何繇聞先王之禮，而知未嫁以前猶不得爲吾夫也哉。時其死也，則爲之死而已，爲之守而已，而腐儒乃從而執禮以議其後。夫失禮者其父母也。女子即有違於禮，亦其父母之失禮有以致之也。古之君子務求禮之無罅漏，而賢知之過猶將取之以厲世摩鈍。後之君子不能挽淫佚之積風，特托於《春秋》責備之説，以自文其迂疏，是又與於不仁之甚者也。筠十一歲時讀《碭山縣志》，見所書貞女，竊以爲非，而私論之。適爲家君所見，頗加許可，即示以歸熙甫論。今又見汪容甫議，平心思之，知其未合，故自反其少年之説。至《禮》所云「祖廟未毀，教於公宫；祖廟既毀，教於宗室」，論者以《采蘩》之詩當之，其教經三月之久，與鄙説不相應。然公族貴重，非平民比，且即三月，亦在將嫁之前，苟既教以後，猶曠日遲久而不嫁，則於情於理皆有所不合也。略布肊説，是否有合，惟幸裁察。梅炎將届，想行邸大安，千萬自愛。筠頓首。

答朱孝廉問毛詩雙聲疊韻説書

承詢拙著《毛詩雙聲疊韻説》曾否刊布，欲先睹爲快，甚滋愧也。然正惟未刊，斯可以就正有道而獲免詿誤後人。今不敢自閟其愚，輒采舊稿繕貢左右。

謹案：同母者謂之雙聲，同部者謂之疊韻，母謂三十六字母，部謂一東二冬之類。然本篇既采自《毛詩》，故兼古今音而并用之。詩學之小節也，而學子往往不知。當其作詩，偶然參用，据字以求，不嫌其剌目；循聲而讀，但怪其聱牙。不有師資，何從悟入乎？三百篇者，詩之權輿也，今取以明之，雖讀成周之詩，不可拘以沈韻。沈韻不傳久矣，此從其朔命之。而音之流變，率繇雙聲疊韻轉也。即如委蛇，古讀阿駝，今讀威宜。然老子曰：「唯之與阿，相去幾何。」則知春秋時音已漸變，而阿與威、駝與宜仍是雙聲。宜古讀如俄，宜古作宐、𡨕，從多聲。與駝又是疊韻也。今取爲發蒙之資，亦不必榮古以虐今矣。

爰舉雙聲之正例，曰參差，《説文》引「槮差荇菜」，又有篸差、參縒，并後起之專字。曰黽勉，《文選注》引《韓詩》「密勿同心」，《漢書·劉向傳》引「密勿從事」。又《爾雅》之「蠠没」并與「黽勉」同一聲之轉也。《漢書·谷永傳》「閔免遁樂」，顔注：「閔免，猶黽勉也。」案：《傳》所用者，《白駒》之「勉爾遁思」也。曰磬控，曰觱發，《説文》引作「滭泼」。曰栗烈，下泉，孔疏引作「栗冽」。曰厭浥，曰游衍，《釋文》作「游羡」。曰荓蜂。《爾雅》：甹夆，瘴曳也。瘴曳亦雙聲。《潛夫論》作「莫與併螽」。

其兼疊韻者，則曰睍睆，曰緜蠻。《大學》引作「緍蠻」，則古疊韻而今雙聲矣。案：《傳》曰「緜蠻，小鳥皃」，《文選》王融《曲水詩序注》引《韓詩》曰：「文皃」。案：序曰「亂嚶聲於緜羽」，則《説文》亦同毛韓。且睍睆、緜蠻四字疊韻，義當不異。

其長言而演爲重言者，則嘽嘽焞焞、濟濟蹌蹌是也。或别加兩字者，則有洸有潰、有萋有且、頡之頏之、《漢書·扬雄傳》「鄒衍以頡亢而取世資」，此解嘲文也。《文選》作「頡頏」。揚雄《甘泉賦》：「魚頡而鳥胻。」李注：「頡胻猶頡頏也。」挑兮達兮、《説文》辵部引同。又部引挑作「叏」，《初學記》引作「佻」。猗與那與是也。

若夫疊韻之正例，曰虺隤，《爾雅》作「虺穨」，至於《玉篇》之「虺𤺊」則後作之專字也。曰委蛇，《左傳》引同。《後漢書·儒林傳序》「委它乎其中」，它古它字，《説文》它或作蛇。《韓詩》作「逶迆」，長言之則爲君子。《偕老》之「委委佗佗」。又《説文》女部：「委，委隨也。」漢《劉熊碑》「卷舒委隨」，《唐扶頌》「在朝逶隨」，《衡方碑》「褘隋在公」。隋，蓋隨之變文，當讀如堉。委隨、禕隋，皆即是委蛇。或三家詩之異文，要之連緜字義寄於聲，無正俗之別，但不可自我作古耳。曰籧篨，《傳》曰「不能俯者」，《説文》曰「粗竹席也」，然則以竹席之狀，况人之不能俯也。揚雄《太玄》作「蘧除」，《春秋·文十三年》「邾子名蘧蒢」，《定十五年》「次于渠蒢」，則地名也。似皆籧篨之異文，隨用少變。曰棲遲，漢《嚴發碑》「西遅衡門」，西者，栖之古文；遅者，遲之籀文。曰鞅掌，曰蔽芾，《韓詩外傳》作「蔽茀」。案：芾本作巿。隸變之後加艸以別之，猶「東門之楊，其葉肺肺」，加肉以別之也。《韓詩》借茀，亦同此意。曰差池，池古作「沱」，古無蹉跎字，即此是也，仍疊韻。曰契闊，《釋文》契本亦作「挈」，《大東》「契契寤難」，或作「挈挈」。曰蒙戎，《左傳》作「尨茸」，以今韻言之「蒙尨」，雙聲；古音則東冬鍾江，四韻通。曰消搖，從《經典釋文》所據一本今作「逍遥」，出於《字林》，乃後作之專字「莊子逍遥游」。《釋文》曰：本亦作「消揺游」，是亦古本也。曰綢繆，傳曰：猶纏緜也。纏緜亦疊韻。曰猗儺，《説文》作「嫋娿」，專字也。張揖作「阿那」，即《隰桑》之「阿難」，亦《商頌》之「猗那」也。今作「婀娜」，即用張揖而又依《説文》加之偏旁也。猗儺之轉語曰「倚移」。《考工記》先鄭注引《上林賦》「倚移從風」，《文選》作「猗狔」，又借旖旎。旖旎，《説文》作「旖施，旗皃也。」《楚詞·九辯、九嘆》注引《詩》「旖旎其華」。《廣雅疏證》曰：「傳箋并以猗儺爲柔順，但下二章華與實不得言柔順，而亦云猗儺，則猗儺是美盛之皃矣。」《小雅·隰桑》傳云：「阿然美皃，難然盛皃。」阿難與猗儺同。筠案：傳文分釋，誤亦猶之豈弟。《疏證》合阿難爲一語是也。重言連語，同例。《淇澳》傳曰「猗猗美盛皃」，「猗猗」亦即「猗儺」也。曰豈弟，《載驅》「齊子豈弟」傳：齊子於是樂易。然《蓼蕭》傳：豈樂，弟易也。《洞酌》傳：樂以强教之，易以説安之。《表記》引《洞酌》而説之曰：「凱以强教之，弟以説安之。」凱者，豈之俗字也。知漢人説豈弟皆如此，然疊韻字以聲爲義，未可據字鑿求也。《魚藻》曰「飲酒樂豈」，《説文》以「豈」爲《周禮》之「愷樂」，夫作樂則喜樂，是豈有樂義。而弟之訓爲易，似無它證。《周語》引「愷悌」，「君子干禄愷悌」而説之曰：「夫旱麓之榛楛殖，故君子得以樂易干禄焉。」又曰：「君子將險哀之不暇，而何易樂之有焉。」夫以險哀反易樂則非傳寫之誤可知也。以易樂釋愷悌，將改之曰愷易也，悌樂也，而可乎？且《釋言》曰：「豈弟，發也。」亦釋《載驅》，仍承上章，發夕而説之。鄭箋曰：「豈弟，讀爲闓闉。」闉，明也。并與《毛義》異然。筠恐未是，仍當以聲求之，其聲則豈弟，其義則樂易，未可。如《蓼蕭》《泂酌》兩字分訓也。蓋雙聲疊韻，六朝發之，漢時所無，故偶誤耳。「豈弟君子，民之父母」二句，《荀子》引作「愷悌」，《説苑》引作「凱悌」，《白虎通》引作「愷弟」。曰倭遲，《小雅·四牡》，《釋文》曰：《韓詩》作「倭夷」。《文選·西征賦》注引《韓詩》「周道威夷」，又引《薛君章句》云：「威夷，險也。」《廣雅·釋地》：「隇陝，險也。」《地理志》引《韓詩》作「郁夷」，而以爲地名。或本出《魯詩》，誤屬之《韓》乎。周道倭遲，上二下二，各爲疊韻。曰伴奐，《周頌》「判奐」亦同，只取音諧，字不必一。後人必求的確，是以改「常羊」爲「徜徉」也。曰優游，曰漂摇，今作「飄颻」。曰炰烋。劉逵注《魏都賦》引作「咆烋」。《説文》《繫傳》引作「咆哮」。《毛傳》曰：「猶彭亨也。」彭亨亦疊韻。

其兼雙聲者，曰間關。其別加兩字者則其虚其邪、有壬有林、萋兮斐兮、《説文》引萋作緀。哆兮侈兮是也。以上諸字，皆合兩字之聲以成一事之意，故泥字則其義不倫，審聲則會心非遠，但當用《公羊傳》之耳治，必不可用其目治者也，是以謂之正例也。然使僅止於此，即不知雙聲疊韻者亦必不誤於屬對。而詩家之論聲病者亦必不及此，是不可不論其變矣。

變例始於適合。適合者本非以聲音取義，而按其聲音則合於雙聲疊韻者也。聲如陰陽、蝃蝀，《韓詩》同《説文》無蝃字，《説文》墆字下高誘注《呂覽》《淮南》引詩皆作「螮蝀」，《爾雅》同。霡霂、監觀、悠遠、町畽、《釋文》「畽」本又作『疃』，《説文》同。沼沚、蠻貊、饑饉，此天地類也。匍匐、《檀弓》作「扶服」，古音匐服，皆讀如葡，猶今呼「萊菔」爲「羅葡」也。美目、偃仰、拮据、《毛傳》「撠挶」也，亦雙聲。蓄租、洒埽、踊躍、踟躕、《文選・琴賦》注引《韓詩》作「躊躇」，《説文》作「峙𨇤」。説懌、《静女》鄭箋曰：「説懌當作説釋。」《説文》説：説，釋也。不收懌字，知爲後作之專字。《頍弁》「庶幾説懌」，放此。《顧命》「王不懌」。《釋文》馬本作「不釋」，曰疾不解也。案：釋是懌之古字，而以解解之，則是師不如弟也。咨諏、好合、烝嘗、鰥寡、反覆、正直、燕飲、抱布、愆期、吉蠲，《士虞禮》鄭注引《詩》「吉圭爲饎」，蓋出韓、魯《詩》。鄭君初習《韓詩》，兼習《魯詩》，「吉圭」仍雙聲。皆人事類也。鼛鼓、《周禮・鼓人》同此，《韗人》作「皋鼓」。《説文》引《鼓人》亦作「皋」。干戈、頃筐、酒漿、鞞琫、桓公二年《左傳》作「鞞鞛」。荷華、華，古音「旴」，仍雙聲。葑菲、蒹葭、萑葦、苾芬、桑薪、棫樸、蝤蠐、熠燿、螟蛉、《説文》作螟蠕。蟋蟀、《説文》作悉蟹。流離、《傳》曰：「鳥也，少好，長醜。」《爾雅》：「鳥少美長醜，爲鶹鷅。」《釋文》：「鷅，一作栗。」《説文》作「鶹離」。郭景純引《詩》作「流離」。鴛鴦、鷹揚、奮飛、虓虎，皆物類也。疊韻如崔嵬、《爾雅》同《説文》，又有「隺隗」。《中論》引《小雅・谷風》「惟山崔巍」，今本「惟山崔嵬」。泉源、沮洳、長庚、周道、古無四聲，故平上謂之疊韻。又「周」在尤部，「道」在皓部，古韻則通，餘并放此。畝邱，皆天地類也。窈窕、壽考、燕婉、《韓詩》作「嬿婉」，《説文》引作「暥婉」。巧笑、縱送、笑敖、新昏、艱難、猗嗟、婆娑、《説文》引「市也婆娑」，李巡本《爾雅》釋訓亦同。涕泗、佩璲、《説文》無璲字，蓋遂之誤。《衛風・芄蘭箋》：「遂，瑞也。」《爾雅》：「璲，瑞也。繸，綬也。」蓋鄭君據本璲、繸皆作遂。詭隨、繾綣、傅御、婦寺、戎功、噫嘻、光明，皆人事類也。錦衾、凌陰、文茵、厹矛、樸樕、

《傳》曰："小木也。"《經義述聞》曰："釋木樸樕心，樸樕與心皆小皃也，因以爲木名耳，古者謂小爲樸樕。"《漢書·息夫躬傳》"僕遬不足數"，顔注："僕遬，凡短之皃也。"碩甫曰："樸樕爲小木，猶扶蘇爲大木，皆疊韻連緜字。" 芄蘭、茹藘、《説文》無"藘"字，小徐本《艸部蒐下》云："茅蒐茹藘。"《廣雅》同是也。大徐本亦誤。 勺藥、椒聊、菡萏、《説文》作"菡蕳"。 果蠃、《毛傳》用"蠃括"，樓也。《説文》："萿婁，果蠃也。"《爾雅》："果蠃之實括樓。"是仍有小區別。毛公、許君皆不别之，"果"與"括"皆"蠃"，與"樓"皆雙聲。 幽草、扶蘇、《傳》曰："扶蘇，扶胥，小木也。"段氏《小箋》曰："《釋文》傳無小字，爲長。"《吕覽》《漢書》皆謂扶疏爲大木。《説文》："扶疏，四布也。"《古疏》胥、蘇通用。 苞蕭、倉庚、鷺羽、雞棲、《爾雅》作"雞栖"是也。《説文》"棲"字，《廣韻》引之亦作"栖"。 牂羊、貔皮、蜉蝣、《夏小正》作"浮游"，《説文》有"蜉"無"蝣"，《玉篇》作"蜉蝣"，仍疊韻。 蜾蠃、《傳》曰：蒲盧也。亦疊韻。 伊威，《爾雅》作"蛜威"，《説文》作"蛜威"。 皆物類也。凡此諸字，或爲物之名，或爲事之名，本不繇雙聲疊韻以得義，而音則適合。

又有雙聲之在二四者，乃積乃倉、如切如磋、《群書治要》作"如切如瑳"。 如蠻如髦、于豆于登、令聞令望、式號式呼、如蜩如螗、《説文》無螗字。《毛傳》：螗，蝘也。《夏小正》戴傳曰："唐蜩鳴者，匽也。"知古但作"唐匽"。 載色載笑、是斷是度、有杕之杜、日就月將、魯道有蕩是也。

其在一三者，炮之燔之、儐爾籩豆儐籩在古音疊韻。 是也。其在句首者，悉率左右、析薪杝矣、似續妣祖、綢直如髮、隰桑有阿、摯仲氏任、克開厥後、景員維河是也。其在句尾者，敦弓既堅、四鍭既鈞、兕觥其觩、予所捋荼、予口卒瘏、言采其芹、陟降厥家、及爾斯所是也。其在句腹者，巧趨蹌兮或息偃在牀是也。更有以雙聲字分用於兩章者，何草不黃、何草不元，即《卷耳》之玄黃。《毛傳》「元馬病則黃」，誤猶之豈弟矣。《爾雅》：「玄黃，病也。」此尤變化不可方物矣。

疊韻之在二四者，爰居爰處、載號載呶、我徒我御、宜民宜人、匪疚匪棘、來旬來宣、兼雙聲。不測不克、弗慮弗圖、侯亞侯旅、蟊賊蟊疾、我將我享、莫遂莫達、是斷是遷，以及爰方啓行、風雨攸除、鳥鼠攸去、雨除、鼠去一韻。無父何怙、無母何恃、其崇如墉、其比如櫛、日居月諸、不濡其味、承筐是將、四牡孔阜、籥無笙鼓、垂帶而厲、今音垂而疊韻，古音則否。四鍭如樹、四方之綱、乃造其曹、烝畀祖妣、猗與漆沮、纘禹之緒、曰商是常是也。其五字句則肆不殄厥愠、亦不隕厥問，殄愠隕問通爲一韻，亦猶之此矣。

其在一三者，恩斯勤斯、薈兮蔚兮、《說文·艸部》引同，《女部》引作「嬒兮蔚兮」。婉兮孌兮、《說文》引作「婉兮嫡兮」，然「婉」亦當作「嫛」。摧之秣之，《說文》《繫傳》引作「㡛之䬴之」。以及條其歗矣、啜其泣矣、翩其反矣、思馬斯徂是也。

其在句首者，見晛曰消、《韓詩》作「曣晛聿消」，云日出也。《荀子》作「宴然」，「宴」蓋「晏」之誤。《廣雅》：「曣晛，煥也。」《說文》晛、晏、曣，三字類列。然則「晛」出《毛詩》，「晏」出《荀卿》所引「子夏詩學，五傳及卿也」，「曣」即《韓詩》。以荀、韓之推，則《毛詩》「見晛」亦是連語。于胥斯原、倉兄填兮、毛炰胾羹、外大國是疆是也。

其在句尾者，照臨下土、下，古音虎。逝不古處、實維我儀、儀音見前。今也每食無餘、哲夫成城、哲婦傾城、問我諸姑、無我有尤、逝將去女、或敢侮予、發言盈庭、譬彼舟流、六月徂暑、予髮曲局、無然畔援、《韓詩》同《漢書·叙傳》注作「畔换」，或出齊、魯《詩》，似亦與「伴奂爾游矣」同。度其鮮原、繩其祖武、實左右商王是也。

其在句腹者，葛藟纍之、福履綏之、舒窈糾兮、舒夭紹兮、舒懮受兮、爰求柔桑、我居圉卒荒是也。

更有以疊韻字分用於兩句者，「隰桑有阿，其葉有難」。阿難即萇、楚之猗儺也。玄黄、猗儺本以聲爲義，豈能禁其分用。

又如顛倒者，雙聲字也。《東方未明》之首章、二章故同，而前云「顛之倒之」後則云「倒之顛之」，而且首章云「衣裳」，二章則云「裳衣」，猶之《魚藻》「豈樂飲酒」「飲酒樂豈」。同義之字，尚可倒置，況連緜字。義寄於聲，本無順逆乎。此組織之工可緜以得詩法者，一也。

至於疊韻，則《兔罝》首章。首句之「罝」與三句之「夫」，次句之「丁」與末句之「城」相間爲韻，斯已奇矣。乃《兔罝》疊韻武，夫疊韻合此四字仍疊韻也。而冠乎首句之「肅肅」與三句之「赳赳」又是疊韻。此組織之工可緜以得詩法者，二也。

凡此變例，雖有數端，然無論兩字成義者，或爲物或爲事，作詩屬對，但擇其合者以爲偶。即音韻不乖，而一三響答，皆徵研煉之精；二四龢諧，尤見鏗鏘之美。詩人以此見長，後人敢訾謦之以爲聲病乎？《文心雕龍》之論聲病曰：「雙聲隔字而每舛，疊韻雜句而必睽。」隔字、雜句一也。互文見意耳，謂一句之中既用雙聲疊韻字而又以它字間隔，攙雜之也。若此者，《風》《雅》亦有之。

其在一句首尾者，雙聲之捋采其劉，疊韻之景山與京、思馬斯才、畏天之威、遭家不造、序賓以不侮是也。其多字聚於一句者，雙聲之靡明靡晦、荏染柔木、皆上三字。載獫歇驕、下三字《説文》引作「載獫猲獢」，與《爾雅》同。既敬既戒四字雙聲。是也。

疊韻之景行行止、營營青蠅、皆上三字。《説文》兩引同，又引作「謍謍青蠅」。蘊隆蟲蟲、維予與女、皆下三字。俾爾彌爾性中三字。昏姻孔云、路車乘馬、率履不越、遂視既發、握粟出卜、皆首二字與末一字。思馬斯才、首一字末二字。禹敷下土方上四字。是也。此正所謂隔字雜句者矣。

又有雙聲疊韻間雜之句。觱沸檻泉、上二下二各爲雙聲。蜉蝣掘閱、上二下二各爲疊韻。掘，《説文》引作「堀」。「堀」，即窟。之死矢靡他、二三一韻，四五一韻。靡古音磨。望楚與堂、一四、二三各爲疊韻。於乎前王不忘、於乎、王忘各爲疊韻。聿來胥宇、奄有下土、皆上二雙聲，下二疊韻。言觀其旂、上二疊韻，下二雙聲。旂古音芹。蝃蝀在東、淑慎其身、邂逅相遇、皆一二雙聲，二四疊韻。有瑲葱珩、二三雙聲，二四疊韻。魚麗于罶、一三疊韻，二四雙聲。蓼彼蕭斯、一三疊韻，三四雙聲。衣錦褧衣、裳錦褧裳、皆一四疊韻，二三雙聲。無此疆爾界，二四疊韻，三五雙聲。聲皆膠葛，愈齟齬矣。

又有三字疊韻而皆隔字者。于嗟乎騶虞、于乎虞，又「騶」從「芻」聲，古音亦當是疊韻。於我乎夏屋渠渠、於乎渠。于嗟乎不承權輿于乎輿。是也。若斯之類，殊覺奪倫。然古人之樂，一唱三嘆，不似今之急管繁弦，無慮其周章。況有入樂之詩，亦有徒詩，徒歌曰謡，是其比。《鄉飲酒禮》《燕禮》升歌三終，笙入三終，閒歌三終，合樂三終，其所用之詩，不能甚多可知矣。謂孔子於《三百篇》無不弦而歌之，以求合於《韶》《武》，恐亦侈詞也。夫詩人聲韻之學，固多奇特，而其尤者，莫如《匏有苦葉》之二章四句十八字耳，而爲韻者十有四。惟漢詩《江南可采蓮》一篇足爲嗣音，七句三十五字耳，而爲韻者二十有七。尤奇者，句末之東西南北，轉不入韻，不知者將驚怖而河漢之矣。此奇巧非後人可階，不可妄議古人，以爲聲病也。然以病古人則爲妄，以之自病則有餘。排律者，聲音欲其瀏亮，體勢欲其穩順，而顧以隔字雜句藉口於古人，亦可笑矣。今爲學正告曰，欲用此爲對仗者，當以《卷耳》之二章、三章爲法。法二章之「崔嵬虺隤」，則以疊韻作對可也。法三章之「高岡玄黄」，則以雙聲作對可也。合兩章而并法之，則交互作對亦可也，其餘則概不宜學矣。雖然，才人之思，何所不致哉。

「户大嫌甜酒，才高笑小詩」，此連語之變格也。雙聲疊韻，統名連語，其聲聯緜不可分也。「印將金鎖鎖，簾用玉鉤鉤」，放如塗塗，附而變之。此重言之變格也。《關雎》之「關」，關此重言之純，取聲者也。《葛覃》之「萋萋喈喈」，兼取聲義者也。要之重言及連語之正例，皆以聲爲主，吾以重言無關聲病，故别撰《毛詩重言》一篇，此但舉其大約。

衛之《碩人》末章，用六重言以縱筆作收束，當與緜之卒章、四排結尾，同其奇崛。而古詩十九首之《青青河畔草》，一篇六用重言以爲起筆，放《碩人》而變之，別具卓絶。乃至趙宋李易安詞曰「尋尋覓覓，冷冷清清，淒淒慘慘戚戚」，但用重言，更無餘字。學古人而不落科臼者，可以知其所從事矣。又「隰桑有阿，其葉有難」以疊韻分之兩句，「何草不黄，何草不元」以雙聲分之兩章，此秘發於王懷祖先生，未學或不能信。不知「有萋有且」，此雙聲之正例；「有壬有林」，此疊韻之正例。兩文相比，而皆以「有」字間隔之，不疑此而疑彼，何也？

凡此者欲付諸手民，是正當世鴻碩。伏惟台下糾其闕譌，疏其蒙瘼，有以復我，則幸甚。

記

李遇知一首

奉議大夫南海朱公雙壽記

《洪範》之疇五福，首言壽。齊公見麥邱老人，問其年，已逾耋矣。公曰：「美哉壽！願以子之壽壽寡人。」夫千乘之君，動色於山谷胡考之年，信年齒爲造物所秘，不可幾倖獲也。如羊城朱公湛一先生偕其原配孺人曾太君，比德齊年，并歌大耋，詎非卓絶尤異者哉。先生弱冠以禮經儁於鄉選，教諭筮仕兩邑令、州守歷贛郡。倅所至，輒樹循迹，勒石遺愛，骯髒不偶，投紱歸。

徜徉白雲山社且十五年，遂躋上壽。而冢嗣君與余從事，底節官次，謀所以稱觴兩大人者，同寅諸子大夫絡繹奔會，爭飭詞命，介瀝爵，其言人人殊，屬不佞擇而薦焉。夫人情莫不欲壽，而鹿鹿與草木同腐，名湮滅不彰，奚稱焉。先生宦楚、蜀、滇、黔，洎南贛諸險阨地，歘歷三十年間，所在致身，蔑不奏保障之勛，著神明之譽，顧又無少緇涅。棄官歸之日，橐裝枵如，至無以供滫髓。攀輿卧轍，戀若慈親。倏斂其無盡之用，歸而遁遂初，卷舒猶龍，其盛一也。夫人壽矣，未必有賢子孫。先生蘭玉環暎，長器嶽嶽，以名宿薦公車，今且起草明光，轂丹朱而綬青紫。仲子負膠序雋聲，諸孫皆鸞翔鵠起。鄴侯之架，長吉之囊，北海之尊，以洎叔度之墨莊，摩詰之藍墅，無不騰軼超著，冠絕流輩。譚粤東文獻甲族者，爲屈一指，其盛二也。大塊逸我以老，顧又聞多壽多勞，世不乏以年爲戚者。先生自稀齡迨耋以還，不策扶老，不凭養和，不效世人吁吸行氣、斷穀燒石、服諸草木，鳩久視之方。而且賦就閒居，吟成醉白。計相蒼百齡噉乳，劉伯壽吹笛登嵩，端可操券響答，其盛三也。公又禔躬範俗，爲政於鄉。陳太邱表正樹惇，王彦方勸誘標準，所規創無非白利除害、解紛息爭事。更行宗子法，豐祭田，重儒訓，嚴月課，以修諸子姓之孝弟力田者，意亦師仿希文、稚圭，睦族教家祇承，勿墜乎所趨操。詎止閭左無過書、公府無溷牘而已，其盛四也。乃吉祥駢集者，魚軒賢德，業已白首相莊。而曾太君所黽勉鞠育，以終事大家，拮据昏嫁，嗣美縑緗者，雖内範之鍾郝、傳經之宣文，抑何以過是哉。偕老龐眉，宜言飲酒。干祿百福，湛流無窮。《易》有之「雲上于天，需君子以飲食宴樂」。《詩》曰：「不戢不難，受福不那。」夫福何難之有，其盛五也。世之譚壽者窮其至，歸之於仙，多近誕妄不可信。政使果有之，巢蓬壺而凌倒景，歸爲語鶴。城郭是，人民非，所與言皆曾玄雲耳。無有能知其凡者，愁如惸睽，不尤倍蓰於人境乎！何如兩翁媪隤祉得全，高堂雙止，子孫從吉，不仙亦仙，備其疇五福之錫爲愉快也。抑余則更有所以進先生者。語稱：「高才無貴仕。」又云：「廉吏不可爲。」故仲弓大位未登，伯周厥後不著。而先生歷棲鸞鳳，嗣子接武鏖鶵，常自教兒，聲實并楙。乃嗣君方當追迹紀諶，卿月洊輝。所謂御二龍於長衢，騁騏驥於千里，文苑循吏堪兩爲先生立傳，垂詔後兹。兩翁媪受茲介福，蓋未艾也。今天子明聖，方衍無疆之歷，貴老尚賢，氣象精朗。翁媪盍就養輦下，行膺安車蒲輪之徵，執酳袒割憲而乞言，於以昭人倫之上瑞，標延歷之徽徵，不且愈於星雲鏖鳳什伯乎。今遥儀翁媪，進是觴也，請以翁媪之壽壽今天子。先生聞若説，諒亦親上爲忻，亹然引滿坐領諸寅大夫之爵。崇禎丁丑孟夏。

黎春曦 一首

朱護衛脩復高泉井記

凡物美惡有其地，興廢有其時。限於地者，遷而弗能爲良也；隨時而起事，每有功焉。夫天一生水，地六成之，乃其神瀵，千里一見。故居里得此，實生人之大快。然蘊没於窮鄉僻壤、荒煙蔓草者，不知凡幾。若所稱天下名泉，以余聞見，揚子□第一。泉中泠已失，第二泉慧味特甘，泉稱水之醇，久宿弗陳，雖經涗滌，依然新汲。山左七十二泉，首推趵突，既冲澹又得味之正，且隍池數武，三泉湧起，若珠樹燦爛，真奇觀也。至學士泉亦失，獨存蟹眼。容不盈斛，而沛然無窮，色味清美，與趵突并驅中原，莫或先也。我里元岡之陽，舊泉名破桶，鄉人士皆嘆詫爲蟹泉伯仲。戊子己丑間，荒圯堙廢。余見其水，常出池塘二尺許，僭易名高泉，載於鄉乘，以修復相勉。至是朱見庵與二三知己醵金甃築立碑於上，錢若干千有奇。見庵清高曠達，不愛勤勞，永成我里快事。蘇子瞻所謂「鏘瓊佩之落谷，灩玉池之生肥。退五味以謝六塵，悟一真而失百非。渺松喬之安在，猶想像於庶幾」，豈欺我哉。《易》曰：「井渫不食，爲我心惻，可用汲，王明并受其福。」後之用汲受福者，無忘修復之功。

劉克平一首

朱叔祥朱季美梁公益諸子偕游羅浮山記

羅山表五嶺東，桂樹神湖在焉。浮山自海外浮薄，羅山稱羅浮，亦曰博羅也。飛雲之頂，聚霞之峰，其洞穴句曲潛通焉。丹鳳之所浴，神女之所棲，爰有夜樂神鉦，黍珠竹符，是爲朱明耀真之天。寶安之浦，鳳臺之陰，尹氏聚族而居，是爲緝溪，羅浮東道之所出也，去粵之會百里遥。將游羅浮，尹氏請期。期仲冬之月，昴中將發。伯氏少巳、仲氏季德，概于朱叔祥氏、梁公益氏、朱季美氏，俱庚子戒行。候潮黄木，夜出扶胥，遂絶增江，距于緝溪，見諸尹。尹崑美氏止吾屬休，出青衣爲吴媮娱客，越醽趙大家壓酒。丙午朏發緝溪，尹崑選氏概于何慎皐氏，俱械書於寶潭王以襄氏，期源頭會于藍田。黄頭郎乃駕凌風之舸，引編竹之纚，出棠梨過黄家山，距于潭北。風雨霏霏，王以襄氏至泊泊頭，潮落舟膠霽，乃乘筍輿跋出賣酒田。

北望羅浮，去之三十里，雲封中露，其趾谽谺，紫翠相錯，屬之天山之西南，飛來峰之下，是爲梅花邨。龐與虔氏築室湖洞，道假梅花邨，遭于弇，止吾屬休，休邨中。邨中人習與虔，乃供麋麃之脯，赤黍之酒，缶繼葆桐之稻筐。繼游益，與虔，行色愈王。夜分，談亹亹不休。晨晰，步于隧四五里，藤木覆，日光窔遼如從綺疏中窺周除也。里許是爲朱明洞，爰有沖虚之觀，金闕寥陽殿在焉。爰有亭，先君景皇瘞玉檢其中，文秘不傳，是爲玉簡之亭。亭西數武，爰有葛洪之祠，丹竈在焉，泥可已疾，取之不可得竭。爰有黄野人之廬，道士出見客，年耋，視卑，嬾之，言囁嚅喉吻間，苦宦游人寠無以爲禮。逋客假步山扃，諸祇送道士，宜苦之也。道士曰：「唯唯。少戒僕夫之螫，徼福矣。敢言其它。」

觀西一徑，益盤紆，古木千章，怪藤絡繹，鼯鼠縱横其上。東望麻姑、玉女諸峰，峩峩天上，蘇元朗之所游也。爰有通明之門、伏師之石。四里，是爲青霞洞。有泉焉出螭口，涓涓浸以波湠。時已冬，芙蕖千蓋，是爲通靈泉。去南不盡百武，爰有挂冠之石，石一砥一峙，峙高可數尋，砥坐人可百頭。陁而北二里，是爲石洞，葉化甫之所主也。甫在官中忮者逃人洞，爰有逃庵。鄺仙之石在焉。莽蒼而瀾，溯洄不盡。百弓是爲洗耳泉。泉源出夜樂，甘冽過通靈，夾石中汩急，澎湃下澍尋丈，勢俏匯瀦，得一砥列坐焉。左右供野豬之胾，珠黍之釀觴，諸子樂甚，顧諸子歌，歌曰：「會岑絫峰，其高嵳峩。天清地曠，無厭爾歌。驅逐光景，老則那歌。」罷，繇復路歸朱明，爰祀山靈。藙俎之薦牲，竹筥之薦脯，設酤奠缶。乃遂循于廡序觀黎惟敬紀游，至歐楨伯碑銘，反顧朱叔子題壁，以無忘歲月。昏，道士止吾屬休。

晨晰登于釣臺，臺高不三尋，下瞰，方瀓瀓水通。觀源合流，朱明修廣可三十尋，豢鱻可百石。道士乃供泇澤之葵與其酒脯。樂奏終，出銅魚銅龍朱錦之旛觀焉。魚一龍八，朱真人壇下之所獲也；旛二，先君肅皇之所鎮也。南度澗西折五里，是爲水簾洞，爰有書堂之坑，菖蒲之澗，留正之所廬也。縣溜百仞，穿石隙中，石奔逼礙，如無有行道矣。入石鼠伏，出石騎踦，俯瞰旁豁，不復得正目。踵移則膝齧，膝受則肘扢，搘石捫天，僅乃任軀耳。季美、公益僵不復前，竟返。吾屬乃更作氣上，及池，是爲流桮池。池瀦水千斛，一石峙中如鏡，徑不五尋，一石承之，水出鏡下，四周皆石環焉。左右更供其酒脯，觴於池。水中風激石盤礴觴御風行，不隨流靡。既酣醲，不知叫號逸態盤鋒，左右敞罔靡徙。嘻！知之乎？曩在習家池上，吾家頌中，今者又常與來耳。客觴水誕，季德大嚼不盡，涓滴乃意不謂水也。起更數石，是爲蝴蝶洞。爰有五色之蝶，葛洪遺衣之所化也。更上是爲藥槽，仙弈石鑿在焉。穿林北從弇中度，已度陁里許，得夷陸，諸不能從者合，乃西規二里，是爲御園。爰有寶積延祥故寺之遺址，通公卓錫之泉在焉。飲之利人，蘇子瞻之所謂「清冽冠東南泉水」者也。復西是爲黄牛徑，爰有仙姑之祠，孤青之觀。就徑中蔀簷下憩，老人乃出，見客雙肩在頂，歡喜命諸孫止客休，供其酒脯與其藭菽之飫焉。揵縣溜以代操杵，導客往觀之，送客徑口反。吾屬北其阪，峛崺里許，是爲群牛之石。磝礐半散，可萬兩。伏者、仰者、犇者、駐者、屬者、决者不復可數計也。過石里許，是爲金砂洞，劉晟之所宫也。行道益峭峻，膝在膺，手在股，髀不任則攀，指不支則跽。上里許，是爲五賢祠，祠前不盡百弓，爰有雲起門、含陽門。兩石相翼，望如闉，兩門前後，望如閣。錦纈掎其北，璹瑁翼其右，花首之臺，五龍之堂在焉。一水繞含陽而西，一砥可寬十畝，精瑩平潔，水枝流其上，如珠網施焉也。吾屬休，列坐網絲中，獵纓振衣，且沐且澣，不清而入，潔清而出焉。祠西度湝邱，是爲幽居洞，龐公直講堂在焉。爰有予所鉢盂，耽碧達觀，陰翠之巖，其水皆合流雲起之前，溢于黄牛，注于龜淵。其合處飛湍縣濤滿崖，冒谷響應林㞕，游人入其間，疑弄潮兒，疑從化人游，疑在廣寒作羽衣霓裳舞，疑在金銀臺逍遥桃花水盛，當乃愈益變幻矣。既昏，以襄曰：「飛雲峭峻且倍蓰，願諸子以明日休。」諸子曰：「諾。」

晨晳無有願休者，獨崑選有倦欿態□之。崑選遂求其先世墓廬於黄竹，吾屬相將而上，望上界，朝靄鬱蒼不得見，見前人則如飛鳥，顧屬者如淵魚也。前援後拒，踵創指掐，漢應生所謂「目視而兩脚不隨」者矣，乃今日得瞪視乎哉。日昃得息趾，是爲上界三峰。有泉焉，是爲泉源，其草樹鳥獸非復齊州，當二山之澳，别有匯水焉，與潮汐應，是爲瑶池。是生靈壽杖，爰有聚仙之石，會真之臺，鐵橋之所跨也。乃遂登于飛雲之頂。自金砂至飛雲，終日之力，經松岑百餘夷頽十二，縣削十八。始之時，相望戔戔不信謂終不墜也；及之，不復謂天不可升矣。濛汜之谷，羲和在焉。飛廉從東道來，淜滂熛怒，行具既至，遂少息，從者積薪縱火爲譃。咸陽之燼，建章之焰，膏薄脂林，照谿暎谷，俯視下界，原燎野燒，倏欻變幻，如列星，如飛電，如劍光，如金銀氣，如赤城霞，如如來見佛鐙，如無相三昧。自在相東若西者、遠若近者，即山靈爲之矍踢矣。少焉，虎聲殷殷漸逼，左右色動匡坐，視東溟有光，透洶湧中，射峰巒如赭，視衣袂如茜，相對面如酡。則月將出也。見月，紅者白，滅者明，冥者瑩，蓊薈間如金錯，如文繡，如丹繪。視月，亭亭如半璧，炘炘如冶金，曄曄如蝕珠。嘻！是嘗與李白、賈淳詩者乎？已覺霜威人衣，乃少卧。空中聞鼓吹，清遠多石音，稍雜絲竹。須臾，天雞號羲，和戒馭矣。朝靄中觀，逾益奇。下界夜且未央，而盡日境，殆不翅五萬億里，梧桂衡岱，峨眉王屋，軋沕其絫黍耶。渤瀣天池，東南巨浸，亦復掌上幅楮耳。寓内融者、峙者、叢者、紊者，皆置帶下。北俯山陰，乃嶔巖莫測。古木曾陰，吞雲夢八九，猶故海島雲烟望見之已也。山陽則玉女、麻姑、兒孫、羅立、老人，警節列仙，展軨諸真，效駕黃龍伏轅下，丹鳳倚衡，白鶴參乘，嚮所經歷，瓠之瓣；其佳勝蒸之臠耳。黎惟敬嘗曰：「比從泰嶽絶頂來齊玉鵝耳，車馬之躪，斧斤之剥，無完膚也。」嗟乎！此孰與雲母奠維、黿淵絡軸，北翼九疑之户，南敞七耀之牖者哉？於是顧諸子盟諸山靈，諸所擇地而蹈負名山者如此。已顧左右，取緑綺鼓之，風喁喁以萬籟來和；更取鐵笛吹之，作裂石聲。風大起，揭柯揚林。乃下于瑶石之臺，飦泉源之沚。東瞰二樓履綦間，可一躍而至。公益，季美謝不能從，遵復路歸金砂，吾屬星散而下。焚輪拂睫雲，冉冉礙杖，既止一峰，甚嶜岑。其鋭處，童石戴之，石側有蹬道，僅茹踵，道盡開宎若樓居，是爲大石樓，朱明青霞石洞則其奥也。樓下是爲青羊夜樂之洞，神湖犀潭在焉。爰有集雞之壇，降麟之臺，萬年之松，龍公之竹之所生也。顧見季美公，益如行蟻附枝。迴途下低望一峰，是爲小石樓，先人所嘗鍊鐵爲飛梁度者也。求之不得，遣一山中人縷級下尋，久之呼不見，咸以爲舍身，比還，終不可得，乃顧諸子：「無憂，吾已令夔魖承仗，猗狂侍履矣。」遂争道而下，險絶非人境。舍山而澗，澗絶復山，人人睤眙不自保，竟未昏，及之金砂。季美公益先至，仍觴於含陽之砥。須臾，卧大雨，萬壑如撥絲，雲出没如海濤。晨霽，乃騎至湖洞，與虔之所築室者也。七星之松、奉宸之橋、跳魚之石在焉。洞人供其虎腊狸肩，觴吾屬陂澤之上。漁鱻于淵，既鱠，洞人供其新醪。別，與虔抵泊頭，崑選會颶風至，乘風過銅嶺，抵東莞之邑休。慎皋許信，信月晦歸。

序

黎春曦一首

朱庇亭依園集序

客夏，余方撰《鄉志》，備景止先哲懿德高風，及搜攬名賢山川題詠，洵快事也。入冬，灾生无妄，蒙難穗城，往返五閱月，講古人内文明外柔順之道，增益不能，亦未始非快事也。今初夏歸里，朱庇亭示余園居舊詩，并委爲序，落莫中有把君詩，過日之幸，其爲快，又當何如邪。夫詩本性情，彼字句依傍，纖媚爲工者，無取。誦其詩，知其人。如我庇亭，具經綸天地之才，而志存養晦，知交廣而意氣真，步不踐過失之地，鄉井恃賴殆二十年，筆墨足以自樂，多文爲富，此依園詠其一臠耳。陳秋濤先生嘗稱庇亭詩兼鮑、庾之長，莫能贊辭矣。余少與庇亭諸昆皆莫逆交，於庇亭重以姻盟，三復玆編。聊述其概，不敢費辭，或詒譏阿好也。

吴鍾巒一首

朱子潔冬春草序

詩以言乎心之所之也。心乎親者，其言之乎孝；心乎君者，其言之乎忠；心乎民者，其言之乎仁。吾友子潔氏，令海溪，著循廉聲，忽詔獄，尋詔釋之還其官。所撰《冬春草》言孝、言忠、言仁，令讀者流連嗟嘆而不容已，因以知其心焉。先是，其師李侍御仲達，亦吾友也，以觸璫詔獄，所撰有《授命草》，亦言忠、言孝、言仁，足令人嗟嘆而不容已。然侍御之冤，當其身不白也。子潔幸遇聖明，復得出以展其大用，凡所言忠、言孝、言仁，慮無不可發而措諸事業者，其重勉乎哉！侍御可謂有生友矣。

廖亮祖一首

朱畹亭同年怡怡堂集序

余讀東坡詩，羨其兄弟之間互相師友，而於《初别子由》一篇，一則曰「豈獨爲吾弟，要是賢友生」，再則曰「使人之意消，不善無繇萌」，尤爲之感慕不置。蓋讀東坡詩而子由之賢可知，東坡之友愛亦愈可知矣。今觀吾友畹亭先生遺集，恍惚遇之。憶余年廿三即與介弟子襄游，因子襄遂得識先生，并識隱石、宜城。既與先生暨子襄同舉己亥鄉試，交益密。然其時，雖已知先生能爲詩，尚未得睹其全集也。今歲，在上章涒灘，余假館獅江，子襄拏舟來，言曰：「伯氏歿將五年矣，今謀梓其詩，顧伯氏曩有言：它日吾集序不當丐諸達官貴人，當索諸知舊。故敬以屬子。」余初惵然辭，既不獲，乃受其集，盡讀之。見其閒紀游諸作，神施鬼設，有似少陵《感事》諸篇。詞直意激，神似白傳。其餘往來投贈、閒居歡宴諸製，大都取法在唐賢，若宋以下，即非所屑者。獨其篤念天倫，繫懷同氣，慨遠宦於子季，欣治積之可紀，誠懇之意流溢楮墨；又當病困彌留，猶欲結因來世，則其詞雖不必與東坡同，而情實相吻合。是可觀吾子襄，并可觀隱石、宜城，而先生之友愛益可見矣。余既有感於先生兄弟之際，遂書之爲序，儻亦即先生以怡怡名堂，且以名其集之意歟。先生爲人，沈毅幹練，年近四十始登賢書，然用世之志不少衰，故公車屢上，竟以輪轅老。窺其意，蓋不欲以詩自名者，然得此可以傳矣。

胡芳洲一首

朱木齋廣文六十二壽序

天地視數千年猶旦暮，人欲以旦暮自植於數千年中，則必有真氣實業以挺峙於天地，足自振其精神，然後乘木舟，虛隨所至而與爲建立。莊生之言曰「胞有重閬，心有天游」，而變化生生，體虚而用實也。東坡嘗以是通中孚之義，而子雲作《太玄》，繇「中孚」而起，然徒守其元而不化，無真意來天下之朋碩，殆乎不能盈缶也。夫儒者莫盛於漢宋。文章經術，漢尤近古，但以經義爲道德，其身心存察之功不逮宋儒遠甚。宋儒理學溯孔子以達堯舜，無少悖，而論者或病其文章特卑弱。不知數千年來斯道不絶者，端賴紫陽，其用雖不盡見於時，而迹其任同安簿兼學事，邑之秀民咸得其選；講學白鹿洞，詳立規條，學者至今宗之。以視蘇湖二齋，其爲虚實何如邪？余生也晚，學識謭陋，每自愧安定譜末，而旦暮孳孳，又自以弗獲師友爲憾。丙申冬，署篆興邑，得晤同僚黄光炎，爲道其師木齋朱先生設教新寧時，諄諄以經義造就及門，而大要一歸諸實用。余聞而竊慕之，以爲居敬窮理，此紫陽之家法也，公殆不愧其苗裔歟。明年，余以試事赴省，同年陳寸雲甫過余，即問識靈山廣文朱公否。余曰：「耳其名久矣，行將擔簦就之。」迨秋榜發，宗人珽以《書經》舉於鄉，座主亟賞其文，謂能根柢經術而自攄性靈。蓋珽嘗從公游，得其學，足以重於時。而寸雲於人少許可，特以計偕入都，一識公於旅邸，遂至傾心若此。余於是益嚮慕公，急欲一親之爲快。乃不自意共篆西靈長，得與公樂數晨夕也，果何幸而獲此奇緣歟？抑曩者厚慕之誠之所致歟？將余自植者淺，天固使資於公之切磋歟？公之秉鐸兹邑，已滿一考，所訓迪諸生，俱著有成效。今年夏六月，屆公七袠開一攬揆之辰，都人士爲製錦稱觥，并徵余言以壽。余念來此幾兩易寒暑，朝夕論議，妄自謂知公獨深，非猶人之以面交也。即諸生日集齋中，能守公規條，而不知其用之元；其童子之負笈門下者，咸藉公之選秀，而不知其體之孚，何者？鑒古聖賢成迹以立言而行於世，如子雲、東坡，豈非世所謂明經歟？然求其真氣實業足自挺峙，則固寥寥矣。此重閬所以不可貌取也。方公登丙子賢書，人咸以玉堂金馬相期許，乃一試禮部，即戀戀色養，退授生徒。自庚辰以汔己丑十年之間，郡邑争延主講席，公亦無復公車之志。豈好爲其拙邪，蓋震鳴兑和，是皆得於虚而有實之用，即今所以日進諸生者，何莫非此意也？而人固未之知也。夫學術不明，則人才不立。經濟不實，性情不篤，而文章舉歸於無用。余故特詳之，竊附爲公同心之言，而猶望公與其年日進而無疆，紹紫陽而遠於漢儒經義，秉真氣實業以孚此邦人士。余亦勉自植於旦暮之間，則公固天之重閬，而余之言又公之重閬矣乎。因遂書之以答諸生之請，即以當南山之十只也。

黄鳳一首

朱在榧先生六十壽序

友道至今難言矣。嗜名者專務標榜，甚或泛泛悠悠，日以酒食游戲相徵逐。求於一二儕輩中，有切磋砥礪之益，往往難其人。在榧三兄先生與余同游西亭關夫子之門，三兄視余率十年以長，而昕夕相過從，談詩論文，常資啓發，又慷慨直言，時時匡余以所不逮。昔梁藥亭寄王説作有云「爲友過于兄弟誼，望余兼有父師心」，當不過此。已而，風流雲散，各以飢驅，餬其口於四方。三兄雖困頓，强項自負，輒白眼視當世，獨數數過余，酒酣縱談天下事，與余議論。稍不合，至拍案詬呼，聲動闤外，錙銖未肯相讓，坐客爲之愕然罷酌。蓋其抑塞磊落之氣，勃勃不可挫折又如此。然歲月易徂，時乎不再，忽見星星於潘鬢矣。丙戌秋，爲三兄懸弧之辰，因得遍交其群從，玉樹烏衣一門甚盛，有以詩古文詞躋祝者，短墨醉吟，不啻江花謝草。夫珠玉在前，自慚形穢。人情類然，余何庸贅。顧與三兄謬托知己，不獲以不文辭，僅述三十年風雨綢繆之好，用佐諸君子錫難祈耇之觴焉。獨念余曩日束髮受書，與三兄訂交於文場，角逐之餘，年皆壯，佼公私望，實欲有所成就。一轉盼間，君則垂老，而余固已忽忽五十也。語云：「失之東隅，收之桑榆。」馬援嘗謂賓客曰：「丈夫爲志，窮當益堅，老當益壯。」有志者當不河漢斯言乎。

贊

釋成鷲一首

朱北渚先生像贊

其人卓卓，其神躍躍。其行瞬瞬，其言諤諤。一坐春風，如朱光庭之淳愨。神仙風致，如朱希真之磊落。好學洽聞，如朱萬卷之淹博。窮理盡性，如朱孝亭之道學。合四賢而一之，得斯人之大略。衆角一麐，群雞獨鶴。何須委吏乘田，不待抱關擊柝。調羹用汝作鹽梅，天將以子爲木鐸。

馮成脩一首

朱樵南司馬同年像贊

君子存心，不欺幽獨。温厚和平，渾金璞玉。學本紫陽之家傳，胸富牙籤之萬軸。甫弱冠而登賢書，將五十而膺民牧。政聲洋溢于汝南，德澤遍敷于蔀屋。允足媲古之循良，不愧生平之藴蓄。士庶嚮化而共傾心，上憲深嘉而列薦牘。繇此見知于九重，行將受不次之超擢，而使蒼生實受其福。

李鳴韶一首

朱辰階夫子像贊

遐哉吾師，其量休休，其性無求，其心則棄置六鑿而天游。未嘗不入富貴之場，而不能渝其耿介之修；未嘗不歷險巇之途，而不能亂其素履之夷猶。但使有酒盈鍾，有粟盈甌，有繒被體，有卷充眸，或坐而行，或吟而謳，遂嗒然而喪我，付榮辱於浮漚。故不知者，見其寄情栝杓也，以爲董糟邱；見其口不言貧也，以爲晋清流；見其無所臧否也，又以爲皮裏之陽秋。是猶指月者，彼云大如盤，此云小如毬。所見各不侔也，又烏能測其劣優也。

傳

彭貞一首

朱高士傳

朱高士環者，字乾中，又字英巨，南海之九江邨人。父繼鳳，爲諸生，有聲庠序。君天性孝友，果直不苟合。嘗隨父登鎮海樓赴友人高會，諸名士戲命爲鎮海樓詩，援筆立就，衆皆驚異，時君年方舞勺也。比長，與邑探花陳君子壯友善，以文章道義相劘切。一夕夢入洞天，有老父引至石室，檢秘笈授之，其書皆古兵法，大有解悟，以故其後邃於韜鈐。嘗與人言曰：「吾人生天地間，窮達皆當有以表見。儻受七尺軀不能自立，致悠悠與衆人同盡，非夫也。」維時，宗族交游見其才志卓越，莫不以世俗所貴者期之。然負氣自高，不屑屑屈信以取合當世。既而屢試前茅不售，乃決然舍去，與同志爲四方之游。遍歷名勝，久之遂結茅西樵，榜曰拙齋，日掩户著書以爲樂。客至，則呼僮携尊於蒼林白瀑間暢飲，論古今治亂之故，觸緒猋發，響振林木。若尋常賓游至者，罕見其面。故一時月旦以高士目之，蓋謂其潔身獨行，槃澗無悶，深有合乎蜚遯君子之道云。先是，東陽張國維以名進士令番禺，聞其於郡城西反過客遺金一事，爲之傾慕，專使聘就師席，君堅辭不往。令逢人説項，手書「高風偉節」四字以贈。其所爲詩文，以自然靈妙爲宗，不拘拘古人塗徑，而亦自有過人者。書法王大令，時或率爾揮灑，其意氣奔放，蒼勁中姿媚躍出，有妖韶老女自有餘態之妙。至洋溢其餘而爲山水，雖大小米復生，恐未肯多讓。著有《兵略管窺》《周易闡微》《拙齋雜録》《史要》《守拙山人全集》等書行世，餘藏於家者當甚富。

陳恭尹一首

朱山人傳

朱山人匡，字遠公，南海人。生弱甚，而有氣操，於交友最篤。遭亂，棄舉子業，挾其技以游，無所遇，年三十七而卒。嘗夜客帥幕武士四五人，相與論刀棒。君於月下聽久之，謂曰：「此法未精密也。」四五人顧見其文弱，皆笑曰：「秀才何與刀槊間事邪？」君請與試對，執丈二棒於一隅立。武士一人前，盡其擊刺之術，君植立不動，視其所攻而徐應之，意態甚閑，而攻者終不得所欲。君俟其迴旋，急進足，深剿之，中其股而仆。君笑謂四五人曰：「皆來。」四五人者忿執刀仗四面至，君進退左右，不越尋丈，而棒之所及，四五人無不失仗呼伏者。君嘗謂余論曰：「丈二棒而操其中，前後餘各五六尺，手動寸則末尺，動尺則末丈，而戰者常側身，所備者縱七尺廣七寸耳。故手上下左右不使過六七寸，則力專而握固，以拒則堅，以擊則破。昧者用力，費而神摇，是以敗。」蓋吾師云然，亦兵法也。善白描人物，得古意，矜惜不輕予人，尤不肯爲時貴人作。垂歿之年益精，而世希得之。詩存者若干首。

卷六　外集文

表志

崔吉二首

明處士正夫朱公墓表

朱君絅庵讓，登今甲戌進士，拜官榮旋，欲表其祖稅達公之墓，此固仁人孝子之用心也。以余屬戚末，知公之德甚悉，携其仲兄别駕君謨所爲狀謂余曰：「吾同年翰林幼峰余君既扁吾祖之祠曰『繹思堂』，今欲得子之文揭於墓以終繹思之義。」余按狀：公之先始自雄州，遷於南海九江上沙里，逮公三世矣。公長於國初，際時昇平，優游泉石，日事二親，承顏順志，可謂曰孝。與兄原達、善達從容怡愉，居無迕言，可謂曰友。其妻兄子李某幼而孤，人有欲奪其業者，公撫之如子，竟存其業，可謂有恤孤之仁。至其自處，剛毅沈默，不以貪欲自污，可謂有立身之義。夫不出里閈，四德咸備。余聞厚積而不施者，厥後必昌。今芳孫絅庵輩相繼顯庸，而待用於庠者又皆緜緜未艾。子姓之蕃，文藻之盛，皆公積德累仁之自也，是可以繹思矣。厥考諱子議，厥妣關氏，厥配李氏，乃大同古巷鉅族也。承順之德，與公媲美云。生男一，曰南旺。女一，適順德大晚馮門。公卒，厥男奉公偕安人合葬睡牛山己丙嚮，陪於祖墓前。烏乎！蘊此四德，弗耀於身，乃顯於後，宜表其墓，以垂無窮。若夫公之世系，詳於家譜，兹不復贅焉。萬曆二年十一月三日。

明故恩賜冠帶裕齋朱公墓表

古之賢者，生則旌其廬，殁則表其墓，蓋崇德云。公諱廷華，字國用，别號裕齋，出南海九江右族，爲鄉聞人，榮壽冠帶。余未弱冠，補弟子員，多從公鄉士游，又得連姻公族，故知公爲深。隆慶元年十二月十七日，次男紹旦奉公與先安人陳氏合葬新會默桂山子癸嚮之原。萬曆十一年二月二十四日，嗣孫學益等又奉繼安人陳氏窆公墓左，因奉其從兄户部主政奉欽差督理浙江杭州等處關務讓所撰狀屬余表公墓，余久知公，不敢以不文辭。表曰：天地淳龐惇大之氣，人得之則爲正直壽考也。公爲人恂恂樸茂，缺朗中完，識量汪夷，莫窺其際。公負瑰資，嗜舉子業。孝友出自天成，長公文錦時爲靈川司訓，宦遊於外，弟廷舉在冲齡，公以仲子，獨持家計。父祖貲産素饒，公又增拓而光大之，宅加楹，田闢畛，咸以均之長季。户部讓，余妻弟，蚤失怙荷，公提挈。宗族鄉閭，儒林藪多，公鼓舞。且夙謝畏途，絶聲利，視埶官勢缺，不啻風埃泡沫，常語人曰：「士遇則駕，不遇則蓬。吾而完寂葆真，敖睨邱壑，得以吞吐風雲、翕張日月，可矣。安能劻勷勷，罹役於世綱邪？安能解命徇名，聞雞立馬，憂讒畏譏，伺人顔色爲欣戚邪？」隱居惟經史詩酒自娱，時誦説先民謨訓，督課兒孫。里閈有鬭很，諭以道義，輒愧服。鄉族喪不能舉，曰：「吾不可爲麥舟。」荒歉有不舉火，曰：「吾不可爲晏子。」黨塾一時嘆服，稱公爲長者云。故諸縉紳耆碩，爲名流所推重。如尚書何公維柏、通政倫公以諒、布政劉公士奇、參議張公拱辰、御史何公宏、知府何公派行、郡侯李公煒、進士何公文邦輩，於公暮年時，皆歌詠品題，笑邀尊俎。所謂居視其所親，富視其所與者，惟公得之。假令冠二梁、食五斗，能不勃勃焜燿於世。狀又謂：公生平性寛厚不競，稀迹縣庭，垂老不知詞訟，史稱卓茂「自束髮至白首，與人未嘗有爭競」，公非其人邪？先娶同里陳琛女，繼娶龍山陳舉女，二氏皆敬戒無違，克稱内相云。公舉二丈夫子：長紹爽，娶大同陳嘉言女；次紹旦，娶知縣陳莊孫女。女一，適御史陳琙孫佳。孫男五，孫女四，曾孫十餘。余聞天有顯道，厥類惟彰。公之禔身範俗，砥礪名節，潛而益光，久而彌芳。施之孫子，賢善亢宗，才猷衒世，昌後食報之徵，方興未艾，固宜表之貞石，以貽於千萬世云。

曾仕鑒二首

明廣西靈川縣儒學訓導歷署興安義寧兩縣知縣絅齋朱府君墓志銘

憶余髫年見母孺人，淚浪浪下，言同外祖母陳侍司訓公之宦靈川也，後署興安、義寧縣，公竟以疾而卒於官，外祖母陳率長舅與余母間關扶櫬而歸。嘉靖戊午年十一月二十四日，長舅以弟之先卒也，遂奉司訓公與陳孺人合葬於順德龍山鄉鐵鑪岡乾亥嚮，在厥考月塘公墓左。及余曩年奉使西粤，道興安、靈川，二邑人士猶能言公之遺教。今孫貢元朱潤卜修公暨孺人墓，始述行狀，詣余請銘。余不獲辭，乃按狀爲之志曰：公諱文錦，字國俊，別號絅齋，先南雄珠璣巷人，後遷南海九江。曾祖稅達，祖南旺，父仕和，母潘氏，子三人，公其長也。幼聰穎博學，所著有《五經講解》，入本郡縣學。嘉靖乙酉歲貢，授廣西靈川學訓導。公恂恂長者，禔躬訓士，一準於禮。督學黄公佐褒獎文學，爲粤西首，靈川至今稱之。委署興安、義寧縣事，其教化政事暇，在書齋中，手不釋卷。欲掇科不就，報陞，卒於官。悲哉！娶陳氏順德龍山茂才陳策之女，性端嚴勤儉，孝順慈愛，督率子孫成家業。公生於成化戊戌八月二十四日，卒於嘉靖辛卯正月初七，得年五十有四。孺人亦生於戊戌六月初五日，卒於嘉靖辛卯五月初九日，得年六十有四。男二：長宗程，娶同里岑氏；次紹魯，娶甘竹吴氏。女三：長適順德古朗邨陳其詡，乃古田知縣陳莊之子，即爲同知克侯之母也，贈宜人；次適同里關世立，即爲知縣玉成之母；季適同里融縣知縣曾俊之子，即爲主事仕鑒之母，贈孺人。孫男六人：長淳，庠生；次學度；次學成；次學新；次學紀，更名潤，歲貢，即今請銘者也；次學藴。曾孫十四人：繼鵬、繼鶚、繼鳳，庠生；一源、繼芳，庠生；家聘、一混、一漣、繼熹、述熹、纘熹、肖熹、繼惇、繼皋。元孫二十六人。子孫繁昌，厥後未艾，是宜銘。銘曰：

於惟我公，儒林赫赫。琳琅天府，羽儀三邑。沛國之英，萬夫之特。閨幃媲美，克相家業。女中師表，澤垂奕葉。積厚流光，浸熾浸昌。我爲是銘，永鍾厥祥。

明故恩賜冠帶裕齋朱公墓志銘

裕齋朱處士，名廷華，字國用，余外祖司訓公之弟。嘉靖三十七年七月十六日卒，余侍母孺人往哭。隆慶元年十二月十七日，次男紹旦奉處士偕配陳氏合葬於新會縣獸桂山，抱坎而負離。於隆慶五年三月初九日繼室陳氏卒，余又侍母孺人往哭。萬曆十一年二月二十四日，孫學益、學業等啓處士窆合焉，學業奉其從兄庫部讓所撰狀屬銘於余曰：「非子無以托吾祖於不朽。追憶余母時時言處士爲人，與今狀符也，其何辭而弗銘？」朱之先南雄保昌人，宋末咸淳間始自珠璣巷遷居南海九江上沙里。曾祖稅達，祖南旺，父仕和，世以隱德著里中。母潘氏。子三人，長即司訓公，處士其仲也。蚤失怙恃，司訓公力學，季弟幼，處士治家人產。司訓公宦靈川卒，所力産析而均之。諸猶子無瑣鉅，悉禀度焉。處士雖蚤孤乎，喪葬如禮，享祀以時。性寬厚，宗族閭里稱爲長者，閨門之内雍如也。從孫庫部讓，幼孤，處士字之不倦。讓每對人曰：「成我者裕齋公也。」關令尹玉成未第時，丁家多難，母太夫人余姨母，處士力庇之。其恤孤振難多類此。從孫諸生淳曰：「處士終身稀履城府，家居課農，種魚灌園，訓子二千石廉其質行，榮以冠帶。」尚書何公維柏、通政倫公以諒皆有曼詞壽之。馬少游謂鄉里善人，非邪？世俗諱死，處士豫創菟邱，具生棺，斯稱達生矣。生於成化十九年九月初九日，享年七十有六。安人同里陳琛長女，生於成化二十二年九月初九日，卒於嘉靖七年七月二十四日，得年四十有三；繼室龍山陳氏，生於弘治六年九月二十四日，得年七十有九，并以淑德懿行相處士云。子男二：長紹奭，先處士卒，娶大同陳嘉言女；次紹旦，娶古田知縣陳莊孫女。女一，適御史陳珷孫佳。皆前室産。孫男五：學益、學業、學猷、學勤、學健。孫女四。曾孫十餘人：儒彬、儒蘭、儒相、儒桂、儒校、儒標、儒楀、儒椅、儒楷、儒松。語曰：「不於其身，於其子孫。」其在斯乎，其在斯乎。處士生長先朝，嶺海不聞枹鼓，吏無虎政而閈多淳俗，老巖穴以自終，不可謂非幸。世之佩魚畜牸，衣冠輿馬之榮，臺榭綺玉之奉甚都也，往往蹈危機而來詬訕，孰與處士誦義無窮，子孫世食其報哉。銘曰：

於惟沛國，肇自陵江。避兵南下，中葉繁昌。赫赫司訓，美業奄逝。振寡植孤，曰惟仲氏。和以飲衆，施及來裔。三璧并瘞，有缺其阡。食德流慶，力穡逢年。

盧宁一首

鳳山阡表

昔自家食，嘗從戚氏蒲泉朱君獲聞其從兄東里之賢行，恒舉爲後進型矱。比今宦西蜀，以歲事入覲，遇蒲泉之嗣謨偕計南宮，以父之狀徵表東里墓左，受而卒業，益符往聞。乃曰：古之展季以賢施及園寢，况今東里公乎。公諱世芳，字時元，生而弱，弗好弄。長學《易》，爲連弟子員。親拜韓公山斗，故學不爲口耳。習以《易》審進退之義，故終身甘遯，性醇悃質。任宅乃考荔莊公憂，三年弗御内，以妣馮氏蚤世，恒有荀匠之戚，及事繼母，無怠容，是能孝也。兄弟四人，公以長，鞠愛三弟，易視田産，有鮦陽之風，是能友也。義方假家，示三子循以飭，其仲奉厥訓習舉子業，於從之黌序，是能教也。身爲沛國宗子，行率爲族人先，甘澹薄，周急不色吝，是能敬且惠也。配關氏，同里沙洲望族，爲宗婦，理蘋藻，無隳事，衆婦喜爲榘則，内外愉穆，罔聞閒言。夫妻常以賓禮相遇，如冀氏雖素所姆訓，亦其家人之善閑也。公與配皆生長純、敬二皇帝盛明時，桓樂怡翼以卒歲。惟懿行聯美，故均引考昌後嗣，殁而人悼之頌之者不衰，皆食德之報也。茲嗣子志學、志仁、志禮奉襄事於古岡鳳山之阡，堂封阬如，墓木葱如，其所隸陰久矣，直禁樵蘇如展氏已乎？公世系始終，子姓駸衍，具載其宗大夫廷亮之缺。烏乎！公之雅範固與松柏長留，然非此無以爲永世昭示，且係邦人之思，缺二字之缺式其墓者，尚能缺二字其阡。

王宏誨一首

明贈承德郎南京户部河南清吏司主事白川朱公墓志銘

萬曆壬午，南計部主事絅庵朱君既拜覃恩，得贈父白川公如其官、母郭氏爲太安人。一日，乃持其友金計部狀來謁，曰：「往者二尊人之葬也，弗備禮矣，今者幸得公，敢以志請。」余於計部君同鄉，義惡容辭？按狀：公諱文直，字與剛，白川其別號云。世爲梅嶺珠璣巷人，宋季元龍公始遷南海，遂占籍於九江上沙里。五世至南塘公，而家業日隆隆起，是爲公大父。父林坡公，慷慨務大節，已諾必信，一時縉紳先生雅重之。子二人：長文重，爲湖州府別駕謨之父；次即公。公資禀穎異，於書無所不窺，尤嫺詞賦，嘗習博士家言，弗售，輒棄去，曰：「士豈必博一第以徼榮名而取世資爲愉快乎？吾以娱吾志耳。」其坦蕩若此。然公刻意尚行，修姱必程於先民，家居必禀於禮，平心率物，爲鄉閭所式。嘗有争訟者，不求直於官而求直於公。人爲曉譬，所以罔不愧服，若陳仲弓居穎然。事兄極友愛，常同其起居出入。凡宗鄙燕集，必偕無失。即司馬端明之於伯康，不是過也。方公蚤年，子尚幼，而其兄已七舉男，公弗二視，産入鈞以資膏膳，人謂有田氏風。故爾時子侄游膠庠者三，舉於鄉者一，公責成之力居多焉。初，計部君襁褓，公甚愛而奇之，甫授書，即期以聖賢之學曰：「必是兒也，亢吾宗者。」比公疾革，而郭安人問家事，不答，第以手摩計部君頂曰：「事在此兒矣。」卒之明日，天暴風雨，里中不期而至者塞委巷云。郭安人爲同邑著姓，少禀貞淑，嫻姆訓，既歸贈君，事舅姑以孝謹聞，撫諸侄如所生。當贈君鈞産入時，不少幾微見於色。居常或不給，至脱簪珥以佐之。下至臧獲，撫恤甚有恩，曰：「彼亦人子耳。」其慈惠周篤，亦天性然也。贈君捐館時，安人年四十有五，姑耄矣，諸孤咸稚弱未教，安人旦夕掖侍姑，退乃舉贈君平生言循循命子。躬織紝，分燈而課其業。嘉靖戊午，計部君舉於鄉，歸拜堂下，安人泣謂之曰：「父有遠志，今少慰矣。尚未也，汝其勉之。」又七年，而安人卒。將屬纊時，第勅計部君以勤修職業，無墜先緒，亦無一語及家事，其缺二字類如此。贈君卒爲嘉靖壬寅七月六日，距生弘治丙辰，年四十有七。安人卒爲嘉靖甲子三月二十五日，距生弘治戊午，年六十有七。子三人：長謂；次讓，即計部君；次謀。女四，適潘鼇、關汲、崔吉、葉浩。崔吉爲丙辰進士，户部員外郎。計部君兄弟以嘉靖甲子十二月某日合葬二尊人於新會黄竹山之原。銘曰：

維木有根，其蔭也息。維水有源，其浸也澤。朱氏之先，世有令德。於維贈君，益豐其植。

孝友内孚，敦睦外飭。賢哉敬姜，德與之則。天眷不爽，有子勵翼。錫贈榮壤，光賁南國。於乎朱氏，永永無斁。

明故特賜冠帶仰柏朱公墓表

黄朝聘 一首

南海之九江有仰柏朱公文捷者，藻躬飭行人也。歿已四年，其孟子庠生悦仁，奉從兄前湖州别駕朱石潭君所述行狀，來責余言以表之，將勒諸阡碣，用垂不朽。悦仁嚮從余游，每睹其瑰意奇思，卓有聳壑昂霄之志，則其出也必有所自焉。據狀：公之先世族於陵江珠璣巷，既而白珠璣巷遷於九江上沙里，見里中土沃民淳，因家焉。奕世至公之曾大父南旺公，飛遯離俗，娱志方外。大父南塘公，亦履富饒，刻意於詩禮。父公所公，尤豪放拔俗，風標秀舉，皆隱德不耀。積而茂於公身，殆鍾靈毓秀，揚芳飛采，素履自是不群矣。公少有英稱，不類凡兒。初，業儒不就，輒棄去。學治生，雖不事營巧，而家日饒裕，有自植之能。朱氏鼻祖初欲建祠，衆議難之，公仗義直任，鳩工僝功，屹然就緒，有趨事之勤。賦役頻臨，逋負雲集，卒能芟弊率紀，俾公帑私輸，兩不廢損，有理紛之才。先廟先塋雖稱浩費，初無難色，有奉先之孝。廣延名師，式穀令子，置立義田，以興後學，有垂裕之仁。比鄰睦族，德義相勉，設有外侮，以身先之，有捍患之義。輕財好施，貨匱鬻負，視椎斲膏血，倍以酬息者，何啻涇渭？有賙貤之恩。九江下瓲爲官築塞以捍洪潦，民命關焉。時怙勢懷私者議去舊築而開之，公卓見利害，力率衆上書，事竟獲寢，各堡得免魚鼈者，公賜也，有不茹之剛。又其卓然者，晚年脱落世故，陶情賓朋，於囿林中築一水榭，遇鄉之賢士大夫，莫不優崇燕喜，款洽移日。故凡飲公之和者，莫不雅重於公，樂與公群也，有瀟灑出塵之度。公蘊此衆美萃於一身，故鄉中諸士，舉公鄉飲二次，公雖謙讓不赴，而安鄉式俗之德，是公之不容誣者。厥配安人關氏，九江之著族也。淵嫕温惠，承順夫子，中饋瑣細，親執其勞，斯以見淑而慎。上服姑嫜，甘菽靡遺，歲時伏臘，奉祀孔飭，斯以見孝而敬。外睦妯娌，和易中禮，下御臧獲，寬嚴有則，一切母儀閫政，嶄嶄可觀，斯以見惠而肅。公之挺有所樹，而家用蕃殖，安人内助之力居多云。公生於弘治庚申六月二十五日，卒於隆慶辛未十一月初七日，壽七十有二。安人生於弘治癸亥十一月初七日，後公八日而卒，壽六十有九。以萬曆甲戌閏十二月初八日戊寅之吉，合葬於新會縣古勞都赤坎邨塘下涌鳳山庚酉嚮之原。子男三：長學敏，即悦仁，邑庠生；次學勉；次學求。孫男十：必造、必遒、必逾、必迎、必遐、必遥、必適、必迴、必遘、必遺。孫女七：一適同里黄崇業，一適大同傅應箕，餘幼未行。烏乎！公之純德偉行，當世讓伏。芳範懿矩，孚於閭里，而安人又能媲美匹休，允無愧於所天與！夫令子悦仁，才華雋永，所以闡幽光發潛德者，方未艾也。是用述其大概，俾後之觀者將有所考焉。公諱文捷，字與元，仰柏其别號，以管糧三次、京運二次特賜冠帶云。

陳克侯一首

明故順川朱公配周安人墓志銘

安人周氏，乃順川朱公之配，封咸寧令學濂、庠生學懋之母也。順川公爲余外祖，司訓公之從子，余母先宜人之群從弟。安人視先宜人猶女兄，脯脩之問不缺，往，余從先宜人歸寧，知安人内行最悉。安人出大同水北里名族，父綱，號一鑒，母關氏。安人之生也，一鑒公異之。長而端重婉娩，嫻閨範，尤精女紅。一鑒公謂不可與凡子偶，擇順川公歸焉。順川公家故饒，安人畏慎黽勉無惰志，蠶繅紡績，每至夜分，糈漿諸瑣，必躬督之，閫以内無怠厥事者。乃翁逸夫公以禮讓表於鄉，謹時祀，喜賓客，牲饌酒茗之供無虚日，安人治具必毖必豫。其相順川公亦如之。故朱氏兩世無曠於幽明而克濟其美者，安人之力居多也。教二子，勉之就學，每試落第，輒寬諭之，曰：「遇合命也，淹速時也。汝父祖世載其德，後必有顯者，第慎修以俟之。」歲乙酉，孫凌霄果舉於鄉，喜謂二子曰：「此而父祖食德之報也，汝曹第勉爲善，世有榮聞矣。」其卓識如此。性素儉，一枲布不妄費，至待姑娣妯娌，罔不周洽。即卑幼疏逖、賤至臧獲輩，無不各滿其意望而得其歡焉。安人與順川公皆逾大耋，相敬如一日。孫曾繞膝，歲時稱觴上壽，分曹迭進，冠裾舄奕，愉愉如也。猗歟盛哉！安人生於弘治甲子七月十三日，卒於萬曆壬辰三月初九日，壽八十有九。與順川公合葬於飛鴨塘山。順川公實行，已具於表弟民部曾仕鑒志中。乃其子咸寧令詒書述安人往事，屬余記一言於幽室，因憶前癸卯夏，從先宜人避水患於牛山祖祠，外家諸母咸在。時余甫十歲，暮出不回，先宜人憂形於色，安人曰：「第寬之，此非凡兒，可保無它也。」無何，余果自外入，先宜人喜命余前謝。今二母言猶在耳，而皆不可作矣。覽咸寧令書，不覺涕簌簌下焉，余故爲銘。銘曰：

爰有靈鳥鏘其鳴，律倡吕叶符嘉禎。二靈去矣閟元扃，鴨源滃鬱生氣乘。介茲祉福施雲仍，千年蘋薦德惟馨。

明處士捷泉朱公墓志銘

趙志皋 一首

往余貳觀察於南粤也，曾君仕鑒每爲余道其母氏之族與其舅氏朱君之行。是時，曾君方有母之喪，而朱君已謝厥世，欷歔感慨，自恨遭家不造，而舅氏九原之不作也。余聞其言而悲之。頃直廬之暇，曾君謁余，請曰：「日者舅氏之行，先生業置之於耳。今墓木拱矣，願得品題。」因索同知陳君克侯所爲行狀，録之以傳不朽。陳、曾皆朱君甥，夙爲朱君所愛重，有羊曇西州之感焉。余乃按狀志之曰：公固系出巨族，諱宗程，字正卿，捷泉其號也。宋末有諱元龍者，自南雄珠璣巷徙於南海九江，歷數傳至南旺，爲君曾祖。南旺生仕和，仕和生文錦，博覽淹通，爲士林表率，歷任靈川縣儒學，恂恂長者，禔躬訓士，一凖於禮，靈川至今稱之。配陳氏，生子二人，君其長也。君幼有至性，弱冠而孤，竭孝敬以事母。凡在倫紀，咸處之各當。至鄉里有負忿相告，縱所甚不平者，君恚曰：「奚而至是？」其人愧謝即已，未嘗終身銜之。有以緩急告者，殫力爲拯救，尤厚於姻戚與朋友。其生平類此者不可勝紀，大都尚節義，敦純樸，守身處世，胥揆諸道誼，人謂有父風云。少承文學公家學，通《毛氏詩》，屢試有司不售，遂拂衣邱園，托之酒以自適。喜與客酌，客至，即呼童携尊暢飲論詩，若功名事業，悉付之孫子。嘗曰：「自吾先大父以來，世業詩書，今吾老一壑，廢先人業，是吾罪也。汝曹其勵厥志、亢厥宗，毋重詒繼述羞。」今二子裒然爲茂異，諸孫積學相繼，聯輝并茂，挺起翩翩，則君素抱之奢願，於兹不無少副也已。君配岑氏，岑連奎之女，孝敬儉勤，尤廣記博聞，時陳述古昔成敗禍福之轍，爲子孫永鑒。實佑後、啓承允，爲内相之賢矣。君生於正德戊辰十二月初二日，終於嘉靖壬戌十二月二十日，享年五十有五。岑安人生於正德壬申二月十九日，終於萬曆丁酉六月二十日，享年八十有六。生男三：長淳，庠生；次學度，次潤，廩生，皆娶陳氏。女二：長適潘維經，次適陳恂。孫男五：繼鵬、繼鶚、繼鳳，庠生；繼芳，庠生；家聘。曾孫男八：應爵、璧，庠生；應璜、宴，庠生；環、應麟、應科、瑛。君以萬曆乙酉年正月十三日葬於新會寶鼎山丁嚮之原。萬曆己亥年十二月初九日，奉安人岑氏合葬，余得撮其實，勒石以志，弗諼焉。銘曰：

基廣而墉則厚也，蕙蕤而年則有也。維天報施善人厄其躬則享其後也。我銘斯實，後有考也。於萬斯年，德彌光而福彌阜也。

田某一首

明奉直大夫雲南寧州貴州定番州山東平度州知州改江西贛州府通判朱先生墓志銘

顯皇帝中，不佞侍先大夫，宦游安化，因占籍焉。時吾師南海湛一朱公來令茲邑，拔不佞於儔人中，如漢人賈生張叔故事。威宗戊辰，不佞出參粵藩，公業已家居，王事鞅掌，半歲僅得一侍杖履。奉命北還，與伯子同朝，則公及曾孺人俱躋大耋，朝士慶仰，遥爲公稱難老之觴，能言者咸頌祝之。亡何，粵中薦紳竞以公訃至矣。冢孫汝枏等以封幽有期，走使數千里奉書請銘。烏乎！瞢愚如仰，其何以贊公之光明於萬一哉。顧感恩知己，余殆兼之，誼固不可辭也。按狀：公諱凌霄，字宏惠，别號湛一。先保昌人，宋季始遷南海，世居九江上沙里。厥諱元龍者，公初祖也。公父號後溪，邑諸生，以公貴封文林郎咸寧知縣，母陳氏封孺人。生男二：長凌冲，封融縣知縣；次即公。少工舉子業，弱冠補廣郡增廣生，萬曆乙酉以《禮記》中式廣東鄉試五十一名。四上春官不售。當是時，後溪公若陳孺人皆在堂，萊綵雖娛，不忘禄養。乙未，選署新興學諭，聘充湖廣丁酉分考，晋咸寧令，尋晋滇寧州守。乙巳，陳孺人卒，奔歸。己酉，入京，左遷安化令，秩滿，士民懇留奏入，上嘉悦，特晋定番知州，治邑如故。乙卯，後溪公復卒，解組歸。戊午，調補山東平度州守，忌者沮之。謫贛州府通判，居三載，壬戌致其政而歸。公之爲孝廉也，里人陳貞伯誣陷大辟，偕同年曾君仕鑒雪其冤。及署新興學諭，盡心誘掖，務宗經訓，却贄課藝，古道相勖，諸生嚴而愛之。時高要商合缺八字禁於端州，賴公一言而解，制府嘉焉。晋湖廣咸寧縣，力争内監及糧運之擾，值朝廷用師討播，咸當其衝，公劑量有方，餉饋不加，播師宿飽，武卒疲甿，調馴惟允，治行爲楚中第一，當内遷矣。邑有趙、孟、徐三家，皆黷貨人也，勢方張甚，監司莫敢迕其意。公毅然曰：「朝廷設令衛民，顧剥民以事大官乎？」即摩厲鋒距以待，豪强屏息。三家銜之，趙尤憾。遷寧州，再補平度，忌者猶不悛。公前建江橋，功甚鉅，會趙爲吏部，索蚨不應，遂齕擠安化。安化新造邑也，前令多畏，藉辭廨舍有祟，不宜居。公曰：「妖不勝德。」卒居之。上官議遷邑治，公力經營，衙倉庫獄七十餘間，官鏹不足，以俸佐之。時方繕造，又奉命采木。作令三載半，爲涪州得材一千有奇，而民不擾。初安化戍卒以横悍病民，導苗突劫，或呈遞遺棄以蔽辜。公白兵憲劉公，嚴失事之罰，犯無赦，兵苗獲戢。邑鄙無射策甲科者有之自余始，公之教也。公爲吏，嚴而不殘，不屑粉飾以鋪張，吏事一錢無所私，利興害革，視官猶家也，民之愛之如父母也。當擢，得留，歡聲動地，至今猶思之。榷關贛州，有閩商於江中溺百金錠，無賴篡之，越境來訴。公責還之，商感激以其半爲公壽，不許。商乃飾儲潭廟，而勒其事於石。其廉察皆此類也。公所居無赫赫名，去輒見思，新興、安化皆碑其績，不獨贛州始也。歷仕卅年，及歸，所居僅蔽風雨，祀先恪謹，恭其兄迨老不衰。訓子姓以禮，督課考成。伯子光允、猶子光祖，相繼舉於鄉。尤負識鑒，楚闈得張邦翼、穆天顔、王同謙成進士。咸寧得趙嗣芳，寧州得張正道、劉廷祚，皆躋通顯。不佞仰録録負公多矣。九江瀕海多盗，當塗奉公爲約長，化導其人，輯會約一書，歲時合老幼壯佼申明之，表正鄉閭，有王彦方太邱長之風。宰邑者皆嚴重焉，里人受蔭垂二十年。及卒，咸咨嗟流涕云。配曾孺人，知州曾儲孫女，父宏彝，母林氏。幼通《女論語》，善鼓琴，年十九歸公。事翁媪得其歡心，公什九宦游，創室訓子，皆成其志。中外諸姻，下逮臧獲，恩禮周渥。癸卯覃恩封孺人。公之宦寧州也，孺人選一姬侍公，將就道矣，公以書力却，垂老不置媵妾。論者兩賢之。公耄年多病，孺人躬侍湯藥，歷寒暑不倦。平居無妄言怠容，足不履中庭。事神盡誠竭慎，不諂不瀆。嘗曰：「人能隨事盡道，子孫效之必昌。幽有鬼神，猶明有聖賢，皆呵護善類。若爲不善，而佞佛持戒，得罪反深。」見理明確，宗戚欽之。生男二：長光允，乙卯舉人，官户部主事，娶知縣陳超然女；次光衡，邑廩生，娶憲副譚維鼎孫女。皆先卒。女一，適孝廉盧雲之子盧炯。孫男四人：汝枏，邑庠生；汝杞、汝棟，邑庠生；汝桀。

曾孫女四人。公生嘉靖戊午年二月初九日，卒崇禎己卯年七月二十一日，享壽八十有二。孺人生嘉靖己未年十月缺七日，卒永曆丁亥年三月初九日，享壽八十有九。汝枬等以永曆庚寅年閏十一月十一日奉公及孺人柩合葬於里中馬山庚嚮。烏乎！令仕於朝者如公，天下可以長治不亂。賢人云：「亡邦國殄瘁。」詎不信夫。謹爲之銘。銘曰：

粤有神君，踵武朱邑。楚粤滇黔，恩流化及。左宦南贛，狼虎爲戢。黄鐘毀棄，令名不蟄。

缺四十八字。

曾陳詩一首

明逸士海玉朱先生墓志銘

海玉翁姓朱氏，諱家聘，字肖湯，海玉其别號云。宋季有諱元龍者，自南雄徙南海九江上沙里，是爲朱氏始遷之祖。六傳而至文錦，號絅齋，任廣西興安知縣。文錦生宗程，宗程生學度，號粤軒，即公父也。公天性孝友，兄弟三人，長曰繼鳳，次曰繼芳，皆諸生，長候貢矣。公以學不售，輒嘆曰：「人生寄耳，何必禄養方爲孝乎？吾翁嗜酒，儻得子母錢成，足吾翁杖頭費，膝下盡歡，吾願畢矣。」於是治生産。未幾，豐比陶朱，日醉父以醪醴，延師教子。周人之急如饑渴，荒年爲粥賑饑，多營置嘗業以供俎豆。公族貴盛，科甲相望，明經文學常數十輩，莫不稱公善治家，是亦爲政云。公生隆慶辛未年六月二十七日，卒於天啓乙丑年三月二十六日，享年五十有五。配陳氏，太和左源陳公長女，温厚貞静，孝事二親，和於妯娌，勤儉宜家，和丸訓子。生於隆慶癸酉年十一月三十日，卒於順治癸巳年十二月十一日，享年八十有一。丈夫子四：長琰，娶龍山周氏；次璐、次璿，衡廣庠生；次璣，業儒。皆娶同里關氏。女一，適洛口關應鼈。孫殿魁、殿佐、殿采、殿賡、殿昇、殿孚、殿獻、熊夢、熊貽、熊詵、洪任、洪俊、洪傑。曾孫龍耀。公先戊子年三月初一日葬於本鄉蝸山枕甲趾庚之原，從父塋也。至甲午年十一月十六日，諸子奉母陳氏合焉。請碑銘於曾子，曾子曰：「余先子與公伯萊洲公同學，最知厚，異姓骨肉也。公叔廣文碧潭公、兄惺宇公皆余業師，而從叔太守絅庵公師余祖、友余父，視余兄弟猶子。余從兄户部洞庭爲絅齋公之外孫，公從兄刺史湛一公爲余從姊夫，余兄孝廉乾義又爲湛一公從妹夫，而絅庵公之孫贈少司馬微龕户兵垣浄燠、湛一公之子計部松蘿猶子别駕海若，皆余筆研社友。公之子乾齊於余仲弟爲子女之姻，故公之行誼不俟按狀悉也，遂不辭而詳碑焉。銘曰：

蝸岡之地，有前識兮。爲爾朱氏，世宅安且吉兮。福爾子孫，昌熾緜緜兮。

關上謀一首

清故候選縣主薄朱公墓志銘

公諱元叔，字乾滋，號江峰，乃朱氏始祖諱子議之十二世孫諱應宣號安遇之五代孫、諱之報號耿庵之第七子也。幼孤無藉，孝友蹶興，業富行能，性成貞惠，蒙學三載。與人爲傭，旋而負販，旋而貨殖，歷數年坐賈於郇墟，贏餘頗積。凡昆弟戚屬及文士中之困乏者，罔不賙贍之。然終以儒術未修，壯志未酬爲歉，爰於傭保中得順邑陳君而委其任，復修執贄禮，從學於鄉茂才登五曾先生。雍正七年，遵例肄業成均。十年特授縣主簿。歷應乙卯、丙辰兩科鄉試，雖不售，鄉人屬耳目論者謂：「漢公孫宏、承宫等俱起徒隸傭伍，卒能修儒學竪功名。公之志事非不古人如也，其成就有幸、不幸焉。」子嗣稍遲，年四十五，鄭儒人擇於女子之賢淑者，得黄孺人爲側室，舉一子，即余畏友國學生大昌也。大昌自少而壯，與余等論詩文，談騷賦，縉紳群以莊士目之。厄於場屋，未展厥才，然八子翩翩，今已疊蜚黌序，將有不可量者。今年二月，公長孫茂才、璋等承乃父命，郵筒遞書，備載祖父母喪葬，乞余志墓。余以政務殷繁，艱於執筆，况公家文學錫遠先生所題銘旌「孝友貞惠」四言定評不磨矣，何必志？雖然，余與嗣君締交轉密，知公之履歷頗詳，兼以鄉黨傳聞，父師借勸，親民苟暇，必與公别作一傳，以表揚於永世，是又余之不敢辭者。

公生於康熙二十九年庚午七月初二日，終於乾隆十一年丙寅十一月初九日，享壽五十有七。鄭孺人生於康熙三十六年丁丑九月三十日，終於乾隆四十九年甲辰二月十四日，享壽八十有八。黄孺人生於康熙六十一年壬寅正月十二日，終於乾隆二十九年甲申三月二十日，享年四十有三。今孝子孫曾奉三柩安葬於鄉之元山未丁嚮之原。公在東，鄭母在中，黄母在西，并志銘曰：

元岡之陽，來龍一席。蓮鏡亭亭，月角奕奕。氣聚風藏，山青水赤。萬子萬孫，琳琅珠璧。

潘鐸一首

清故贈君奮之朱公墓志銘

五嶺以南，有厚德君子曰朱贈君奮之，起自忽微，能禔躬燾後，年六十八以道光九年卒，卒後十年，厥嗣四人皆䍐䍐有立。伯子、叔子同年貢，上計入都，與都人士激揚望實藉甚，當時而贈君善教子之名，一日隱然動京師。又十年，叔子令晋中，以儒爲治，所至，士庶嚴之如師，親之如孾。晋人郭學士景僖目爲山西賢令，程明道後一人。賈光禄克慎謂：「良吏出晋陽者，有于青天。叔子來，若相還也。」於時，叔子以良吏聞天下，天下又謂贈君餘福貫蒼生矣。余既與伯子昆弟有文字之知，左官於晋又得叔子襄事，叔子欲論撰先人之美，以明著於後世莫余宜，於是約略其系履、允屬與行誼之大者爲之銘。其系履曰：贈君厥諱成發，厥字鎮元，奮之其別字。厥邑南海，厥鄉九江。九江朱氏系出保昌，趙宋南渡之季有元龍者，谿嶺趾來遷，至贈君爲十五傳。累傳號多名人，而贈君大父連第、父德進皆潛曜不顯。其行誼曰：贈君生而孤露，幼而單約，艱難立家，滋至小有。一游吴會，投老家園，爰自任冠，至於暮齒，嗜義必顓，覿貨能廉，恤嫠哺孤，治道與墳，黽勉昏喪，收視廢殘，交有始終，戚鄙有恩，故朋友有所歸，中外無間言。蘇人唐景泰，大賈也，君客閶門時與契，轉貨來粵，常主君。年七十矣，嘉慶丁卯將反蘇，人之負者且三千金，弗能得也，以券付君，從容謂曰：「吾老矣，恐不能復來，故人贈別，公幸辱收之。」君陽許諾，明年唐不至。君卒因長洲朱君履四千里外反其金。河南范三者，先富而貧，亦依君。濟珠江溺，君聲貲求遺胔，遺嫁孤女無失時，常以歲三月挈友人祭其冢。海船三水韓某貨君貲屢折閱，於後亡，且八百金慙弗能面也，君診知有故，召其子出券焚之。嘗謂兒輩曰：「凡人力能竭而不以及人，非天命富貴意也，汝曹識之矣。」其襟抱如此。其允屬曰：贈君初娶同里張處士國滄女，產四子：長士琦舉人，今在公車；次炳琦，國學生；次次琦，進士，歷知孝義、襄陵縣；次宗琦，郡增生。繼娶關氏。孫男八人，兩娶皆有令德。張孺人幼奇慧，處士苛擇對，偃蹇乞昏者數輩，選贈君而歸焉。莊而知義，潔齊内外，井井有法度，五宗敬之。關孺人育子如腹出，慈良甚，觀者不之別。君子又以知贈君之德能行於家也。銘曰：

天待人，彌缺累。偉朱公，知此意。蚤觤危，晚榮膴。攸好德，福備五。國爵集，天貺加。孰謂奢，始萌芽。稟庭誥，成縣譜。緊頌聲，召父父。人食福，於子孫。飲江海，知岷源。古孝子，今良吏。望雲飛，懷壤瘞。我銘葬，在其鄉。象罔阡，偕配藏。

行狀

金節一首

明贈承德郎南京户部河南清吏司主事白川朱公行狀

余考世家士大夫之先世，必有聞人鬱積慶源，乃其後之人，方能顯名標樹。蓋久則積，積則徵，徵則昌大光明，自古而記之矣。節少與計部讓同爲諸生，歲甲戌同舉南宮，又與別駕君謨朝夕游居，常述贈君事，因以迹贈君。一日計部君過，語余曰：「不肖賴子庇得新先人封號，惟是未有以銘其墓，吾將匄言於當世賢者，顧草茅隱行，惟子知之，狀必以子。」余既誼辱通家，又不得以不敏故，令朱贈君没世而文采不表。按：公諱文直，字與剛，白川其别號也。先世爲粤梅嶺珠璣巷人，奕世載德，以系遠不叙。自宋季元龍公始遷南海九江上沙里，輕財樂施，克恢堂構，厥嗣子議公能承其志，以振其家。歷傳至南塘公，凡五世，是爲白川公大父，霦霦儒雅，人人識其長者。子三人，長林坡公，慷慨重然諾，絶無脂韋態。即韜迹林壑時，與縉紳先生游，户外屨常滿，如黄奉常公重者，乃其素交。即縉紳貴人有不當，輒正色直言，莫不悚然改容，時人稱爲大聲公。配鄧氏，舉二子：長蒲泉公，諱文重，時爲湖州别駕謨之父；次即公。公幼以穎悟名，習博士業，涉獵百家，尤工於詩賦。一不售於有司，輒棄去，曰：「士豈必博一第以邀榮名而取世資爲愉快乎？吾以娱吾志耳。」於是專精稽古。爲人仗大義，禮於而家，睦於而鄉，里兒有訟者，咸質而解之，莫不當其意而去。與蒲泉公極友愛，出入與俱，諸凡親鄙宴會，常相從，左右人以爲有田氏家風。方公蚤年，子尚幼，而蒲泉公業已七男，公視若己出，不愛貲産，悉捐以贍誨之。以故一時子姓游膠庠者三，舉於鄉者一，公責成之力多焉。計部君讓初在襁褓，公甚愛而奇之。差能言，即授以章句、趨庭之訓，日諄諄然，蓋期而責之者遠也。越嘉靖壬寅七月，公疾革，配安人問家事，竟不答，第以手撫計部君頭曰：「兒無負吾志。」遂卒。翼日，值颶風暴雨，鄰里趨來視殮者不避衝冒，如失所恃。公之平昔，德及鄉鄰，此其明效大驗也。即今士論鄉評，游譚聚議，有遐思焉。安人少出同邑鉅族，貞順夙成，伉儷公家，時勤雞鳴之警，事舅姑以孝聞，鍾愛諸侄一如公。諸侄爲弟子員，有不足者，常脱簪珥以佐學宫先生贄。待臧獲尤加矜恤，朝夕寒暑，必時其衣食，常曰：「彼亦人子也。藉令吾子處其地主家者，不問其饑寒，吾爲父母，忍之乎？」凡處家大小，其推心類如此。公卒時，安人年甫四十五，諸兒俱未長立，姑耄不能動履，每旦暮掖扶供膳，孝敬彌篤。每念公遺言，勤儉課子，日紡績治女紅，至夜分不輟，身率計部君學業。嘉靖戊午，計部君領鄉薦，歸拜於庭。安人泣而言曰：「汝父生平有遠志，今皆在汝。汝叨一第，未可賀也。」計部君識不敢忘，時安人年六十有一矣。又七年，而安人卒將訣，猶瞪目視計部君曰：「兒勿哭我，汝記父歿時屬汝言乎？汝能成父志，異日不負其官，吾與汝父俱無憾矣。」其識見高邁，尤不可及。越數年，萬曆甲戌，仲子讓成進士，歷官江閩，有惠政，擢南京户部河南清吏司主事，會萬曆壬午皇子生，加兩宫徽號。覃恩臣下，公得贈今官，母爲安人，蓋異數也。計部君以《詩經》中式鄉試，以《禮經》中式會試，實遵公過庭之訓。方今事業炳琅，光大前人者未艾，其於公之夙期、安人臨終遺屬，誠兩無負矣夫！贈君生於弘治丙辰年三月二十日，卒於嘉靖壬寅年七月初六日，享年四十有七。安人生於弘治戊午年三月初二日，卒於嘉靖甲子年三月二十五日，享年六十有七。男三人：長謂，次即計部君讓，次謀。女四人：一適潘鼇；一適闞汲；一適崔吉，丙辰進士户部員外郎，皆同邑；一適順德葉浩。公偕安人以嘉靖甲子十二月吉旦合葬新會黄竹山辛酉嚮之原。節以所夙聞，蒐次其大端若此，其潛德懿行，多所未悉。若夫彰善志美以維風教，則有立言君子在。謹狀以俟采擇焉。賜進士第奉政大夫户部廣西清吏司郎中前中書舍人年家晚生金節謹狀。

陳志澄一首

清故貤贈文林郎山西襄陵縣知縣舉人揀選知縣朱公行狀

曾祖連第，故不仕，妣關氏。祖德進，貤贈文林郎、山西襄陵縣知縣，妣曾氏，貤贈孺人。考成發，從九品職銜，贈文林郎、山西襄陵縣知縣，妣張氏，繼妣關氏，贈孺人，本貫廣東廣州府南海縣九江鄉，年六十二歲。

澄年十五在鄉塾，聞塾師言：「近世鄉先生號稱門庭孝友有家法，推吾邑朱氏。長公、叔子同時掇科第，問學自相師友，爲一時士大夫羽儀澄慕仰之。」維時，兩先生或外臺敭歷，或夏課留都，覯止無繇也。今年叔子子襄先生解組歸，都人士志於修學好古者争迎以爲師。澄幸厠摳衣之末，積私區區，竊用自慰，且藉以卒聞長公言行之懿。而公以涉春而病，至季夏竟考終里第矣。逾月，吾師則謂澄曰：「某欲狀伯氏厓略，顧哀瞀不能屬筆。子之立行也信，庶幾文直核，使逝者不誣而當世有述焉。」澄不敢辭，乃條次其所及知者爲之狀。

謹按：公名士琦，字贊虔，號畹亭。先世居南雄州保昌縣，宋咸淳末有諱元龍者，下遷南海九江，子子議因占籍焉。明世以來稱望族，子議七傳至夔州知府讓，以治行第一拜璽書之賜，詳《四川通志》《廣州鄉賢傳》，是爲公八世從祖。讓兄子完選貢太學，不赴，有高名，善書畫，書畫譜稱其獨步萬曆間，詳《欽定書畫譜列傳》，是爲公七世從祖。讓孫實蓮，以户部郎中受特勅，與陳文忠子壯舉義殉節高明，皇朝賜謚烈愍，詳《明史列傳》《欽定勝朝殉節諸臣録》，是爲公六世從祖。父贈公成發，匑匑畏謹，不欺一諾，有還寄千金之德。母張太孺人柔儀彌劭，産四子：公爲長，次太學炳琦，次吾師次琦，次明經宗琦。

公幼倜蕩，母訓之嚴，乃束脩嚮學，師族父祥麐、同里曾司成文錦關大令士昂，咸見器異。道光四年，通州白尚書鎔來督學，以第三人補邑庠，十二年以第三人補廩餼。使者每臨試廣州古學，公出輒傾其曹偶，七試一等，英聲儁一黌。久困場屋，十九年己亥鄉試，乃弟兄同捷，公以第三人魁其經，年四十五矣。座主涇陽張侍郎芾、江寧潘中丞鐸奇賞其文，初以定元，越六日乃易嘉應李庶子載熙。然及門旅，見二公誦其文，猶宿搆然，相與嗟惜流連，謂不能以第一人位置也。明年，禮闈報罷。又明年，再黜乃還。廿四年甲辰榜後，聞繼母關太孺人艱，銜恤反。廿七年丁未，吾師獨登第，公雀躍曰：「弟齒比我富，能比我高。君恩祖德，圖報當靡涯也。」三十年庚戌抵都，留試三載，最後赴咸豐三年癸丑挑選次，蘇常間，遇寇歸。前後會試者六，過夏待試者三，上公車而未至者一。同縣羅司空文俊在官時相佽助，後多館同年陳户部桂籍家，垂周甲矣。反自姑蘇，值紅匪之亂，亂定遽卒。

綜公生平，束髮試有司，皓首隨計吏，蓋終身皆在名場中。其韞蓄於中者，雖未可盡窺，然迹其用世之志，汔耆艾而未衰。若得一日藉手以洩其奇而可以無憾焉者，而惜乎其終於不遇也。

公爲人充健饒膂力，視短而明，能於方寸楮作蚊脚小書。與人交，磊落不塹城府。無貴賤雅俗，咸樂之。所至，堂室皆滿。用財不諱稱貸，貸得之物與長物同，不作絲豪慼縮態。有告匱者，隨復與之。然持己自介，居京師，以醫術數爲陳偉堂相國，文孔脩、趙蓉舫兩尚書所賓接，未嘗干以私。房師張繼鄒令東莞，常館公；及來宰邑，一見亟還。張怪其遽，公斂容曰：「在東莞爲門下生，南海則部民也。部民止宿公門，匪惟自介嫌疑，抑恐傷公盛德。」邑富人邀花縣老諸生爲子師，病舁還家死矣，家人審其顱，謂有傷，遂以毆師致命訟。事秘，莫能明也。老生之子佾生某，故服教於公，富人揣公能寢止之，介梁孝廉植生持數百金爲壽，公不應，嬲之甚苦，匿而免，亦不以語人，其避遠曖昧如此。

居里閈，殷憂桑梓，沈慮有遠識。嘉慶末，嘗著《南順十一堡禦盜方略》。十一堡者，東至黄連海，東南至勒樓，南至甘竹灘，西南至九江西海，西至南邨，西北至余邨岡邊，北至西樵山北，東北至龍江東海。大指謂我十一堡地控長江，界連數縣，爲五方之輻輳，居百粤之下流，土廣人稠，言厖事雜，謂宜按切形勢合爲一團。方今海宇昇平，人歌清晏，應聯宇縣如一室，豫杜災變於未萌云云。又謂守禦之道，在先悉形勢之險易，次貴儲蓄之豐盈，然後勁敵可摧，吾圉可固。

此全團大勢。西江最險，以江流湍急，瞬息千里，急猝難備，且冬春潦盡，與海通波，巨艦艨艟，朝發夕至，又界連數縣，匪徒出没，蹤迹無常。比之各衝，尤爲喫重。雖北有黄岡之阻，南有海目之隘，然決水灌圍，乘霧沓至之患，不可不防。蓋人居雖密，而風帆飄瞥，策應爲難，此來如脱兔，敵不及拒，所以爲兵家最忌也。惟南路阻河爲固，且地鄰空曠，一目千丈，則頗易提防耳。東海地方雖非衝要，但去邨太遠，數十餘里惟蒲間一角稍邇人煙。雖龍江内地，絡繹沙頭，然此數千丈間，聲援則固疏矣。又況沙頭當北路之衝，沿江守禦尚需它鄉協濟哉。總而論之，惟西北一帶密邇，西樵緣山築圍，易爲完繕，即余邨地形窪下，然離山百丈，復有高阜，可憑惟西北兩陸路爲全團後户要衝，則不得不密爲防閑。此全團大勢也。其書於團中保甲、操防聲援、阨塞、鑄造、抽分、儲偫諸法，纖悉具備。當時與人言，多不省，近年紅賊起，諸鄉堡以涣散無備爲所乘，輒糜爛不可振救，蓋三十年而其言皆驗。

道光九年夏，西潦決桑園圍。十月，公約同陳詹簿昌運、胡文學調德等諗廣肇兩府同志奏記大府，籲請疏通下流，痛除積害。大指謂西潦之發，消長有期。其漲也，蹂數尺至一二丈，來以一二日越四五日，其漲必止。下流不壅，五日後必消。若下流壅塞，前潦未退，後潦又來，或東北兩江齊漲，消不如期，必有衝決圍基之患，至圍決而官民交受其困矣。東江水力不及北江之長，其入海道又捷爲患較少。北江水道漸長，然無牂柯江以遏之，雖爲患亦不甚。若牂柯江則水長而力悍，其洪濤駭浪自相擊撞，日晴風定猶隱隱作雷霆聲，爲患較東、北江恒劇。防牂柯江者，歲用民力，保固圍基，有司促迫加高加厚，似矣。然自乾隆五十九年，迨嘉慶十八年、二十二年、二十三年，修基者四次，加高一二尺逮四五尺有差，潦至，輒與圍平，此急計，非本計也。疏瀹入海，下流石壩未築者禁，已築者拆，此本計也，非民所能爲也。牂柯江自肇慶上溯雲南，匯諸江水，有蓄無洩。肇慶峽以下，地少岡阜，匯水愈多，其流益駛。以平衍之地，受徼外經行七八千里驕悍之水奔逸橫恣，非尋丈圍基所能禦也。地勢然，亦水勢然也。查牂柯江自峽下順流至新會北街口猴子山，南出外海，西出江門猴子山脚，十年前水深六丈有奇，今冬月水涸水僅丈餘，十年以後豈堪設想。總緣沙田，多築石壩，水遭壅遏，流緩而泥淤故也。江水入海，支流凡六。一曰思賢滘，水過三水縣西南，會北來諸水，至省河直注虎頭門，入於海。一曰甘竹灘，水過順德黄連板沙尾，南注於海。一曰仰船岡，水過福岸馬寧香山之海洲，沿河有石壩二三十度，長各十餘丈，沙田所圈築也。其曾步口第一埒口中間，海瀝有石壩，長七八十丈。東爲小欖河面，將淤矣，西曹步尚通舟耳。一曰白藤頭，海口直注古鎮，夾岸石壩十餘度，江水將失故道矣。一曰河塘、潮連，潮連居南，河塘居北，中一河合古鎮、仰船岡諸水，下有石壩二度截流橫築，長各二十丈。水爲石激湍急，不得驟洩。舟人過此，非風力與乘潮，弗能上矣。一曰猴子山，水繇寨尾墟過外海嘴，逕注古鎮香山界。占鎮沙尾連百頃沙、大鼇沙至竹洲頭，自外海嘴至竹頭，約四五十里，西界外海傍逕東成沙、雷霆廟、鴉洲山，夾河有大石壩十餘度。牂柯江汪洋澎湃之勢，至此竟弩末而改觀矣。百頃沙左曰廣福沙，廣福沙左曰芙蓉沙。三沙排列，各有大港爲界。而沙之左右，石壩攢築，或百丈，或數十丈，或築至中流，居然與天吳海若争權。三十年後，海將成溝，壑亦揚塵，而廣、肇兩郡，宅土芒芒，人煙浩浩，牂河一水不知徙嚮何處流也。繇廣福沙下注神灣東西，有承田壩。稍下，爲燈籠洲。東入澳門，又東出三竈外無居民，已達大洋矣。西入内河泥灣門。往者内洋大船繇此入睦洲墟，繇睦洲墟入江門，今皆阻淺，不可行。凡此皆牂柯江入海要區，亟宜嚴切疏通者也。書上大吏，咨嗟動色，主者奉行不力，事竟無成。然指陳確鑿，不避勢要，時論壯之。性孝友，事繼母能得其驩心，撫愛諸弟最篤，居不異財，食不異案。偶勞苦疾困，嫗嫗摩捬如嬰孩，不知其年之壯佼也。當離合，繾綣溢於文辭，録其初計偕與季弟書，它可知也。書曰：「五弟無恙？征舠既邁，遽逾十晨，願言之懷。昔人所謂，愛而不見，如何如何！吾弟内娱藼背，外隆德聲，雖曾輿齧指而動操，召南樵山而振稱，絜其勤勞，無以喻之也。歸束裝後，待友佛山鎮兩日，乃得成行。舟師謳棹，泛若鳬鷖。游子寄音，眇望魚雁。是夜宵半，衝風驟激，頽波彌厲，玄雲靄空，夙夕不解，雨雪告零，先集爲霰，曙發盧包之汛，莫宿黄巢之磯。嚴霜隕而葭菼淒，玄冥深而若英晏。鼇頸之灘，迷茫乎津逮；龜手之藥，嘆惻乎水工。行路之難，諗我端倪矣。家累凡百，弟克當之。回睨舊鄉，心魂慰藉。惟吾弟續昏一事，軫結未忘。上有黃髮，罷勞晨夜；下有雛稚，噢咻啼笑。兹事之亟，豈煩覶縷，顧鄉土是諮，亦云省便。而此邦之人，内教陁壞，習錮既久，庸計門户。宛宛處子，或有季蘭之好；悠悠靡俗，恐入齊咻之教。天下多美，何必是求。權輿弗戒，後懊焉集。行子過計，是用慺慺。風水蹇逆，行郵遂淹。以今二十七日到清遠縣，兄弟健好，餐飯猶昔，兼多徒侶，解誨憂虞，誥誡家人，勿我爲念。從兹渡嶺，浮泭西下。楚歌千些，湘波萬重。背湖涉江，釋舟趣陸。更復馬首斷雲，千里隨夢。雁足飛雪，崇朝灑襟。七聖皆迷之野，惘惘而驅車；耦耕不輟之鄉，栖栖而問道。山川合沓，息影何時。静言思之，百憂集矣。夫人情迹接則多忘，景逝則恒憶，歲華不居，游宴未極。往時家衖，群從如龍，齋居盤盤，言笑晏晏。東方未明，已對牀相語；西柄之揭，猶露坐未眠。論難紛起，聲與百舌競轡；觴詠横飛，酒微一斗亦醉。魏文有言：『當此之時，忽不自知其樂也。』繇今以思，曠若星漢。擬諸形容，尚繪心目。每當落帆江滸，擁衾無寐。清角朝厲，游鴻夜吟。我懷云勞，不可説也。自惟寡薄，豈辦任官。此行邀福，或叨一第。思遂南歸，寄迹丙舍。將吾叔仲，長奉板輿。對鵲占門，徙魚築宅。陸機之屋，不問乎東西；何點之山，略分乎大小。時及霜露，言羅雞豚。祀先之餘，兼以速客。雖甑生塵而日晏，風吹葦而歲寒。而風詩教睦，取鹿食之相呼；金石歌商，結鶉衣而不耻。明明如月，長照其素風；温温恭人，永垂爲家法。閉門養親，至於没齒。雖三公上衮，百城南面，何以易此哉？其許我乎，非敢望也。有問訊者，達此躉言。音塵未積，風雲逾闊。家食餘閑，幸勖光采。勞人草草，筆不抒心。」及寢疾時，事無弗語，終不及室家。疾革，乃賦絶筆詩曰：「生無善狀死何悲，化去翻令衆垢離。獨有深情忘未得，離魂常繞鵲鴒枝。」

烏乎！若公者可謂至行耿貫乎幽明，彌性砥劘乎鄙薄者矣。健於爲文，尤研究聲詩。羅司空謂其「從漁洋歸愚兩家議論入，不從兩家議論出，故其自得之妙，不離於漢魏六季三唐風椠，而自瀹性靈」。張太守維屏謂其晚作「獨窺陶杜真詮，古律皆如果熟霜紅，氣味老辣，殆欲於前後五先生，三家四子外，别示宗風，自成家數」。邃於醫，親知造請無虚日，顧不自熹曰：「不能無失也。」偶有疑閡，則伏案繙書，竟夕不寐。嘗謂梁京兆同新曰：「尋常證治，不到我輩，到我輩，必棋危柁仄、萬難措手者也。方藥後，第當時病者苦樂以爲消息，醫案不得拘，脉候亦不足憑也。」視疾以扶翊元氣爲主，而謂河間丹溪喜用陰冷之劑瘠乏真氣爲非宜。平生治驗頗多，卒不立醫案。所著有《南順十一堡禦盜方略》上下二篇、《谷泉吟草》二卷、《北行集》一卷、《南還集》一卷、《鴻爪集》一卷、《西行集》一卷、《留都集》一卷、《息鞅集》一卷，都爲《恰恰堂集》。其生以乾隆六十年九月二十八日，卒於咸豐六年六月二十五日，越月葬其鄉大望山貞頂。原配黄孺人，無子，先一年歿。側室子之繩甫，逾齓讀書，見頭角矣。二女，一孀守者存。公既邅迴不及仕，羅司空嘗欲爲援例得儒官，公不願也。今吾師陳情於朝，貤贈公文林郎山西襄陵知縣，庶幾公友于之性所拜舞而樂受者歟。歿而有知，將不悼其不遇於土中矣。澄生晚，言且無文，略摭本末大凡，上於當世大雅宏達立言之君子，庶垂采擇以畢公未竟之志，以抒吾師孔懷之哀，以貽後之傳耆舊、志人物者覽焉。咸豐年月日，後學國子監生同縣陳志澄謹狀。

祭文

關學尹一首

公祭處士朱林坡先生文

惟萬曆二十六年歲次戊戌十一月望日，眷晚生雲南澂江府知府關學尹永昌、單民府知府易道源、湖廣永州府同知陳良珍、黄州府通判譚師孔、廣西鬱林州知州鄧璿、國子監典簿陳宏乘、監生羅應日等，謹以清酌庶羞之奠，致祭于處士林坡朱老先生暨夫人鄧氏太君之墓曰：

猗歟先生，粤嶠儲精。暨彼太母，紫水孕靈。佩温恭而允塞，抱柔順而利貞。謇孝友之天植，羌和敬之夙成。聯翩結駟，冠蓋盈庭。四德百行，婦順章明。蚤娱情於豹隱，著美譽於雞鳴。允矣清時之耆彦，凝然閨閣之儀刑。乘太和之醞釀，亶後乂之篤生。摇摇華胄，奕奕雲仍。苕溪雪水，通守馳聲。夔府巴郡，剖竹專城。銀黄銅墨，象簡珠纓。春秋兩舉，騰茂蜚英。或貢於壅，或籍於黌。莘莘麻列，幾輩橫經。楩楠豫章培植，於數十年後，可棟熛闕雕甍。鴻濤巨浸溯流，於數千里外，出自裨海蓬瀛。睹華嶽之麻蔭，思萬仞之峥嶸。盼滄溟之委潤，思九派之洄瀠。考奕世載德之閥閱，孰非賢祖妣之遺馨。尹等竊父執於冢震，辱締好於麟孫。托蔦蘿於松柏，接里閈於藩垣。高于門之駟馬，羡郭族之鵬騫。勒貞珉於雁山之左，樹華表於黃塘之原。鐫孝思之惟永，屹虎踞而雲屯。儼鄉邦之喬木，寄一奠於芳蓀。尚饗。

卷七　外集詩

五言古詩

陳吾德一首

出東門行贈朱次皋

攜手出東門，行行日云暮。悲風吹我裳，况復泠泠露。守者欲閉關，行者渺廣路。青錢豈足憐，王程誰敢後。願言與子偕，畏我朋友怒。遲遲我心違，十步九回顧。全州忽已遠，河橋忽已渡。回瞻九霄陌，氣結不得訴。

盧夢陽一首

卧游羅浮和白沙先生

高高上飛雲，行行度鐵橋。鐵橋尚可度，飛雲不可招。雞鳴吐初日，起浴滄海潮。舉目盡見之，何必摶扶摇。

何白一首

林居同朱季美

夙乏逢世資，素心秉嘉尚。炯炯聊自知，悠悠孰予諒。托迹營一飽，隨流挽其蕩。及爾卧衡茅，風期任元暢。無作境自空，不蘄神愈放。卧聞山雨鳴，晨望川光漲。倚杖步閑園，林花照新釀。嗒焉我喪吾，何似羲皇上。

黎密一首

偕諸子自環谷步尋西華井學士泉環谷有朱季美莊居。

夙有山水契，恣意時獨往。及兹春陽候，相期事幽賞。步出北郭門，蓮峰矗雲上。逶迤入環谷，迢遞隱榛莽。蒙茸景物鮮，瑽琤澗流響。沿林互蔽虧，及嶺忽開朗。寒泉出山椒，涓涓蔭蒲蔣。濯漱天風來，塵襟頓清爽。彼我各暢懷，永結煙霞想。

韓上桂一首

春日陪東莞李明府、順德吴明府、香山王明府、三水陳明府、新會王明府、清遠孫明府飲朱季美山園

春朝挾逸思，閑涉虹岡圃。旭日照長林，生意浩如許。疏簾燕乍斜，隔浦鶯初語。主人起攝衣，倉卒具雞黍。邂逅六七公，盡是鸞皇侣。爽氣集冰寒，香風隨袖舉。政暇過鳴琴，朱絃被新譜。簷前花片飛，拂拂散如雨。曲罷引芳醪，滿斟勿辭阻。投壺角勝豪，射酒以不侮。稍醉却臨風，茗用谷泉煮。起步遍東皋，相與入林藪。更上最高岑，萬井如堪數。興洽禮數捐，談劇中情剖。并自意悠然，直欲游天宇。小子謬何知，野懷覺椎魯。追趨得巨觀，領略尋芳矩。蓬心豁欲開，膏肓漸可愈。共懽卿月臨，敢與德星聚。斯會信非常，儘自足千古。蘭亭詎足誇，曲水堪爲伍。願用繪雅圖，展玩時如睹。大鵬起北溟，蚊虻附其羽。矢詩本不多，冀以和宫吕。

陳忠一首

嘯峰先生畫像

先生紫陽裔，一時稱賢豪。小子少操觚，曾仰門墻高。追惟公壯年，雲霄一羽毛。今年七十六，幽居且陶陶。接見屏山麓，白首任重搔。磊落縱行吟，竟日不辭勞。余爲寫其真，癯形宜道袍。丰神一似昨，曠懷隨所遭。廊廟失此人，邱壑任吾曹。詞賦共收拾，留以續風騷。

關上進一首

送朱四古先生司訓開建

大雅久不作，先生挺然起。胸羅惠子車，邊笥無與比。言語妙天下，鎔經兼鑄史。班馬爲扶轂，衙官視餘子。文章走雞林，輒貴雒陽紙。弱冠沸盛名，明經貢槐市。珥筆明光宫，摛華首稱旨。謝闕十餘年，垂釣珠江涘。一朝寵命新，秉鐸師多士。南海之開建，同是粤山水。驪駒方在門，宦迹從今始。先生此一行，殷勤植桃李。高坐三鱣堂，關西當復爾。莫説界荒陬，狀頭昔肇此。嶺南大魁自莫宣卿始，唐時開建人。先生將振之，人有得師喜。獨我與先生，家世連桑梓。先生奇余文，忘年稱知己。晨夕每相過，高談一何綺。先生一之官，遂距數百里。酌酒送君行，離歌塵君耳。

關士昂一首

贈南溟

詩以寫性情，力各有强弱。定必要求工，反或致穿鑿。膏沃光自騰，徑熟步不錯。氣靡易放頽，論卓多謇諤。風骨既高騫，鉛華悉刊落。古色燦陸離，深情寓寄托。要吐胸中奇，肯隨階下諾。少以少見珍，多亦多足樂。拙始效眉顰，僻乃用注脚。隻手頷下探，衆筆當前閣。驚君錦作囊，羨君珠滿橐。鐘鏞失凡響，江河陋衆壑。雍容鸞鳳翔，鬱勃蛟龍躍。此事半天才，膚才動隔膜。笑我太不量，對君仍有作。會當總轡銜，一叩君扃鑰。諒許賦嚶鳴，不訝鶩庭鵲。

羅文俊一首

浙東寄朱晥亭孝廉都門

久旅念歸休，勝觀戀儔侶。况我同心人，平生共良楛。謬余秉英簜，改序變寒暑。東箭收傳車，西陵聽津鼓。屢探窆石簡，一訪園棋墅。采蕺有餘哀，書棐無遺堵。風物鎮凄迷，山川亦深阻。惜哉簡書畏，兼乏朋簪聚。疇昔春明門，觴詠幾接武。分曹酒户大，賭韻吟聲苦。句就萬花飛，庭緑相媚嫵。夫子詞流傑，手筆邁燕許。高擊歃血槃，諸公伏尊俎。餘事學蘇沈，肘後千金貯。活國與活人，萬蛹同一緒。飲我上池水，貺我長命縷。曬無三日闕，健得百事舉。古有報一飯，此惠刻心膂。誓將與夫君，永結爲邛駏。人事幾遷流，歲月不華予。巢痕一以掃，聚散如風雨。扁舟江海人，櫜筆雲霄伍。回首望觚棱，高高天尺五。

潘世恩十首

循吏詩十章贈諸門人出宰

讀漢書循吏傳

文翁興教化，能使風俗移。誘進及小吏，刀布來京師。教令傳諸生，出入常追隨。信臣重民事，興利思富之。勸農阡陌間，溝瀆灌溉滋。均水申約束，方略次第施。既爲民父母，痾養宜周知。誨之如子弟，哺之如嬰兒。爲之開屯蒙，學校立始基。爲之計生聚，廬井安恬熙。當時享其利，去後猶見思。可知親民官，教養乃先資。

孝武獎才能，吏治尚深刻。逮乎始元間，亦復事嚴急。次公獨寬和，循吏指首屈。一麾守潁州，選吏布上德。區畫到米鹽，推行仗精力。許丞信廉吏，肯因重聽劾。治道去泰甚，此語我不易。何爲治郡優，作相才轉絀。察及道旁烏，反爲神雀惑。讓畔不拾遺，條教徒粉飾。謬舉太尉官，終被尚書詰。燮理非其才，難免鼎足折。所以古賢臣，量能而受職。

王成相膠東，勞來使得所。流民八萬口，相率歸樂土。治有異等效，詔書亟稱許。朱邑治桐鄉，仁愛其利溥。存問及孤寡，笞辱不輕予。及爲北海守，治行宜首數。成也僞增加，民數達天府。俗吏争效尤，驩虞但小補。邑感張敞言，賢士屢薦舉。至今桐鄉民，奉嘗如父祖。虛名與實惠，其效蓋可睹。

少卿官昌邑，凛凛直臣氣。涕泣屢陳辭，危難能不避。遂邀特達知，用俾盤錯試。潢池本赤子，饑寒爲身計。勝之固非武，安之良不易。亂民如亂繩，緩之乃可治。但使去劍戟，轉而持農器。是即我良民，我其勤撫字。盗賊既解散，閭閻享樂利。乃教之樹畜，五雞二母彘。及果實菱芡，榆薤葱韭備。昔時佩牛犢，此日富倉積。功成報天子，乃用王生智。帝嘉渤海勳，拜水衡都尉。方其事驕王，慷慨引經義。蹇蹇效匪躬，宜膺社稷寄。儻令佐廟謨，抑或掌諫議。上之格君心，下可風有位。徒説長者言，卒使老成棄。誰與秉國鈞，默默良可愧。

讀後漢書循吏傳

仇香化陳元，卒全母子恩。許荆感蔣均，遂令手足親。衛颯在桂陽，民知重昏姻。任延治九真，嫁娶禮法遵。古人重倫紀，謂是化理源。刑禁於已然，不如防未然。舍本而求末，條教徒紛繁。安得良司牧，返俗盡還醇。

王渙矜神明，譎數發奸伏。放牛屬稚子，商旅可露宿。秦彭度頃畝，三品載簡牘。詐僞無所容，奸吏盡瑟縮。才能苟可稱，仁愛或不足。及觀弘農民，槃桉道相屬。外猛内慈仁，家弦而户祝。又如山陽守，三老致酒肉。庠序既敦明，過咎免耻辱。善教得民心，春温異秋肅。當時顯令名，奕禩景芳躅。

孟嘗革前敝，明珠還合浦。劉龍蠲煩苛，選錢慰勤苦。王景教犁耕，墾闢成沃土。童恢清牢獄，伏罪兕猛虎。至誠能動物，其應捷桴鼓。未若德化流，因之膏澤溥。誥誡心殷勤，瘡痍手摩撫。縣官不可入，吾聞之劉矩。一身救百姓，我以思第五。

補循吏詩

今之課吏治，一曰重賦税。我方事催科，未暇心撫字。不知催科中，即寓撫字意。要使務農功，兼之講水利。趙過爲代田，庸輓趨使易。杜詩省民役，力作賴農器。嚴熊鑿商顔，臨晋資灌溉。張堪墾狐奴，雙歧歌麥穗。食毛踐土民，誰無急公義。牧養苟有方，追呼可弗事。不見左内史，假貸爲民計。牛車及擔負，襁屬恐後至。以此應上考，不愧古豈弟。

今之課吏治，一曰理訟獄。明決往有功，悃愊計不足。豈知清訟源，要在化澆俗。魯恭治中牟，三異道旁矚。還牛亭長慙，輟耕許自服。延壽至高陵，争田傷骨肉。閉閤自引愆，兄弟還親睦。鄉閭有善士，平心無枉曲。姓名勿使知，甚至甘刑戮。何況長者民，化比置郵速。政平訟自理，仁風遍蔀屋。

今之課吏治，一曰勤緝捕。方其示威法，或亦假智數。要知訐奸宄，即以保富庶。虞詡治朝歌，壯士設科募。綵裾悉就禽，耕鑿安若素。李固赦前釁，魁黨先來附。郡兵罷歸農，恩信早開布。密界蝗不入，弘農虎北渡。盜賊亦人耳，疇弗翻然悟。好偕繻袴民，相與歌來暮。

關士瑒四首

擬古有懷舍弟仲瑒兼寄朱二鑒人

中壽已强半，能復幾別離。塵網苦羈絆，漂泊思無涯。營營竟何有，蹇劣我已知。鴻鵠自千里，鷦鷯足一枝。秋花被三徑，莫更歸期緩。滔滔此逝波，浩蕩何繇返。羲節迫崦嵫，蹉跎日欲晚。縱復哀王孫，終慚漂母飯。時舍弟北行未反，朱君又將有西粵之行。

次韻答鑒人

誰云無知己，知己諒有得。蘇季説縱横，多説何如默。有愧陶公多，以身爲形役。大材少枝葉，太璞留真色。明時重經濟，任人原不惑。不憂我無爵，獨患我無德。勿作小丈夫，時時説感激。我輩豈如卵，何容長以翼。奇士在蚤歲，苦爲功名迫。功名奚介意，我自有胸臆。請君看若輩，時時愧古昔。

次韻朱鑒人見寄却贈

窮秋百慮煎，曠蕩迷從去。譬彼夜行人，顛躋愁難曙。坦途忽險巇，穩步知何處。余生誠多感，汩没苦中趣。清風盪我襟，高唱殊傾慕。酬和結新懽，跼蹐憐昔誤。何當尋吾契，珍重桃源路。

秋興用朱二鑒人韻

燕去雁却來，彼此適其適。紅葉攙黄花，絢爛破枯寂。四序復何常，萬物良自得。誰云秋氣悲，此語堪玩索。冥心坐觀化，翛然萬慮釋。時與素心人，高詠寫夷懌。自慚腹背毛，無繇振六翮。會且歸去來，田園安作息。請看學圃居，何如五柳宅。

七言古詩

何白一首

客長干寄朱司理

春風躡屩登華頂，首夏披雲卧龍井。鍾陵秋色復留人，六朝四百招提境。殘雪淒淒歸不歸，羸馬獨吟江上影。江上形容夢裏家，故山誰弄舊煙霞。遥憐散吏應多暇，侍史抽書護碧紗。池迴臺迴千峰出，徑轉亭空萬竹斜。剩有清香凝燕寢，可忘東閣賦梅花。花信愁看歲華改，目送行雲嚮東海。明年春色倍還人，爲語東風好相待。

韓上桂四首

游朱季美虹岡園

虹岡之岡何逶迤，盤桓閒道曲相隨。林深莽互翳白日，巑岏兩岸陰雲低。背郭遥連明月澗，菖蒲九節生淩亂。石泉汩汩咽龍吟，旁繞芳叢環古縣。雉堞雄高壓海天，雨餘風散萬家煙。窗函睥睨横碧落，指點千帆相往旋。近山恍有丹霞氣，安期鍊食疑此地。西接浮邱路豈遥，羅浮門户應同秘。春到寒梅萬樹開，師雄夢入相徘徊。月光影落如鱗砌，越地翻經舞雪迴。傍屋更饒千畝竹，富比侯封卑食肉。若道由陰王子來，嘯詠累日應忘足。襲襲芳池漾彩禽，鳷鵲鸂鶒對浮沈。鸞開寶鏡調能舞，鶴引丹經振好音。中有主人冠籜冠，風流時自佩幽蘭。換鵝擬辨黄庭帖，掃兔直灑秋霜寒。問字侯芭憐寂寞，載酒從游多不惡。日落焚香小坐清，茶烹石鼎輕煙撲。薄暮猶聞樵笛歸，聲入委巷喧相追。拂絃促柱思未已，錯以雅韻揚清徽。架上牙籤翻照襲，玩弄信可淹閒日。水石翎毛待品題，得意千金莫浪筆。有時高詠吐新詞，珊瑚細間碧琉璃。大兒小兒良足友，九歌七發真吾師。社結梅花開勝地，黎梁往韻猶堪嗣。郭内幽閒自一村，風塵雜沓那能至。賤子煙霞舊有緣，多君意味更相憐。買山薄禄應難遂，暫可淹留且拚年。

扶胥冬泛同盧元明朱季美萬伯文劉季德黎縝之歐子建劉道子黄云卿區啓圖作

穀日詰旦游扶胥，整駕六馬飛騊駼。言遵芳渚東南隅，載瞻極浦波光逾。理檝中流泛錦鳬，旍旗刻畫龍蛇俱。舟子水嬉奏巴渝，聲破冥漠空中呼。開闔海水鯨鯢趨，是時嚮冬草木枯。江風驟轉雲模糊，顧見旭日升天衢。下暵濁浪紅氍毹，扶桑東枝千仞餘。迢遥海外三山孤，鮫神上下隨天吴。提戈叱指膽氣粗，千金買技龍可屠。投竿正得盈尺鱸，滿船賓客皆盧胡。玉壺尊酒滿眼酤，饋進珍饌雜美菰。青天白日高陽徒，賭行六博相歡逋。堯吸千鍾孔百觚，豁若長鯨吞巨湖。酒後耳熱胡爲乎，仰天大叫擊唾壺。分題物妙雲錦敷，雕刻秘思色像殊。襜褕報贈明月珠，歡笑謔浪中情輸。吁嗟此游樂甚都，羲陽委轡西匿榆。恨不回戈緩須臾，歸舟競奏清夜徂。

題紫閣山房

古松縹渺蒼山暮，四壁霜豪起煙霧。澤廣時聞虎豹嗥，山深似有龍蛇互。中有幽人讀素書，仙童冉冉飄雲裾。有時大醉劃長嘯，四顧天地空吾廬。

社集詠梅花

天帝誅玉龍，玉龍無所匿。化作古梅枝，槎枒倚洞仄。枝作鐵爪蒼龍形，獨餘玉甲吐奇英。風吹片片鱗欲動，照下苔階霜雪明。嶺嶠春濃不見雪，萬點瓊瑶忽可掇。只緣宿鳥撲疏沐，顧見芳華含曉月。月照梅花渾欲空，聞香始覺有芳叢。玉魂久冷招不至，信息全憑夢裏通。夢入羅浮頻可遇，啁啾翠羽聲如訴。莫折疏枝寄遠人，玉鱗摧損防龍怒。

劉克平一首

朱叔祥朱季美梁公益諸子同遊羅浮登絶頂放歌

樓船海上迷煙濤，金盤仙露秋風高。咸陽三月成煨燼，茂陵到處生蓬蒿。豈知仙島波光上，輕於弱水之浮豪。漂萍無根津無托，浮山已在羅山泊。共工觸怒愚公愚，女媧山神無所需。如今影落天池外，往往疑是北溟魚。我乘飈車駕三蹻，徘徊倒影雙籠鳥。輕風吹衣挂雲端，誤唾珠璣落天表。天表無遠近，羅浮咫尺間。九節白玉杖，相將入元關。元關窈窱混太清，紫雲爲蓋青雲城。俯視三萬六千尺，日月雖照何冥冥。泉源流水深不測，瑶石璇臺列其側。征翼名足聲空聞，乍高巘兮忽長林。波激石兮碎玉，石咽波兮鏦金。芝有年而駕車，木無影而千尋。鳳喈喈兮浴潭，龍冉冉兮布霖。忽層雲斐亹以出没兮，似波濤運海，翻千萬里之鯤鵬。風溯滂飄拂其緑阿兮，囂喧窪窽，散入華葉，容與於衆芬。〔一〕邈仙洞之窈窅兮，紛夜樂之鏗鉉。嘯乍舒而縱腭，歌轉哀而激唇。九疑三湘煙霧斂，大地月色同紛紛。零露瀼兮白皎皎，寒威肅兮夜沈沈。吹萬忽兮悄悄，微飈静兮泠泠。仙之人兮下雲軿，劃連障兮列屏。命吹笙兮董雙成，鼓震

〔一〕以上兩句標點存疑，或有佚文。

靈之璈兮許飛瓊。寒蒼麟兮酌元英，授瑶笈兮妙韞，傳大藥兮長生。指揮上界路何遥，試望滄海兮揚塵。盍歸來兮清虚天，世之人兮難與群。闞門既回車，刀圭詎試君。張良眷戀亦王漢，劉安遲迟但蘊金。噫吁嘻！送君行行當安之，别離有盡會有期。君再來兮餐紫芝，但恐二女侍，頭白成衰鏊。珍重元都約莫語，此輩元癡兒，來兮當何時。

程可則一首

題朱完畫草蟲册子

天地爲鑪萬物銅，九州鑄錯稱玄工。飛潛動植各有類，衮衮消息無終窮。四靈之畜三百六，洪纖曠古分鴻濛。小知大年不可知，彼蚩蚩者寧二蟲。何人丹青爲此圖，生趣慘澹經營中。半塘鱗羽自趯躍，四序山花相映紅。會合陰陽殊妙契，補綴造化天無功。聖人一出茂作睹，百昌萬彙歸昭融。我欲携之獻明堂，如觀物理陳豳風。此翁點染得無意，無徒几榻娱清供。

關士昂一首

莫春偕陳心農過朱南溟里第主客皆有詩别後心農疊前韻見寄如韻奉答兼簡南溟

性癖耽吟亦一偏，要從天籟適吾天。無端忽感觸，有象呈當前。欲歌欲咢不自解，如贈如答忍舍旃。正如吾與子，相見不用相招延。未曾通介紹，輒已共流連。尋常偶與俗子對，欠伸欲起求安便。恰似詩清忽插唾剩語，不待數見已不鮮。君胡過我便終日，更覺一日抵三年。我聞夜光積玄圃，美玉出藍田。琥珀何曾拾腐芥，驊騮偏解識秦歅。越人車笠有前誓，韓孟雲龍相後先。偶爾唱酬亦餘事，筆底有力天無權。我才不及君萬一，君乃贈我多大篇。思君別我纔幾日，驚看蟾影缺復圜。荔枝紅入朱明候，殖蘭庭裏迹已遷。殖蘭庭，南溟齋名。安得南溟稍任苔痕破，相與接踵連袂拍吟肩。暫輟皋比坐，且罷午窗眠。招携裙屐侣，共蹋君門鍵。坦懷不暇拘瑣屑，分箇聯吟申曩緣。南溟操矮紙，韻鉢響初傳。信手歷落掃雲煙，君也却立平視神力全。豪端鶻起落，墨縷雲聯緜。予亦從旁朗誦摳衣起叉手，放步一噴一醒然。南溟鼓掌君摩腹，澄懷闊略塵網牽。奚童扇鑪候活火，蟹眼細細松風煎。茗椀雖無纖手捧，吾曹此樂知誰賢。重吟細把互欣賞，餘音留繞鵾雞絃。韻險幾回難制伏，語妍又覺生情憐。海目坡亭如有約，到時更擘衍波箋。

陳履恒一首

春杪訪穗田即同過南溟書齋有贈二君

今年春陰天氣偏，春來難得半晴天。一朝風日名暄妍，黃鶯百囀花枝前。微禽尚爾解求友，而况吾輩能忘旃。故人遠隔不數里，相期一見徒遷延。揭來乘興過西路，江邨萬户如雲連。踵門握手各慰問，停雲落月言便便。知君素負蒼生望，操刀屢試精烹鮮。舍留甘棠樹合抱，琴鳴故絳官三年。當時推轂寄民社，而君讀禮歸鄉田。即今需才重良吏，相逢相馬九方歅。一行便作黍苗雨，君乎肯讓它人先。君言籌之計已熟，時行時止須兼權。寄懷憂樂師范老，昨者言志詩成篇。從容爲誦七言句，玉磬聲徹金鈴圜。忽憶舊游凡幾輩，三十餘載經推遷。同心共訂金蘭譜，君與朱君誰比肩。偕余兄弟聯研削，風雨論文牀對眠。近聞朱君厭徵逐，授徒課子門常鍵。相携踏破苔痕入，主人驚喜今何緣。就中示我唐寅畫，赫蹄舊迹皆真傳。連山嵯峨拔地軸，遠樹層疊生雲煙。家藏三世遞四世，歷劫不朽能曲全。更邀畫工繪小影，南橋北梓情纏綿。老子鬚眉信健在，佳兒頭角何嶄然。忽因觀止入感慨，鬢絲今昔幽清牽。也知年少負奇氣，而今蠖屈同憂煎。古來晚成多大器，有志追逐希前賢。勸君且勵蘭陵學，勸君且揮武城弦。賤子無知亦努力，人事既盡天公憐。情懷怦怦發狂興，一吐肝膈揮濤箋。

葉蕙清一首

秋梧畹亭諸孝廉枉集邸齋詠雪同用坡公聚星堂詠雪詩韻

昏鴉抱樹多於葉，同雲釀作漫天雪。萬籟無聲氣凜然，大地光明真快絶。瘦藤乍老龍胡垂，寒菜盈畦馬耳折。試從牛目問淺深，早覺行人蹤已滅。團團小屋似漁舟，短簾左右風翻掣。圍鑪倍愛濁醪香，酒痕衣上生波纈。何來有客急叩門，屐齒霑泥思木屑。興豪共作禁體詩，要與鉢聲争一瞥。自慙才孫謝惠連，敢嚮解頤匡鼎説。吟成十指硬如椎，研冰片片真敲鐵。

卷八 外集詩

五言律詩

陳良珍一首

憶浮邱舊侶和石潭

自别芙蓉社，階蓂日又生。懶雲寒不起，瘦自遠添明。虚閣三層迴，閒身一葉輕。老來清興減，戀舊若爲情。

謹案：《粤臺徵雅録》謂萬曆中郭棐致仕，歸與陳堂、姚光泮、張建臣、黄志尹、鄧時雨、梁士楚、陳履、鄧于蕃、袁昌祚、楊瑞雲、黄鍪、陳大猷、王學曾、金節、郭槃凡十六人，闢浮邱社以續南園，而陳參政萬言本《業堂集》有《南歸入社詩》云：「箭落雙鵰關月明，十年孤劍客長城。君王秖爲邊臣老，詔許歸閒罷北征。春雨移舟酒易酟，江頭花影净蘼蕪。南園杖屨從仙客，却憶風流五大夫。」又有《喜郭夢菊謹案：郭光禄棐，字篤周，號夢菊入社詩》云：「一入蠶叢國，星辰應使君。夜郎揮彩筆，巴蜀諭雄文。攬轡澄江色，移舟動峽雲。歸來蓮社伴，猨鶴暫爲群。」陳郡丞《在璞稿》復有此詩。考《郡邑志》郭公本傳，萬曆二十三年乙未以光禄寺卿致仕歸，而郭子章撰參政墓志言參政卒於萬曆癸巳，則實在郭致仕之前二年。按：墓志又謂參政告歸十餘年乃卒。吾家石潭公諤捐館在萬曆庚辰，更遠在其前十五歲，然則浮邱詩社非關於光禄致政之後昭昭甚明。以《粵臺徵雅録》云云爲近輯各志書所采，後人易惑，故詳辯之。

歐大任五首

同朱倉部次夔携酒過唐民部仁卿宅得花字

來轂問君家，疑從杜曲斜。御河街裏酒，宮閣雪中花。櫪炬喧饑馬，城笳急暝鴉。嚮來論去住，吾意邵平瓜。

潘子朋朱季美雨夜見過時華父還洲上

江雨籬門暗，扁舟二妙過。通家堪孔李，和者到羊何。茅屋秋聲蚤，松醪夜語多。客居同甫里，猶得慰蹉跎。

同叔祥季美季德道子過花竹清居

門徑歡相過，荀陳誼自深。芝蘭偏滿室，薜荔已成陰。濁酒全生理，匡牀出世心。非君能愛客，誰許數來尋。

十五夜同潘子朋梁丙儒朱季美集蘇叔大宅雨中觀燈得陵字

蘇端今愛客，促騎興堪乘。海國三城雨，春筵百子燈。錦攢花似洛，觴急酒如澠。誰信清平曲，歌鐘過五陵。

西館元夕諸公見過月下觀燈得看字

華館燈方豔，新年月正團。綵妝雙樹密，花綴九枝寒。虬漏春猶淺，鸞簫夜未殘。莫教車騎散，留客醉中看。

韓上桂三首

朱叔祥虹山園

城市囂塵甚，君家自一村。牽蘿護墻瓦，倚篠補柴門。巖密含雲宿，林深雜鳥喧。灌園陳仲子，口吃不能言。

水閣波光遠，山亭翠色微。樵歌喧落日，雅曲動清徽。地苦竹從瘦，潭深鱖故肥。主人渾無著，鷗鳥自忘機。

錦石奇如畫，苔痕細作錢。幽花輕壓砌，衰柳淡縈煙。架穩從鶯坐，竹驚擾鶴眠。何因鄰別洞，步屧任經年。

劉克平二首

候潮扶胥江 以下游羅浮作諸子同賦。

濁浪愁三老，殘星戀客舟。岸遥看不見，潮上暗能流。海色疑無夜，江風別有秋。雙鸞孤枕上，清夢已羅浮。

過梅庵禪寺

隨意滄州傲，元關晚共過。捍江青嶂逼，礙杖白雲多。地僻閒樵牧，人稀老薜蘿。采真興汗漫，不負紫芝歌。

李雲龍一首

訪朱季美環谷莊居

尋君谷口路，杖策入孤邨。徑轉方知處，山開忽到門。陰厓蒼樹合，幽磴野花繁。嚮夕涼風起，高齋聞夜猿。

劉蘭雪一首

靖節堂竹陳宗伯母朱太夫人限韻應教

爲愛庭前竹，猗猗曲檻中。孤高撑落日，勁直掃秋風。龍去投笻巧，鸞歸製笛工。平生好修節，賴有此君同。

關管二首

仲秋十四日集飲朱宏明種月亭待月遇雨漫賦

月亭堪待月，雲帶雨猶驕。共喜秋將半，其如暈未消。沾花亦太劇，妒景不曾饒。若得翻晴霽，清光話此宵。

仲秋集飲黄柏郁舟中即席爲朱太一賦贈麥子秀章

艤棹依江曲，忘年對此秋。醺人傾一琖，笑我憩同舟。水色開簾媚，風光入坐留。萍逢過永日，意氣爲誰投。

闕鳳喈二首

送朱叔劉之清遠校官任

廿載論文友，今當捧檄年。鯉庭辭綵服，鼇塔擁青氈。盤蓿乘春暖，蹊桃帶雨妍。漢廷徵伯起，從此兆先鞭。

祖帳臨江滸，星軺指二禺。青山迎劍佩，白社想楷模。誇靡文風漸，囂陵士習殊。轉移知有待，昔昔在蘇湖。

七言律詩

梁士楚一首

九日黎惟敬朱石潭鄧雲川湛然上人集朝漢臺

初衣歸隱故山中，出郭風煙迥不同。曲水細分陶徑遠，暮雲低傍漢臺空。高僧機嚮青山息，上客詞兼白雪工。回首廿年征戰擾，秖餘殘菊對飛蓬。

陳良珍一首

題朱絅庵太守迎曦樓

飛構凴高倚太清，扶桑流影入前楹。投書蚤謝平津謁，捲幔長懷曝背情。繞砌芝蘭香自馥，嚮陽花木易爲榮。江湖未老憂君念，矯首彤雲望帝京。

歐大任六首

金户曹持甫宅賞牡丹同朱倉部次夔蘇大理子仁王侍御唯吾楊計部士遇賦

六代風流玉樹存，江東春似洛京園。鍾山雲護平章宅，持甫僦宅是倪文毅公舊園。金谷花開太白原。豔紫幾看摇蕙帳，嫣紅猶自媚蘭尊。葳蕤豈必驚顔色，何限詞人賦采蘩。

元夕集朱氏兄弟山下草堂得歌字

寶馬驂驔十里過，九枝燈裏麗人多。城臨花月春江曲，風嫋笙簫子夜歌。坐密羽觴行未已，醉深玉漏問如何。社中諸少忘吾老，猶自牽情洽薜蘿。

冬日同惟仁叔祥季美君璽季德君美道子虹岡賞梅花得園字

館近梅花大樹邨，葛洪去後幾株存。香聞半嶺空鸞繡，月挂高枝有鶴翻。歲暮莫吹江客笛，山寒猶在汝陰園。醉來欲寄游仙夢，一過朱明古洞門。

答子朋公益子遷季美開社見寄

社事初成鷃是冠，招邀何以到魚竿。可因朗月思玄度，尚有殘書伴幼安。玉履并將綸簡寄，銅盤猶嚮竹林看。洛中若待扁舟客，欲繫龍門八節灘。

社會賦得送歸鴻同子朋公益子遷季美祖皞用礪少脩繼昭鳴翊作

嗈嗈鳴處荻芽肥，客歲霜前下釣磯。候暖暫辭滄海去，春深翻嚮玉門飛。可能戢羽群棲泊，忽漫揮絃一送歸。爲爾臨風凝望久，上林從此信音稀。

初秋爾雅堂社集同子朋公益子遷季美諸君作

蒿徑逶迤過草堂，雨餘林色入新凉。溪通罨畫雙流玉，岸匝芙蓉半帶霜。近席群鷗窺染翰，諸山明月照飛觴。雅游不少沈冥客，誰信郊園似辟疆。

區大相一首

同黎惟仁訪朱氏兄弟山池

漸入前林已少鄰，轉行深巷更無塵。煙迷竹樹纔分徑，花泛谿塘別是津。往日雲山如待客，經年琴酒始逢人。愛君幾片松間石，青李臨書過一春。

李孫宸二首

過朱季美池館

春光淑氣轉氤氳，步入橋西一訪君。地迥有風偏響竹，岡寒無雨亦生雲。閒情自恰尊中賞，高調難將世上聞。指點墨池誇勝事，晚煙籠處亂鵝群。

篙人未夕駐蘭橈，七十峰邊夜聽潮。山水生來憐有分，雲霞到處解相招。風含瀑布疑環珮，峽束江聲似洞簫。未信出山爲小艸，與君天際且逍遥。

劉蘭雪一首

奉陪陳宗伯母朱太夫人游海珠有詩

五日乘潮似渡瀘，釵頭争挂辟兵符。珠遺洛浦誰家女，印解湘潭楚大夫。雪撼怒濤摇壘堞，波侵斜日浸浮屠。歸來試把諸姬問，適聽菱歌記得無。

闕管十六首

壽朱可易初度

奕葉承家不世才，稱觴人共對銜桮。花翻梅萼瑤階舞，曲奏雲璈月殿來。雪染丹砂看臘換，風吹淑氣識春回。謝公老去歡無限，香送芝蘭日日開。

十五燈夕同黄世澤朱可易子敬過孝廉曾命觀藏書樓絶頂

春浮淑氣靄氤氲，飛閣梯來思不群。火樹炙天縣碎錦，笙歌吹月避層雲。六街隱隱燈猶在，四坐悠悠夜未分。從此遨游堪盡興，風吹笑語九天聞。

秋日朱可易招同黄冲伯岑贊復黄仲綢鄧當時諸丈過集書齋時昆仲可範長公子敬俱集

十里相期伴客豪，況逢童女遍秋皋。備事彈唱。入門翠擁參天樹，葺檻煙鉏曲徑蒿。老去論文歡舊侶，興來呼酒醉新醪。籃輿爲屬休回首，意氣憑君此日高。

七夕後一日朱可宅招同岑贊復曾命觀鄧當時暨其從子子敬泛舟水岸與奇山相對間以絃歌之聲傍月而回

載酒新秋上畫航，輕橈宛轉度江鄉。青山隔岸當窗見，碧水牽潮入坐涼。竟日笑談依曲渚，有時絲竹伴飛觴。看來月浄天河裏，猶似雙星昨夜忙。

仲秋十三夜同從子用乘過朱宏明種月亭玩月

柳畔秋中賞興忙，繇來種月月晶長。隔溪古樹分銀影，傍檻疏簾透碧光。雲避林巖花更媚，風迎坐榻夜添涼。它宵問酌知何似，滿有清輝布八荒。

季秋同朱宏明子敬台卿從子用積明汝過少顯族丈賞菊

爛漫籬邊信手栽，隔年耽賞故重來。驚看客似今時異，笑對花如舊日開。雨過繁姿紛短檻，霜飄豔態絢深梧。交歡不盡情狂興，日暮猶堪伐鼓催。

初冬二日同黄冲伯家伯兄誠信過集朱宏明娱暉館賞菊

種菊誅茅幾度勞，賞心今日共陶陶。紫英黄蘂花争豔，秋去冬來客過豪。妍影帶晴紛曲檻，清標擎露出殘蒿。東郊不盡騷人興，故遣花前任醉傲。

壽朱宏明年丈初度

嶽降逢春瑞氣叢，况乘咫尺近高風。青牛關裏君先度，絳鶴雲間我亦翀。瑶室桃開欣正艷，紫霞梧暖喜方融。興來好結香山伴，次第稱觴歲歲同。

壽封君朱太一入袠

五月朱明曉色新，華筵觴對上皇人。環池桃結千年實，繞膝斑娱四代身。南極張光躔度遠，仙童供笑往來頻。猶餘棣蕚翩翩盛，日共恩銜紫誥春。

重陽前二日朱太一湛一岑向日邀黄柏郁過菉猗堂

過有高軒客思濃，應時歡笑主人同。酒邊未綻依籬菊，嶺上先吹落帽風。日暖鑪煙薰短榻，霜清雁叫響長空。深秋不定登高約，漫在園林一語中。

壽朱郡副湛一七袠

皎髮相看謝政迴，喜君贈笇信悠哉。萬年荆樹枝方茂，此日蟠桃花正開。雲洞煙光曾搗藥，瑶池春暖更銜桮。斑衣寵出京華裏，想得金莖露寄回。

松柏雙青爲朱宏正壽

蒼翠喬林喜一般，亭亭堪對主人歡。高標遠拂參天外，勁幹長擎傲歲寒。秀挺山峰臨玉樹，黛横江苑覆芝蘭。看來盡是仙家種，留與年年客共看。

初十燈夕曾命觀岑贊復朱子信子潔子敬族子堯文岳宣偕集草舍弟藎臣從子用積陪席

六七年前已謝榮，春宵無事客相迎。桃花開嚮三陽麗，燈火光摇四坐驚。爆竹有聲簷遞響，月華經洗雨添明。年年好趁芳時樂，莫問占賢幾聚星。

燈夕朱孝廉子潔邀同黄觀察柏郁過來紫臺其尊伯尊人莘犁箕作群從子敬子茂俱在至雨霏未散

春風送暖入孤邨，乘興聯鑣并叩門。竹裏銀燈開曲徑，花間紫氣落層軒。壯年曾憶傳柑事，此夕偏宜弛禁喧。携手不知歸路涇，夜深猶公對芳尊。

黃柏郁復泛舟邀同岑贊復朱象之子潔鄭聚之李熙乾暨其弟仲絪希祥往洲尾嘴觀競渡次聚之韻

彩鷁重重度水隈，喧闐欣對綺筵開。持桮莫問沈湘事，奪錦方知破浪才。海鳥似邀華幌近，江花猶訝酒人來。相從勝地饒知己，薄暮依依兩岸回。

重陽前一日笛樓餞別彭凝湛朱嗣之孝廉北上

移舸相將發興豪，登樓飛眺俯江皋。一泓秋嚮波濤徹，兩岸峰縣日月高。未及龍山供宴具，先從祖道設征旄。共知聖主虛前席，好逐雲霄萬里勞。

劉克平三首

經湛文簡釣臺 以下游羅浮作諸子同賦。

四百峰頭云不開，孤騫眼底暫徘徊。虎門江入天無際，蜃氣波翻嶽半摧。信有儒宗高一代，何應長算剩孤臺。乾坤此日吾登望，水落魚龍萬壑哀。

延祥寺故址

覺路金繩得并過，諸天翹首望藤蘿。怪來白馬神功在，何必元蜂曠宇多。無樹菩提從拂拭，有緣知識豈蹉跎。清泠一漱通公井，去住誰應佛祖訶。

登文昌宮延禧寶塔

芙蓉青削海天中，去住吾生此斷蓬。轉世誰知金粟佛，憑高聊御大王風。十年兩度題詩過，千界諸山入眼同。莫遣淹留催落日，暮雲天外亂歸鴻。

吴時亮一首

朱箕作來紫臺

少年英氣斗牛旁，投老青氈未肯忘。萬石躬行齊玉潤，五車世業在芝香。隨人問字稱書簏，有子傳經賦錦堂。却羡吹藜太乙叟，絳帷搜詠正徜徉。

陳子壯一首

答懷母舅朱箕作先生

桃花水闊九江濱，蘭槳經時一問津。娌矣劉家評月旦，難於郢客和陽春。窗間蝸篆攤書後，谷口鸎聲對酒頻。不爲京塵能障目，停雲兼寄倚閭人。

劉觀光二首

題紫閣山房

嵂崒紫閣高峰寒，蒼崖削鐵翳雲端。環除幽鳥調絃管，繞屋修竹森琅玕。高人抱膝坐長嘯，盥櫛都忘欹鶡冠。醉裏不知天地小，颯颯臨風琴一彈。

朱石室嘯園

清時何事羨蘇門，長嘯翛然道自存。數部鼓吹頻送響，六街車馬不聞喧。逍遥可續成公賦，箕踞誰同阮籍言。不必攀躋窮半嶺，疏林修竹自爲園。

陳開泰一首

嘯園

泂泮西下錦巖東，千里江流九派通。捲幔天開喬木裏，采芳人醉萬花叢。輞川詩畫王丞趣，鑒曲逍遥賀監風。何日扁舟浮海去，問奇應得過揚雄。

關名教一首

嘯園

新秋載酒過高陽，散步林塘興欲狂。謝傅東山饒別墅，知章鑒曲有新莊。憑欄自得濠梁趣，散帙人誇翰墨香。話久頓忘歸路晚，一天凉月照縑緗。

關家炳一首

七夕宴集妍瞰堂

秋雨朝來散鬱蒸，看花今夕興須乘。芳蘭豈逐腥羶穢，離黍空教感慨興。但想夷吾終受賜，未應燭武盡無能。多情肯負良宵醉，露冷銀河共撫膺。

黎春曦一首

正覺寺 甲午上元道場。

可堪年序熱場登，人事天心悔未曾。一椀華燈輝古寺，數聲鳴梵衆山僧。石頑迷久虞難點，漏促催停不盡憑。大衆嫛婗沿舊俗，交將誠懺祝升恒。

陳子升一首

正覺寺 甲午上元道場。

訶子林西花雨飄，靈山分寺補南朝。桃源生長春相問，蓮社詩成歲一招。初地燈輝元夜色，三車風響九江潮。願從平等棲心定，方見參差樂事饒。

曾君棐一首

正覺寺 甲午上元道場。

亂後空門別有春，九華偏映法筵新。諸天笙管和清梵，陸海魚龍幻化人。輪轉紺蓮生火宅，歌殘明月動梁塵。還誰静炤青藜下，一爲蒼生問鬼神。

岑徵二首

羊城旅舍寄懷朱遠公順德署中

曼倩徒懷玩世情，頻年蹤迹任飄萍。一從荆楚淹王粲，聞説臨卭重馬卿。仙觀夜寒孤月影，花田秋冷暮鴻聲。思君不見空惆悵，珠水迢迢接鳳城。

喜朱吉子歸自蜀中

蜀門萬里賦歸哉，幾月行程返粵臺。別久故人疑夢見，路難游客自天回。頻從密坐詢行迹，愁嚮寒燈問劫灰。去住無成俱老大，酸辛同過十年來。

關上進二首

寄朱四古先生

我少先生四十年，繇來聲氣在瑶篇。起衰共擬昌黎稿，待旦相期祖逖鞭。勝友久無來雪夜，高人曾許醉花前。論文尊酒懷偏切，日日呼童掃徑邊。

讀朱四古廣文遺稿

年來有淚爲誰枯，已矣先生三載餘。墳樹秖今堪挂劍，州門曾此慟迴車。廣陵久絶嵇生曲，元草猶存漢代書。却恨名山藏慧業，當時無薦似相如。

闞鳳喈一首

送朱北渚應詔入都

熙朝慎簡在儒臣，詔謁遥趨玉殿頻。經術久知縣絳帳，賦才從此達楓宸。吟過松嶺風千樹，策展盧溝雪一輪。想到京華多燕譽，不須回首話紅塵。

陳進成一首

壽朱表兄秩昌 集古

白綸巾下鬢如絲，皮日休。下盡羊曇一局棋。李郢。萬里寒光生積雪，崔曙。五陵春色泛花枝。陳羽。珠簾繡柱圍黄鵠，杜甫。銀燭金栢映翠眉。岑參。惟有桓伊江上笛，杜牧。殷勤更嚮手中吹。儲光羲。

闞士昂三首

謝朱南溟惠扇

齊紈巧製未須奇，風骨棱棱許共持。竹院繩牀閒坐處，茗鑪詩卷對談時。元規塵起知難涴，逸少題來想更宜。觸熱幾回憐褦襶，披襟長與故人期。

南溟見和雪窗寒坐疊韻奉酬

贈扇酬詩豈鬭奇，凍凝研沼筆還持。遥從積雪三冬候，想到清風兩袖時。蒲舄輕拕閒共稱，接䍦倒著襯相宜。一麾未必輸名士，篋衍珍藏副曩期。

近來扇骨纖輭無力戲疊前韻寄南溟

漫詡珊珊媚骨奇，纖纖紅袖合教持。香羅雪映冰肌日，素潁霞霑粉汗時。曉閣掃峨匀黛罷，南園撲蝶踏青宜。迎風每覺柔無力，翻怪凉飔會爽期。

黄鳳一首

贈朱在棷先生初度

此生何地賦凌雲，守素甘穿犢鼻裙。一事未成方笑我，十年以長舊隨君。沈淵豈是龍無角，隱霧依然豹有文。多恐徵車來蚤晚，未容長傍白鷗群。

吴彌光四首

秋草四首

春夢醒來故徑遥，榮枯轉眼只昏朝。記曾撲蝶過三月，剩有流螢吊六朝。霜暈微茫留屐齒，烟痕瘦削損裙腰。萋萋非復文通賦，一例銷魂送客橈。

冷露濛濛撥未開，幾時茂苑見陽回。空傳血化千年碧，多恐心同一寸灰。籬落有人吟蟋蟀，山居何處訪蒿萊。荒寒并入王孫路，目斷天涯歸去來。

緑減青凋條改常，西風前夜到池塘。湘簾捲去徒留影，野火燒餘尚有香。凌亂空階迷落葉，飄零芳冢鎖斜陽。絶憐添入垂楊景，流水棲鴉送晚凉。

連宵風雨逼凉天，一片寒蕪古岸前。釦砌冷蛩愁織素，玉關饑馬怕防邊。紅留楓葉勞吟筆，白到蘆花有畫船。霜角不須怨摇落，春歸河畔自年年。

五言絶句

何維柏一首

西樵山居

鳥嚮樓前語，花當檻外明。閑來無一事，心迹淡雙清。

謹案：《明史》《省郡邑志》《廣州鄉賢傳》《西樵游覽志》何端恪維柏本傳：端恪，爲諸生，讀書西樵山中。湛若水、霍韜時亦山栖，與之雅契。嘉靖十四年成進士，繇翰林改御史，假歸，講學西樵。起故官二十四年劾嚴嵩，廷杖除名，屏居西樵逾二紀。隆慶改元，召入。萬曆初，歷南禮部尚書，致仕講學如初，卒年七十七。西樵山居一絶暨我家白岳公完和章，未知作自何時。考方文襄獻夫、湛文簡若水均有《西樵山居五絶》，意是同時吟詠。文襄詩：「何處問吾居，西樵小結廬。丹心長戀闕，一點未曾虛。」文簡詩：「山郵拔人境，況又隔嶔岑。夜壑生秋籟，風泉證道心。」文簡之卒在嘉靖三十九年，而白岳公以二十七年生，髫齓童孩，似未克追隨鞭弭。文襄於十三年告歸西樵，居十年卒，更遠在其前，然則和章特追和端恪前稿耳。或方、湛二公命題偶同，端恪與公唱酬實步其後，亦難臆定，闕疑可也。

歐大任一首

西樵山人寄榛

山侶念别久，雲芽寄蓽門。竹下一烹啜，幽人時與言。

區大相六首

五月十五日霍君儀游朱季美山池同用暢超然之高情爲韻

生平邱壑志，到此即情暢。花鳥入新年，欣欣已相嚮。

拂拂復摇摇，春色嚮人驕。誰知入林客，神理固自超。

青春對華館，少飲亦陶然。起步緑蕪上，行吟芳草邊。

新年詩酒興，携賞入山池。一步一留眄，高談恣所之。

步步山情適，煙霞春望高。庭梅飄未盡，半已落源桃。

燈爛花仍豔，絃嬌酒復清。共將行樂意，來此叙幽情。

七言絶句

陳良珍一首

不出答石潭明佐胥山諸公

數遍闍黎百八鐘，晏眠不出負長笻。在家亦有孤山興，寒抱梅花過一冬。

梁士楚一首

朱山人隱居

天畔晴峰斂醉霞，隔溪流水似僧家。蒲團不入游仙夢，獨繞山城樹樹花。

陳子壯二首

贈舅母易夫人

顛頷當年似舅人，稱詩猶憶渭陽新。不知方法操彤管，留與班家仔細論。

過朱山人拙齋留别

占得人間水石幽，知君深入不回頭。從今引領樵西望，夜夜冤氛徹斗牛。

鄭篔一首

正覺寺 甲午上元道場。

兵後江村喜供僧，鼇山高擁梵雲層。頻年歌舞春如夢，今夕來看殿上燈。

關上進二十二首

寄題蕙園八景和朱澄脩明經 有序

甲申秋七月，吾友朱澄修大兄訪余羊城三賢書院，袖一篇見示，乃《蕙園詩》也。余未閱詩，先問蕙園狀。澄兄爲言，陂塘巖壑之奇，雲林花竹之勝，曲折縷述，恍若引我於閬風玄圃間。因讀其八景之作而續貂焉。念斯園爲素野世兄讀書處，余它日未知放船瀧東，策杖玉屏，把素野袂入林否？聊倩澄兄寄語山靈曰：「關子有山水，癖西樵白雲渠，常登高西望也。」

滴翠樓

樓外芙蓉萬朵青，煙蘿雲樹入窗櫺。瑶天應有來笙鶴，手弄紅霞嚮此停。

漱石軒

風軒月榭枕池開，花氣穿簾拂坐來。誰嚮石牀醒午夢，茶煙初起鶴徘徊。

霞醉亭

夕照波翻石壁中，綺筵霞影醮人紅。醉依古樹閒吟罷，又過虹橋花徑通。

薜蘿巖

遺風擺月足藤蘿，石室天開爽氣多。曲徑峰頭通一線，白雲飛盡落星河。

靈谷巖

玲瓏谷口出山隈，疏影寒香幾樹梅。更羨靈泉流不絶，疑分仙液自瑶臺。

鏡塘

谽谺怪石繞横塘，涵盡長空入鏡光。何日白鷗磯上坐，一竿閒對藕花香。

嵌亭

峭壁嶙峋玉削成，嵌空結搆自飛驚。梧桐陰下清風過，吹落仙人棋子聲。

贈雲亭

天半嵯峨俯衆山，蠶叢闢後可躋攀。小亭何日披襟坐，携得孤雲袖底還。

哭朱四古先生

先生七十年非夭，豈有人間哭壽翁。今我不辭千點淚，不知何處起悲風。

窮經少伏思雲路，白髮饒他自滿巾。一旦臚名歸鬼籙，方知天竟負才人。

廿載忘機自灌園，生涯澹泊藿藜餐。誰知博士官方冷，不耐人間苜蓿盤。

蘭陵卧病類相如，得意難逢負子虚。著作還當收拾好，恐防漢使討遺書。

斗室箴銘語尚留，聽天繇命復何求。好人好事縈懷抱，便是先生白傅裘。先生銘其壁曰：「吾何求哉。吾何求哉。吾聽天所命而已。」又云：「願天常生好人，願人常作好事。」

才駕三都及兩京，一朝騎鶴且遐征。玉樓倘或逢長吉，作賦還須讓老成。

忘年尊酒把文論，一滴而今隔九原。宋玉有懷歌楚些，朱明承夜許招魂。

幽明相隔似參商，人海悲生暗斷腸。思舊賦來還未就，不堪殘笛滿山陽。

如公纔許號知音，碧落黄泉没處尋。此後休彈山水調，爲君焚却伯牙琴。先生生平最愛余文。

雅同江左擅風流，賭墅登山事已休。馬策羊曇胸有淚，從今不復過西州。

海山兜率脱塵凡，何事江州淚溼衫。千古英雄幾人在，北邙風雨滿松杉。

半世文章手自删，帳中長秘孰窺斑。何當元晏收遺稿，快睹三都乞世間。

爲奠先生酒一卮，死生情況盡於斯。生平不解諛人墓，奮筆終題有道碑。

千言亹亹薦哀詞，復搜枯腸寫輓詩。冥漠無魚通尺素，何繇寄恨與君知。

闕士昂一首

昨暮南溟枉答長篇今晨復見貽數首抑何敏麗若此也率成一絶奉酬

頻迭詩來當晤談，狂吟風雪興何酣。君今便是朱齡石，頃刻書成八十函。

附録

《是汝師齋詩》九首〔一〕

《是汝師齋詩》序

陳璞

南海朱子襄先生，少負雋才，長勵學，行處爲純儒，出作循吏，晚歸鄉里，設帳授徒，足迹不入城市。平生著述，不欲示人，臨歿，復舉其稿盡焚之。此詩一卷，乃其徒竊録出者。沈鍊深警，韻高而意厚，何先生猶以爲未足傳而輒焚之耶？抑其志遠且大，以是爲小技而不以貽于後也。顧世之學人，嚮慕者衆。先生往矣，每咨嗟嘆息，恨不得見其遺編。因詢諸其徒，取此卷刻於山堂，俾學者讀之，比諸嘗鼎一臠，亦少慰也已。光緒十一年九月，番禺陳璞序。

消夏雜詠絶句

太古元都晝窅冥，悄無人處碧壇扃。遐心譜入歸風操，弦滿空山石氣清。

〔一〕《是汝師齋詩》一卷，一八八五年刊刻，此九首未被簡朝亮收録在《朱九江先生集》中。

得月臺高冠廣州，畫船簫琯會中流。華燈似海波如雪，置我江天百尺樓。
芒衣蒲箑妙年華，約買承宣坊下花。應爲香風回首立，愁心吹滿素馨斜。
有客招觴官渡頭，雛鬟十四唱無愁。一聲哀玉空山墜，江面碧雲低不流。
南方水調本清深，莫笑儂謡太麗淫。試和錢塘吴祭酒，大魚人立老龍吟。
閏月句留一月遲，遥遥天上阻佳期。扶闌盼盡明河落，正是深宵獨立時。

春夜贈閨人

深閨瀹茗手親擎，小婢酣眠未忍驚。記得舊年扶病夜，淚痕和藥可憐生。

有美

有美碧城端，洞房時欲闌。秦雲無處所，楚雨至今寒。剡剡飛霞佩，高高滄海瀾。遲琴彈紫玉，將意寄青鸞。

九日大望山登高詩屬里門諸子和 道光辛丑年作。

兵甲海隅滿，還家聊自如。人歸漂泊後，秋老戰争餘。蠻服風多雜，羊何迹未疏。頗聞詩興健，好是和閒居。諸子近多學陶。

簦笠尋幽遠，林皋引興長。迎陽千葉皎，到眼一峰凉。歲晏論花事，天高數雁行。故山無恙在，松檜鬱蒼蒼。

陶然亭上酌，陶然亭在京師右安門内。風物去年徂。駿騎銜寒疾，饑鷹掩怒呼。驚沙昏落日，邊色極平蕪。慚愧垂槖返，關門有棄繻。

一樣逢摇落，今來感不禁。四郊多壘嘆，九日故園心。道拙虚謀食，時艱欲廢吟。高官會憂國，容放酒杯深。

寄李大鳴韶

子寧今世士，唐代玉溪生。繞榻排書卷，逢人説帝京。風懷珠袖彈，詩義玉琴聲。未飲西崑旨，群公漫意傾。

美人

美人瑶瑟怨，遠在楚江潯。重以芳華歲，凄其離别音。湛楓徒極目，香草若爲心。予亦羈孤嘆，迢迢猨夜吟。

曾丈勉士見過小齋不值

先生道廣陳潁川，車如流水争造門。有時豪談殷四壁，叫醒插架古墨魂。鄙人僻卧城西野，室是遠宜跫足寡。晝長睡起庭無人，入户波光浩如瀉。我走郊原餞餘春，公亦惜春尋解人。衝風飛花塵十丈，咫尺對面成浮雲。明歲春歸春復好，明歲看花人恐老。百年過眼瞥風花，且側金樽酹芳草。覼生我尚夢蘧蘧，就公真勝帶經鋤。蕉葉塞窗我當到，坐雨讀書新著書。

與劉一明經話舊兼懷臬使陳桂林夫子

勝友與月華，照人等高朗。夫君見不數，見日輒心爽。將家花埭裏，自署花村長。念我款柴荆，展席對菰蔣。新文快今獲，隱情追昔賞。意藹言有餘，絡繹絲在紡。坐久池痕白，千波同一晃。信眉引長呷，酒外孤蟾上。胡然觸遠懷，翻吁同世網。平生越華館，接侍緇帷杖。桐窗燈火夕，清絶未見兩。是時國華富，餘照及頑獷。貧賤負心多，思舊泚我顙。漸漸斗柄横，喔喔野鶴響。搔首倚南雲，迴風滿虚幌。

詠古詩一首

典午隕皇祚，任杖得良材。温生敦忠士，過江名流推。崛崎赴新國，强梁見羈縶。馬槽兆將熸，豺聲駷成灾。氣張晋陽甲，日短闔廬鈹。咄此出閤三，密勿在詭隨。絶裾固魁壘，擊幘亦逶迤。大盗翦厥渠，嗟爾不三台。庾公何爲者，等陋協與隗。鍺啓山頭望，洊使江南哀。新從約嬴散，故詔留雄猜。義涕灑白日，江介悲風來。壯士抆血顧，距踊重闍開。王路翕清夷，論鼎反再隤。前豪有絶脛，後豎無全骸。人靈冠帶襲，臣悃星漢垂。微管國有嘆，尊周帝毗才。遐邁復西鎮，言伫中原規。牛渚異幽明，犀燭茫津涯。年啬靡副德，千載爲心摧。

賦一篇〔一〕

魚生賦 并序

魚生，魚膾也，襲方言稱之云爾。僕家海邦，習知其美，隋帝玉膾金虀，東南之美也，顧不信乎？涼風聿至，諸友以楮硯屬余，余自愧筆拙才庸，味同嚼蠟，知不如佳品之快人也。

亦嘗排犀筋，展鱗茵，奏易牙之技，陳擘脯之珍，膳菱腰與菰首，羞雞跖與猩唇，聶牛羊而味竊九變，腥麋鹿而爵費三巡，獻酬雖錯，美善未臻，魚亦我所欲乎？煙波無恙，生則烏可已也。樽酒皆春詠南海，於坡仙解謗，漫齊玉糝，感西風於張翰，思歸遂并香蓴。當夫閒情荏苒，飲興支離，北海之朋列坐，東道之主難辭。歷亂而錢輸白打，喧尨而席布青墀。風颭碧竿，吟侶垂綸於水曲；日斜紅樹，老漁喚賣於江湄。時則未成夫魚生也，已見其登砧俎而別陂池。砧俎聲繁，鱗而是毀；砧俎聲微，腮花是起。白受采而甘受和，少捧盤而長捧水。可有杜陵聚會，藕絲

〔一〕見《律詩精選》，手稿本，年代不詳，中山大學圖書館藏。

料雪於佳人；倘教周密當筵，漿梨釀定傾於處士。丁枕剔餘，申椒屑以。恨不得吳王之術，片片江中；恨不近隱士之厨，瑩瑩肉裹。雜酸酸鹹於恰可，請嘗試之。問火候以何如，曰吾生矣。於是袒衣就座，拂袖當樽。亦風亦雅，載笑載言。一掬涼秋，含來有迹。幾團碎玉，嚼去無痕。何爲紛紛然，象箸想調和之美；使己僕僕爾，兕觥酬聶切之煩。不速之客，何人踵臨。即是不時之需，有斗酒又重溫。我輩能豪，乾坤異味。興往情來，揚眉吐氣。滙滙卒盤而并達閨闈，偕丙鼎而上供豪貴。曹公慰望於吳淞，季女謝吟於薈蔚。陋他一臠肉，嘗項稱饕；隨他五侯鯖，稱心無謂。即或量窮鶩杓，亦宜榆粥之嘗；維餘骨并雞筋，可作蓼羹之費。總而論之，其綺散雪落，則黃耀白耀之五色相宣也；其蘭蘇蜜沫，則房蒸殽蒸之五味相煎也。其楂梨薑桂之鋪列，則鳳胎鸞脯之散於中邊也；其鹽梅醯醢之紛淪，則火棗交梨之羅於後先也。又况携務光之鯉，逢楊震之鱣，赤壁則網來此夜，蓬萊則憶向當年。吾其魚乎，勿誦義不及賓之句，樂則生矣。尚記卬須之我友之篇，此時甘竹灘頭，玉屑而相思成夢；何日漱珠橋上，杖頭而及他携錢。

序一篇〔二〕

籯金集序

琦生甫周晬，能學語，太夫人則抱置膝上，口授以洪邁《唐人萬首絶句》代小兒歌謡。六歲解聲病，後服膺庭訓，稍稍知慕爲詩。年十三，謁制府阮雲臺先生，命作《黄木灣觀海詩》，大驚詫曰：「老夫當讓此子出一頭地，過予彩旗門作矣。苟不懈以爲之，匪止一代才也。」《揅經室集·乍浦彩旗門觀海詩》：「八月試新寒，蒼茫海岸間。天風吹積水。落日滿群山。潮汐防衝突，艨艟計往還。勞勞千里事，行路反成閒。」退而竊自喜，益發篋出漢魏以來名集讀之，甘辛丹素，亦漸知此事之難。然當孤吟獨往，精騖八極，心游萬仞，驀然有會，縱筆疾書，騁百韻之捷，鬭一字之奇，四顧躊躕，睥睨今古，傲然自謂與古人并存。越日逾時焉，取而視之，則響之囂字之脆，町畦未化，而宫商之失調，往往而是。如黄鶴樓可鎚而碎也，如霸上棘門之師可襲而虜也。至于音聲要眇，興象深微，遽不逮古

〔二〕見《康氏先師遺詩　朱師九江佚文合集》，康有爲編注，臺北：成文出版社，一九八三年。

人遠甚。于是泚汗自咎，至終夕不寢者有之，蓋詩之存而慚、慚而焚者屢矣。繼又復存，存又復慚，覺其中有未可盡焚者，故編舊作自《籝金集》始。先生以大儒師表當代，其開府吾粵也，喜造士，經訓外，未嘗不留意詩古文辭。當時吟社分題，鈐轅應教，忘予之醜者，或出私錢易其稿去，先生不之禁也。嘗戲謂先子曰：「昌黎賣文，輦金如山，君教子亦遺金滿籝矣。」集中有爲他人稗販者，本不必存，顧自司馬長卿、陸士衡、傅季友、任彦昇以下代作之文，具還本集，而《月蝕詩》《會昌一品序》，韓盧李鄭，兩集并存。文章公器，何居乎暖暖姝姝，作守閨障籠之行哉。獨惜人事遷流，良時不居，先生已捐館，高堂後先見背，棄不肖愈久。回首少時，忽忽如夢寐，感梧棬，懷几杖，小子琦學不加進，年且四十，且垂垂老矣。展校囊編，轉不禁怛然懼而潸然以悲也，辛亥九月晋陽公寓西齋自題。

跋二篇〔一〕

《沛國世紀》一卷 十二世梅軒公春林撰

族孫次琦跋曰：《沛國世紀》一卷，上沙朱氏始祖獻謀府君下十二世，文學太生先生纂。曰《沛國世紀》者，蓋仿唐盧藏用《范陽家志》之例，舉郡望也。其叙述按世次前後，先臚本支，附以族屬，徵文考獻，質而能核，伉而不誣，事遠代湮，所系信非淺尠。其於先正官司所歇歷、官業所流傳以逮處士聲華、名家著述與夫女英婦範壼，德之昭昭聽睹者，證諸《三朝野紀》《四朝成仁録》《南疆繹史》《南略三藩紀事》《楚庭稗珠録》《明畫録》《廣州鄉賢傳》《廣州貞烈傳》《粤東金石略》《廣東新語》《粤東文海》《粤東詩海》等書，及省郡鄉邑諸志。此本尚多闕略，或脱而未紀，或紀而未詳。又爾時《御批通鑒輯覽唐桂二王本末》《欽定勝朝殉節諸臣録》尚未奏，《御明史》《欽定書畫譜》雖奉令甲頒行鄉僻，亦少傳播，是故典型高於百代，而瀏察不及於目前，誠有

〔一〕　見《南海九江朱氏家譜·藝文譜·史部》，同治八年刻本。

如李忠定所云者。然手此一編，誦先人之清芬，溯流風而獨寫，紹聞述德之士定有取焉。道光二十一年龍集，辛丑秋仲，次琦謹跋。

《恰恰堂集》四卷 十五世晥亭公士琦撰

集末絶筆詩，弟次琦跋曰：烏乎悲夫！此吾伯兄晥亭先生屬纊前詩也。兄自屬疾至於易簀，神明不亂，與之語，未嘗及室家。此詩初固未之見也，蓋屬其姬人，既虞既練，日月漸遠乃出之。烏乎！孰謂吾兄愛弟，彌留之際，尚慇惜悼念，至於此極矣乎。誦其言，百世後猶應酸鼻，況余不肖，何以爲心矣。烏乎酷哉！咸豐丁巳夏，同懷弟次琦涕泣謹志。

書二篇〔一〕

答康述之書

執袪一別，背涉冬春。回睞前塵，遂同隔世，願言之情。昔人所喟：愛而不見，如何如何！日昨接奉手書，備承愛注，中有云：每欲搦管寄言，不覺百端交集，又訊〔二〕弟相憶時，同此光景否？此真昌黎與習之書所謂「以吾志思足下，知足下之懸懸於吾者也」。王漁洋與施愚山詩：「我懷君日君思我，千里同時各有詩。」亦復如此。性命之交，肺腑之語，沈摯乃至於此，讀之令人激涕。又省道履增强，較前滋勝，想耆欲將至，故氣志如神耳。方今中朝側席，廣內延英，吾兄忠實淵醇，學爲世用，其爲國慶，宜莫大焉。彙征之繇，跂予何極。弟晋中需次，補缺尚無其期。然自省庸虛，正須閱歷，即稍稽時日，爲將來逭虛篚之誚，固可以少安無躁耳。兄知我

〔一〕見《康氏先師遺詩　朱師九江佚文合集》，康有爲編注，臺北：成文出版社，一九八三年。

〔二〕「訊」，原作「訊」，據文意改。

者，以爲何如？弟現住山西省城浙江會館，館後室爲典守僧禪堂，西偏屋數間，即其出息，弟賃居之。出則徒步，入則齏鹽，做官是何物事，不過與和尚捫隔壁耳。昔魏敏果官京師時，不携眷屬，王漁洋尚書作戲詩嘲之云：「三間無佛殿，一個有毛僧。」弟今有佛，勝環翁遠矣，聊助笑噱。

答門人康達節書

竹蓀仁弟足下：不見遂二十年，忽忽念舊，老懷可知。加以團沙易感，叨愛如尊伯習之、叔友之兩先生皆一時名碩，亦復相望垂白，捧杖無因，其爲契闊，可勝道耶。所幸德門多祜，輝光日新。去夏令叔述之先生，邀貺自天，聲聞海宇；今春尊甫縱之先生，臚歡匝地，户祝馨香，均屬人世罕逢之遇，而生竟不獲拈瓣升堂，飫觀盛禮，怍慰之餘，彌增愧負耳。仁弟近來時事賢勞，允符公望，將來承家報國，來軫方遒勉旃，以是爲百尺之初桄也。敝族捐産報部一節，時蒙摯注，頃接來翰，知兩先生暨仁弟許作主持。族人逖聽下風，一齊額手，咸頌大君子不忘久要之義，更推錫類之仁。他日緜延膢腊，覆露單寒，固荷國恩，亦君家鼎力玉成之所賜也。惟是捐項無多，而業段則頗爲叢碎，現已飭司事人等將底册趕緊清謄，大約一月後方能就緒。屆時自當專人齎報，聽候指揮。此事雖省案未經，能者大手開山，要自有綢繆要領耳。生比來暮景益侵，百事頽廢，氣體差幸犆適，古人所嗤飲食衎衎無補時艱者也。以沛然、長素輩相繼來遊，消息尚邇，不復覼縷，端啓上請兩先生起居，并酧仁弟盛意，先此鳴謝，不盡悽悽之誠。友生朱次琦頓首。

傳一篇[一]

胡侃誠先生家傳

夫范晏創陰德之傳，稽含表歸厚之門。士有履貞蹈和，陶元浴素，惠愛同乎春及，韜晦比之夜行，故譽未延於士夫，名不出於宗鄙。而核其立身如矢，制行若銅，在福則冲，當仁不讓。樸誠而訓子弟，恭儉以式里閭，寔老成之典型，後進之軌槷，若我友胡君調德尊甫侃誠先生者其人也。先生諱麟報，字獻昭，別號侃誠，南海人。祖正茂，父桂攀，并積善在躬，無耀於世。先生生而岐嶷，長更簡淳，被服接於儒先，器誠決爲英雋，祇以家徒壁立，早歲飢驅，遂謀廢著之方，助彼誦弦之業。籌算兼握，錐刀不争。宋清受蚩妄之譏，孔氏得雍容之致。以故恒産未立，長物莫名，甑嘆生塵，室仍懸磬。説者謂先生聰敏善悟，博綜多能，凡土木經營，金石刻畫，商鞅三術，隸首九章，靡不洞究元機，貫通奥旨。假使分其餘智，試彼長才，何難金鑄王陽，銅埋范蠡。

[一] 見《康氏先師遺詩 朱師九江佚文合集》，康有爲編注，臺北：成文出版社，一九八三年。

不知其利輕一羽，義重三旌。羡子敬之指囷，陋祖約之障簏。見欺石米，不問家僮；誤受千錢，獨還本主。蓋自營什一以來，爲司事乾没者非一，兩弟積不平欲與校，先生力止之，其寬中如此，殆高允所謂以産則貧，論道則富者乎？尤重天倫，備修人紀。禮勤問寢，雅補循陔。追遠則蘋藻必虔，敬宗則葛藟能庇。卜式愛弟，財物屢分。高脊撫孤，恩誼甚篤。至於應酬親串，款洽鄉鄰，氣固敦龐，義匡澆薄。嘗客湖南，友有欲攫其歸裝者，先生覺之，即解數金爲贈。昔桑虞見竊瓜而開道，伯珪因盜笋而築橋。此之芳徽，庶乎合轍。然性情遂摯，風格頗嚴。移僧真之牀，避而必遠；饋劉惔之食，難與作緣。以致衆論紛投，群小見愠。嘗爲里人誣以不廉事，譁然訕之，久乃得白。蓋邑犬則群吠所怪，市虎則三言而成。污不疑以盜金，惑曾母以投杼。飛言如雨，自古已然。疾惡如風，幾人無怨。而先生素懷夷曠，寄趣超翔。叔度之波，撓之不濁；獨孤之鏡，磨而益瑩。惟娱暮景以養閒，督嘉兒以殖學。其誨調德也，自爲兒童時，即已畫虎有箴，數馬致戒。垂韓休之家訓，懔石碏之義方，履講《孟子》德慧術智章，以相警發。及調德於戊寅、己卯、辛巳等科，力薦不售，人皆惋惜。先生獨謂：「學非干禄，器以待時，一第何足慁人，千秋在於自樹。」故調德動成善棟，味饜道腴。品重膠庠，是北銑南金之寶；志劬枕葄，兼謝詩任筆之長。比年阮宫保、白侍郎來粤，特加獎異，深被揄揚，皆出先生之庭誥也。日斜庚子，歲在龍蛇。耄期既臻，梁陰載缺。卒於道光四年八月二十三日，年九十有三。先於道光元年，恭遇登極大典，賜七品頂戴。初聘黃孺人，未娶卒。繼聘陳孺人。牛衣耐寒，鹿車偕隱。采蘭而供婦職，折菱而肅母義。子一，即調德也，邑茂才。孫男曰榕琦。與調德紘韋幽贊，縞紵古歡，迭進箴規，而無嫌逆耳。每談墳素，則互相解頤，以此知交。備聞模楷，感耀螢燭，用附驥旄。後有表零陵之先賢，紀襄陽之耆舊者，或將有取斯文乎。

殿試卷一篇

朱九江先生殿試卷〔一〕

殿試舉人臣朱次琦應殿試。舉人臣朱次琦，年叁拾叁歲，廣東廣州府南海縣人。由附學生應道光拾玖年鄉試，中式。由舉人應道光貳拾柒年會試，中式。令應殿試，謹將三代脚色開具於後。一三代，曾祖連第，祖德進，父成發。

臣對：臣聞通經者，立教之方；正俗者，坊民之要；藏富者，厚生之道；戢暴者，和衆之原。載稽往籍，詩詠就將，易言教思，禮謹蓋藏之令，書傳刑詰之文。伊古帝王，斟元御宇，錫極臨宸，以勤教育，則鼓篋有儀也；以啓顓蒙，則徇路有典也；以裕倉儲，則如櫛有頌也；以飭法紀，則擊柝有占也。懿綱醲化，俟其禕而用是。庠序設芹藻被其庥，井里安而梓材亦變其俗；坻京詠茨粱豐其積，亭障肅而蓬蓽亦樂其生。所由廓帝，紘信景鑠，宏五福而集庶徵者，胥是

〔一〕原件藏於香港大學馮平山圖書館。

道也。

欽惟皇帝陛下，道侔幬載，治炳威懷，超乎鳥紀之時，軼乎雲官之代，固已四術有崇而萬邦作乂，千倉廣備而八表歸仁矣。乃聖懷冲挹，猶切勤求，撮細壤以崇山，導涓流而益海。進臣等於廷，而策之以明經、化俗、阜民、詰奸諸大政。臣賦質庸愚，曷足以知體要，顧當對揚伊始之時，敬念拜獻先資之義，敢不即平日所誦習者，竭其葵藿之忱用，效芻蕘之獻乎？

伏讀制策有曰：通經者致用之方，經術必明，儒修乃裕，而因及夫古今傳經諸家之得失，此誠學於古訓之要圖也。臣謹案：劉勰云三極彝訓謂之經。經者，常也，萬古不易之常道也。《詩》《書》所載，皆古人名言至論，小可爲身心行習之資，大可爲帝王治化之本。自孔子云「吾志在《春秋》，行在《孝經》」，於是乎始有經之名，而《戴記》因有經解之篇。經自孔門傳受以後，引證推明其義，如日月之經天，漢、晋、唐、宋諸儒傳注疏義，條分縷析，各抒所見，雖有醇疵之不同，然其闡發義理，羽翼經傳，則皆孔門之功臣也。且夫漢儒説經，確守家法，論者每病其支離，不知名物象數及訓詁之屬，非有師傳者莫能通其曲折。所謂吴人之音，越人知之，他邦不知也；高曾之容，祖父知之，子孫不知也。然則誦漢儒之説，亦取其近古，信其專門而已。宋儒説經，究心義理，論者議爲空疏，不知訓故已明，不復更求邃詣，是猶僅得門庭，不臻堂室，未足以爲至也。然則會通漢宋之功，誠學人之津涉也已。皇上稽古右文，表明正學，則古稱先之士，其誰不争自濯磨哉。

制策又以風俗爲治平之本，而教化實風俗之原，而欲使薄海之民桀黠者革面而洗心，愚儒者守份而循法，臣竊惟《周官》始有比閭族黨之制，管子遂創軌里連鄉之法，無授無節則弗納，異言異服則有譏，凡以重邪民之禁也。夫導民之術，教化爲先。堯之「時雍於變」，舜之「敬敷五典」，皆正立於上而化成於下也。然教固於君，亦分寄其責於良有司。蓋繼天立極者，君也；承流宣化者，臣也。天生民而立之君，使司牧之，勿使失性；使師保之，勿使過度，此教之自君者也。設之以學校，董之以師儒，以風俗爲必可厚，而不敢置力田孝弟爲緩圖；以禮讓爲必可行，而不僅恃飲射讀灋之虚務，此教之在良有司者也。然或條教號令，視爲具文而誠意不屬，則雖懸書徇鐸，三令五申，竊無當於風行之觀。而潛移默運之功，不數數睹也。《周禮》以鄉三物教萬民而賓興之，而旌别淑慝，彰善癉惡，於《周書》三致意焉。凡以使愚昧者知所勸，而頑戾者知所懲也，又何邪説之能惑哉。聖天子德本日新，治徵風動，而民久已懷忠抱慤，比户可封矣。

制策又以積貯者生人之大命，而一一講求夫轉輸之法、糴糶之宜、久貯之方、平價之道。臣考《王制》曰：「三年耕必有一年之食，九年耕必有三年之食。」《周禮》倉人遺人之制，即後人常平社倉所自昉。然而昔人行之，或享其利，而或滋其弊，則非法之不善，行法之不得其人也。漢耿壽昌設常平倉，增價減價，因時以濟民緩急，意非不善。但出入在官，易生流弊，不若社倉義倉，使民間自爲經理之爲得。夫王者愛養黎元，勤求積儲，務令州縣計地之廣狹以定常平之額。所謂法良意美矣，乃日久弊生。地方有司賢愚不一，倉正不無偷賣，州縣不無虧移，胥吏不無侵蝕，甚至日就歉缺，徒有空名，惟在督撫諸臣隨時核實，則倉儲自無不足之患。乃若偶逢歉歲，米價稍昂，即當設法平糶，而商賈之居積爲害實深，此又地方所宜加意稽查，使市人絶其居奇而粒食皆相通，易此稽積儲，即以救荒者也。若夫《元史》所載，河西務十四倉，京師二十二倉，通州十三倉，即今制所由昉，而天庾轉輸，丁胥叢雜其中，攙和之弊，必宜有以杜之。夫然後旱澇有資，倉儲無缺，綽綽乎有備而無患也已。國家三時不害，萬寶告成，蔀屋之民，孰不慶穰穰之滿家哉。

制策又以安民必先弭盜，弭盜莫如保甲，而欲以耳目至近之事，寄之於里閈相習之人，此尤綏靖群黎之至意也。臣惟保甲之法，實本《周官》比閭之遺意。漢有亭長、嗇夫、游徼，凡爲此者，皆能修行率民爲善之人。唐時里正、坊正，免其課役，亦與唐初貞觀、開元之治相爲表裏，此行之前代而有效者也。惟是營汛、堡墩之設，不能不寄之弁兵；寺院、庵觀之察，不能不責之胥吏。賞罰不明，則兵或縱盜；稽查不力，則吏或藏奸。故同此保甲也，王安石行之，而民不勝擾；王守仁行之，而民藉以安。則治法尤貴有治人也。且夫盜之發也，其始或出於一時射利之意，其後或狃於一時好勝之心。古之善於治盜者，龔遂守渤海以散爲弭，張敞守京兆以用爲弭，尹賞治長安志在詰奸，郭伋治潁川意存安撫，此皆除暴安良之善則也。至於洋面遼遠，宵小易生，迫之則潛蹤伺隙，緩之則肆掠商旅，是在絶夫接濟之源，窮其險要之窟，然後可期清晏也。夫衣食足而禮義生焉，我皇上仁育天下，義正萬民，光天之下，皆寰海鏡清、方隅砥平矣。

若此者，研經以裕儒修，訓俗以端化本，儲粟以充國用，禁暴以安民生。唐哉皇哉，固邁鴻軒而超巢燧矣。臣尤伏願皇上治益求治，安益求安，宛委已探而猶切討求，民氣已淳而更勤化導，倉儲已實而更求積貯，方隅已靖而更切乂安。稽古論功，合咸五登三之治；案經校德，成襲六爲七之書。駿發開啓遠祥，保定固其（未完〔二〕）

附：殿試策問　清宣宗旻寧

奉天承運，皇帝制曰：朕纘膺大寶，統御寰區，中外乂安，於兹二十有七載。仰荷昊蒼眷佑，列聖垂庥，敕命時幾，兢兢業業。深念通經致用之方，化民成俗之本，藏富裕國之模，除暴詰奸之法。期臻上理，延訪維殷。爾多士拜獻先資，對揚伊始，冀聆讜論，式贊嘉猷。

自秦燔六經，微言中絶。漢興，除挾書之禁，遺籍間出。諸儒説經者，大抵皆孔門苗裔。商

〔二〕　事迹詳見《朱九江先生集·年譜》。

瞿受《易》，六傳至田何。其間授受姓名，《史記》與《漢書》互異，何歟？子夏之《詩》，四傳至大毛公。左氏受《春秋》，八傳至張蒼。二家相承之淵源，能備舉歟？伏生治《書》，後蒼説《禮》，俱不詳所自出。或謂伏生受《書》於秦李克，信歟？承後氏之學者，能條其流派否？武帝廣厲學官，各家皆立博士。至貞觀《正義》之行，前代諸家，不復兼存。義歸畫一，説果善歟？自漢以後，師儒莫盛於宋。程、張皆深於《易》，其傳《易》弟子，可略陳歟？朱子《詩》《禮》二經，弟子入其室者何人歟？

風俗爲治平之本，而教化實風俗之原。古昔盛時，民生敦龐懷忠抱慤，鄉閭族黨比户可封。然猶以時讀法，糾其過惡，異言異服則有譏，無授無節則弗納。道德一，風俗同，左道亂衆之徒，自無由煽誘以售其怪誕之説。自習尚澆漓，異端蠭起，斂錢聚衆，結黨傳教，愚民無知，轉相漸染。豈果迫於飢寒，而乃甘冒重辟，以冀其倖免歟？抑牧民者教導無方，俾之陷於邪慝歟？何以使桀黠者革面洗心，愚懦者守分循法，而不爲其所惑歟？孟子曰：經正則庶民興。韓愈曰：明先王之道以道之。儻可不變歟？

積貯者，生人之大命。《周禮》倉人藏粟，旅師聚粟，遺人委積，儲蓄甚備。漢耿壽昌築常平倉，時稱便矣。後漢劉般謂常平外有利民之名，内實侵刻百姓。其故安在？當境采買，固虞勒派。采自鄰封，又添運費。果何以使官、民兩不受累歟？成周以後，義、社二倉，立法最善。然行之既久，均不能無弊。社倉之法，隋、唐行之，不久便廢，至朱子而獨有成效。能推本其良法美意歟？《元史》所載，河西務十四倉，京師二十二倉，通州十三倉，即今制所由昉。顧天庾轉輸，丁胥叢雜，攙和之弊，何以杜之？今欲儲積無虧，旱澇有備。轉輸之法、糶糴之宜、久貯之方、平價之道，不尤宜一一講求歟？

夫安民必先弭盗，弭盗莫如保甲。《周官》有比閭族黨之制。管仲創軌里連鄉之法，皆以里閈相習之人，察耳目最近之事，其法至爲美備。惟是營汛、堡墩之設，不能不寄之兵弁；寺院、庵觀之察，不能不責之吏胥。賞罰不明，則兵或縱盗；稽查不力，則吏或藏奸。有治法不尤貴有治人歟？至於洋面遼闊，島澳險僻，匪徒出没靡常。迫之則潛蹤伺隙，緩之則肆掠商旅。其何以絶其接濟而擣其巢窟也？夫衣食足則禮義生。所以正本澄源者，果遵何道歟？

凡厥四端，研經以裕儒修，訓俗以端化本，儲粟以充國賦，禁暴以衛民生。皆立政之大綱，經邦之要道也。多士學於古訓，通知時事，以敷奏爲明試，務收實用，毋摭膚辭，朕將親覽焉。

傳記一篇

記朱子襄[一] 王筠

南海朱子襄，名次琦，需次於晋。辛亥冬，余于役省城，一見如故。壬子夏，余攝曲沃，子襄攝襄陵，顧不得時見，然每見輒加親愛余出於尋常，得聞其家六世同居。子襄十二歲時，阮芸臺相國節制兩廣，招致之，使入署讀書，凡六年，相國移節乃出。相國有《國史》，子襄鈔之，於是多識本朝名公鉅卿之政績。程春海侍郎主試廣東，激賞子襄對策，欲置第二。副主考持之，欲置榜尾。侍郎曰：「如是則姑與之副車第一，留待下科作解元可耳。」及啓黏名，則子襄固優貢也，遂不中。徹棘後，侍郎詢問得其爲人，躬造訪焉。比其鄉舉入都，遂主侍郎家。家多蓄本朝諸名人文集，所有名公鉅卿之志傳，子襄盡鈔之，以與《國史》相參檢。侍郎謂之曰：「近人所著古文，多未成就。子其專力於此，將來撰爲國朝名臣言行録，此不朽之業也。」子襄謹如其命，次第

[一] 見《蕘友蛾術編》，王筠著，咸豐十年刊本。

撰述，業已屬稿矣。

子襄早失怙，叔父在堂，丁口近二百，家法綦嚴，而門内雍穆，無閒言者。當其成進士後，其制府欲爲四書院延師，其二已受朝貴薦剡，留其二以待實學。謀諸致仕諸大吏，則以子襄應命。制軍使南海令造廬敦請。子襄之兄，呼其小名以禀白于叔父曰：「阿海年少，不堪此任，且恐長其驕傲也。」遂故辭。及壬子攝襄陵，自以爲不習吏事，欲謝病歸，歸而詳述時事於叔父，如不得請，將仍來晋供職；得請即不出矣。在此需次已五年，旅資皆出自兄弟之財，遠道寄將，恐其爲債帥，有妨于操守也。

若夫子襄之愛余，尤出望外。凡余已刻之書，皆贈之矣。乃索刻而未成之《句讀》，辭以來春寄贈。則以平陽顔玉農，固其鄉人，是可托也，乃堅索草稿以去。更有奇者，索余小照。竊以此生有亦如無，未嘗作此。乃數經執訊，不能固辭，適翼城焦文起在署，使繪以相應。且告余曰：「敝鄉刻資廉，君所著書，不過數百金，可以盡刊。意非爲君，又非爲己，將使三江浙閩之士，共明《説文》之學也。」子襄之意，非所克堪，蓋其家太和洋溢，故其於人也，苟有豪髮絲粟之長，輒相矜重如此。平生所交之友，纏綿愷惻，以何子毅爲最，而猶少遜於子襄。以余得此，誠逾量矣。

墓表一篇

南海朱先生墓表〔一〕

康有爲

治血氣，治覺知，治形體，推以治天下；人之覺知、血氣、形體，通治之術。古人先聖之道，有在於是。八達六闢，罔不羅絡。其治法章所在，曰《詩》《書》，曰《禮》《樂》《易》《春秋》。後人聖孔氏，奉祓飾之以爲教，尊之曰經，演之曰史，積其法曰掌故，擇其精曰義理，行之遠曰文詞，以治古人道治也。聖人殁而學術裂，儒説紛而大道歧，有宋朱子出，實統聖人之道，恢廓光復，日晶星麗。然而心學樹一敵，考據一盜，竊易朱子之緒孽，而側戈逞攻，□干竊大之統，招黨屬徒，大囂而横呼，巨子□嘩，隨流而靡亡，風俗殆有嘉、道而極矣。

九江朱先生於海濱翛僚之中，無哲師友之傳，獨反復千儒百士之説，較而於先聖之義，視其合而否而去取之，盡得其痏瘠之所在，舉而復之。於孔氏聖之□，獨睇其意，不從其迹，期足以

〔一〕 抄件，藏於上海文物保管委員會。

善身而致舊。其治身之條目，敦行孝弟，崇尚氣節，變化氣質，檢樹風儀。其治用之章，曰經，曰史，曰掌故，曰義理，曰文詞。其説平實敦大，皆出於□口心得之餘，絶浮囂，屏窔奥，學者由而行之，始於爲士，終於爲聖人。不出於是，所謂自治其覺知、血氣、形體，推以及天下之覺知、血氣、形體，非耶？噫！古之道術以治爲教者，其殆統一於是耶？先生神明絶人，强識群書，而能綜古今沿革損益之故，悉折之於經義；才氣雄邁而能變化，節度其性質，而納之於禮矩，浸潤凝孰，馴之於自然，通達闔闢，冥合於無間。嗚呼！先生抑可謂人治之上賢者也。

先生名次琦，字稚圭，以進士令襄區，以其道治之，二百日大治。謝歸，以其道教學者，大治。天子聞其治才，再徵之，不應。今上嘉其賢，賞給五品卿銜。其學行吏治，皆詳見。今表其過於祥，以告後士，俾有誦焉。

碑文一篇

朱九江先生祠堂碑文〔一〕 梁炳堃

光緒七年辛巳十二月十九日，九江朱先生卒。越十有三年甲午，門人懷其教而思有以妥其靈也，作祠於其鄉祀之。先倡其議者梁君紹熙也，贊成其決者羅君傅瑞也，身莅其事者盧君慶雲、譚君則贊也，歛金助工者及門弟子暨小門生不一其人也，司出納，始終其事而奏其成者，先生族子麟元也。炳堃從諸君子後，奔走其間，因人成事而已，無能爲役也。祠基枕堤而俯江，距朱氏祖祠數百武，聲相聞，望相見也。祠制堂建四楹，中設龕奉栗主，雕飾不事，無取乎華也。堂下兩廊接大門，步趨甚舒，無傷於促也。祠外三面餘地，繚以垣，右營一牲所，左築一像亭，石刻先生畫像在焉。祠前小池，廣與祠齊，池外子堤相對如案，卜宅棲神，得其所矣。鳩工於季春，告成於仲冬，凡費白金四千餘兩。祠成，因記其緣起，俾後人得所覽觀，至先生德行事業，師

〔一〕 見於廣東南海九江中學朱九江先生紀念堂。

表在人，皆吾徒所當則而像之者也。古人考室作廟皆有詩，因援其義作詩十章以歌之，願相與共勉焉。詩曰：

其一

於戲先生，命世大儒。惟孝夙成，三年倚廬。弟兄師友，軾轍同符。人倫軌範，循良楷模。

其二

先生通藉，晋陽出宰。奉使解紛，冰消瀚海。父母襄陵，政成半載。澤流平河，千秋長在。

其三

先生建策，豫社冠氛。當道懵如，聽高不聞。投檄出疆，賊踰河汾。退修初服，頤志典墳。

其四

先生里居，徵命不起。匪幽云高，義在知止。晚晋頭銜，榮膺朝旨。撫時感懷，太息無已。

其五

先生著作，等身有書。垂死病中，悉付焚如。假年定稿，莫待居諸。委心隨化，還歸太虛。

其六

先生有子，小字三同。父書能讀，天錫其聰。母憂哀毁，乃卒以躬。惟彼嗣孫，克紹家風。

其七

先生講學，屏除門户。漢宋持平，實用是主。擬迹聖賢，通今博古。懿矣典型，春風時雨。

其八

高山同仰，孰云其頹。昔承面命，貫耳如雷。回憶當年，禮山堂開。廟食闕如，曷示將來。

其九

湛祀白沙，祠立斯盛。力憑衆擎，愧彼先正。通德舊鄉，風流仰鄭。經營既成，妥侑有慶。

其十

嗟我同人，禋祀來斯。恪遵遺教，無忝我師。儒術攸分，義利兩歧。勉崇實學，繼軌芳徽。

宣統二年春二月，乙亥朔越十有二日丙戌立石，高要梁雲渠刻字。

學記一篇

朱九江先生講學記書後[一]

簡朝亮

先生講學禮山，朝亮纂記合叙其所爲講學者，蓋先生之言於斯爲大，五百年來不可無斯言者矣。今之西學，其風介漢學之亂而成，且學之分科先窒也，先生之言，若斯其遠哉！崔清獻曰：「毋以學術殺天下後世。」先生蚤悲其所以殺之者，緜斯以推，而知今之西學其蠱人也中於微，其禍天下也趨於大。

夫孔門之學緜四教焉，曰文、曰行、曰忠、曰信，皆一人而四教也。四教既成，於是乎名之以四科，曰德行、曰言語、曰政事、曰文學，非先四分之而以一科教一人也，合教成之而名其尤長者之科，其餘非不能也。顏淵稱孔子之教曰：「博我以文，約我以禮。」此以見顏子與斯文而善言德行也。周子曰：「發聖人之蘊，教萬世無窮者，顏子也。」而爲邦則又稱王佐才，則諸賢之兼能

[一] 見《讀書堂集》，簡朝亮著，十三卷，一九三〇年刻本。

可推也。不然，則言語下皆無德行者乎？

文者，六藝之文，《漢書·藝文志》所謂《詩》《書》《禮》《樂》《易》《春秋》也。文者，行之則也，教必先文以導行。格物致知，《大學》所先也，行者學文而力行也。先學文而後力行，既行而復學，故又曰：「行有餘力，則以學文。」忠信者，忠體而信用，行之實也。忠以藏恕，信以行恕，曾子所謂忠恕之道也，故四教明而四科出焉。德行者，行也。言語者，行人之才，徵其文，辨其行，而達其忠信也。若行己有耻者，不辱君命也。政事者，行也。文學者，文也。文章莫大於六經，百世文章必宗經也。七十子皆四科之才，曾子何以不與於斯乎，非陳蔡之從不列也。烏乎！孔門多才，皆教之無分也。是故文不可無行，行不可無忠信。教之無分固也，而文之教亦無分焉。

六藝之文，經學也。《書》與《春秋》，經之史學也。六經之法，掌故之學也。六經之義，性理之學也。六經之言，爲文言辭章之學也。五學皆文之教而備於七十子一人之身，《史記》所謂身通六藝異能之士也。

《易》與《春秋》，諸弟子有未及焉。《史記》所謂以詩、書、禮、樂教弟子也。然五學固無不備也，夫合教之，則所學者備而有所長，必無所蔽；分教之，則所學者不備而有所長，必有所蔽。四教之合，皆從其序，而後人才興也。是故子所雅言詩、書，執禮。雅言者，文章也。諸弟子可得而聞也。雅言無《樂》，《樂》存《詩》《禮》也。雅言本性與天道之所存而聞者，得之則知爲文章也。子罕言利與命與仁，而《易》不皆言之邪？《春秋》誅亂臣賊子，天命行焉。《傳》曰：「人之於天也，以道受命；於人也，以言受命。不若於道者，天絶之也；不若於言者，人絶之也。臣子大受命。」朱子曰：「《漢書》云：『《易》本隱以之顯，《春秋》推見至隱。』《易》與《春秋》，天人之道也。」見如莫見乎隱之見。此文章之言性與天道者也。諸弟子不可得而聞也，子貢即聞，而後知其所言則聞之者七十子也。此教之序也。《學記》曰：「比年入學，中年考校，一年視離經辨志，三年視敬業樂群，五年視博習親師，七年視論學取友，謂之小成；九年知類通達，强立而不反，謂之大成。」此先王大學之教也。

《詩》《書》《禮》《樂》，王制謂之四術，此先王之教其常制也。孔子曰：「入其國，其教可知也。其爲人也温柔敦厚，《詩》教也；疏通知遠，《書》教也；廣博易良，《樂》教也；絜静精微，《易》教也；恭儉莊敬，《禮》教也；屬辭比事，《春秋》教也。」國有六藝，故司空季子明於易占，羊舌肸習於《春秋》，此先王之教，其特制也，皆教之無分也。《周官·大宰》曰：「師以賢得民，儒以道得民。」《大司徒》曰：「聯師儒。」德行，師也；文學，儒也。以所長得民，非分以教民也。聯之者，合之也。《大司樂》曰：「掌成均之法，以治建國之學政，而合國之子弟焉。」凡有道者、有德者使教焉，以二者之長而合教之也。《大司徒》曰：「以鄉三物，教萬民而賓興之。」《鄉大夫》曰：「考其德行、道藝，而興賢者、能者。」合教之而取其長也。先王之教既衰，孔門之學皆憲章之也。朱子言貢舉者，列諸經子史，時務之年分科而遞試之則自一人合而分之矣。司馬文正言十科取士，亦取其長而不求備焉，豈謂十科教士一人一科而闕其九乎？邱氏所以辨胡氏經義、治事之分也。

今之功令惟八股，沿明之制，初革而復因爾。若夫《樂經》雖亡，《五經》教士，《四書》《孝經》翼之。性理爲解，爲論，爲策，以年校之，非備五學而通時務之君子不足赴其求也。采之以文，選之以行，用之以忠信，皆先王之教，孔子所尊，儒先纍世明之而詒爲今法者也，皆教之無分也。有備五學而通時務之君子以行今法，則其教興而得士，無則衰而失之，非法之過，而行法者之過也。自縉紳先生之教士者不知立法之意而徒言分科，曰「四科教士，此孔門遺法也」，於是乎承學之士目分而綱不合、失序而進得偏而止。將治經而先《易》與《春秋》，則傷於虛而誕焉；將棄經而治史，則傷於駁而淺焉；將棄史而治經，則傷於固而迂焉。將未治經史而斷斷於掌故之法也，將泛涉百家而藐藐於性理之箴，逐逐於辭章之靡也。五學不備，則先窒矣。

今之西學所以遂入聰明者之耳目而錮之深也，其苟營無行，而相從者又不知幾何也。七十子傳經而降，漢之經術爲天下之光，今之自名漢學者，群攻宋學，宋之朱子申孔門之學者也，功令獨尊朱子，漢學則以攻朱子居先，曰：「空言而以意見殺人者，朱子也，是亂之也。」故左文襄公痛金陵之盜而曰：「犯上作亂之禍，漢學釀之也。」此知微之言，非過也。邇年漢學之焰頗衰，然天下經學猶皆其家法。夫漢學者，張皇補苴，豈乏一得？然故訓曉曉，多薶大義，遂使古人經術俟之百世而天下莫强者，乃自今而晦之，此孟子所謂害事也，今之西學所以遂乘其弊也。

孔子曰：「斯民也，三代之所以直道而行也。」中國之民，三代直道之遺也。中國大可恃者，民心也。外國所大畏於中國者，民心之復仇也。故外國必挾中國，屢挫其復仇之民，使民心忘仇，又鬻中國之黠者，以忘仇爲之因間也。黠者，乃竊漢學之術攻宋人以間天下，曰：「中國亦人也，外國亦人也，皆天下所生，何仇也？中國仇外國而貽誤至今者，自宋人始也。《春秋》不言仇，言仇者其傳云爾。宋人仇外國而終亡，何仇之能復也，惜夫其徒殺生靈也。」斯言也鏤之爲書，布於中國，聞其言者，亦啞然無以自解也，曰：「雖朱子亦坐待其亡也。」而因間行矣。

烏乎！宋非仇金也，徽、欽二宗北狩而不反，則宋之仇也。凡通仇者，《春秋》必書。《春秋》有仇之實，無仇之文。《春秋》微而顯者也，傳明其仇，《春秋》之志也。宋不用朱子之言宋仇，無如之何。且豈不用已哉？當是時，目爲僞學，而黨錮之有請斬朱子於國門者，而外國則知尊朱子也。金人問宋使曰：「朱先生安在？」烏乎！此宋之所以亡也。朱子《小戎之傳》曰：「西戎者，秦之臣子，不共戴天之仇也。」又曰：「以義興師，則雖婦人亦知勇於赴敵而無所怨矣。」何朱子之知兵乎？何經術之大用乎？平王東遷，以地與秦而不知復仇，朱子所以傳揚之水而悲也。

《秦風》曰：「豈曰無衣，與子同袍。王于興師，修我戈矛。與子同仇。」此西周遺民之詩也，何平王竟棄之也？宋割兩河，其民張岳家軍旂，饋之糧而助之耳目，武穆將抵黃龍府而痛飲者，恃民心之復仇也。今越南之役，其民所以戴馮青天者皆然也。

孔子曰：「人之生也直，罔之生也幸而免。」又曰：「志士仁人，無求生以害仁，有殺身以成仁。」復仇者，豈以生靈委之哉？胡爲乎聞黠者之言而惑也？漢學既行，不知尊朱子故也。然朱子之書，今外國載歸而求之矣。烏乎！中國之學既窒而亂，所以受西學之蠱者，其禍將奚究哉？

學之始事，以格物致知而開之也。釋《大學》者，争漢宋焉。鄭氏釋爲「知深則來物」，據《爾雅·釋言》「格，來之訓也」，非其義矣。經豈云知至而後物格乎？且學之始，事安在乎？朱子以「窮至事理」釋之，據《釋詁》「格，至之訓也」，此不可易者也，其以格爲窮至者。《書》曰：「其有能格知天命。」《易》曰：「窮理盡性以至於命。」其所繇也。其以物爲事理者，吾身、家、國、天下之物也。故曰：物有本末，事有終始，明德新民，皆物之事也。《詩》曰：「天生烝民，有物有則。民之秉彝，好是懿德。」其義然也。朱子之義，百世之功也，執一草一木一言一器者，皆失其義也。昔者王姚江爲心學，以格庭竹不明，遂疵其義，非失之一草一木乎？阮文達爲漢學，其釋格物，既立異以爲至止於事也，而仍采鄭説以厲詁經之士，非失之一言乎？今之西學，凡百之藝皆曰：「此格物致知也。」非失之一器乎？烏乎！藝學之名不可不辨也。辨藝之名而後知格物非佗也，大學之格物也。

《周官》所謂三物者，一曰六德：知、仁、聖、義、忠、和；二曰六行：孝、友、睦、婣、任、恤；三曰六藝：禮、樂、射、御、書、數。六藝者，六書九數之類也，非《孔子世家》所謂六藝也。孔子六藝，六經也。《周官》六藝皆在其中矣。《禮經》備焉，六經之文，六書也。《易》「大衍之數五十，其用四十有九」，九數也。今人不察，言六書而曰孔子六藝之一也，言九數而曰孔子六藝之一也，此大失也。

六經者，禮以實之乎。大學，學大藝也。六書九數者，禮以始之乎。小學，學小藝也。禮曰「十年學書計」，此小學之小藝也。書計者，終身之用，大學以後猶不舍焉。孔子曰：「志於道，據於德，依於仁，游於藝。」故《周官》以六藝賓興，此大學之小藝也。以小藝爲大藝，是知六書九數而不知六經也，是知游藝而不知道德之仁也，是三物闕其二，知六藝而不知六德、六行也。故漢學者之經學蔽於六書，分教者之數學蔽於九數。夫冉子之藝可爲從政大夫，此大藝也。今之西學謂幾何之數，冉子傳之此無徵之言，欲以從政，矜其藝也。夫諸弟子皆能數學也，何獨冉子而能爲大夫哉？《春秋》傳曰：「冉有以武城人三百爲己徒，卒用矛於齊師，故能入其軍。」孔子曰：「義也。」此以見冉子能用其民，能修其器，能致其鋭，能出其奇，以少擊衆而能克，政事之長，治兵之才，非小藝也。《詩》傳曰：「軍旅能誓，可以爲大夫。」冉子能之矣。今治兵者，侈句股之術，計道里，圖山川，築臺壘，施火器，以爲數學之能兵也。夫兵可數定者，其常爾，可先爲也。其能兵者，多謀、應猝、無常，而不可先爲，非數學所能也。火器之法，詫其巧曰：「遠率若干。」率讀若律。迨臨敵則葸焉。執器不發，雖發而欲如數也，能乎？戚將軍平海寇者也，其言曰：「爲將者必讀《大學》《孝經》《通鑑》諸書，豈其迂哉？」其爲人也小有才，未聞君子之大道也，孟子悲之矣。

《禮》曰：「凡語於郊者，必取賢斂才焉。或以德進，或以事舉，或以言揚，曲藝皆誓之，以待又語。三而一有焉，乃進其等，以其序，謂之郊人，遠之於成均以及取爵於上尊也。」曲藝者，偏端之藝也。別大藝小藝而言之者也。古者四郊鄉學，其國學則成均也。鄉大夫以鄉飲酒禮禮鄉之秀士，取爵堂上之尊，乃升秀士於郊學，《王制》謂之選士是也；大司徒以賓興之禮論選士於郊學，乃升選士之秀者於成均，《王制》謂之俊傑士是也，此於曲藝不可同日語矣。戒誓而佗日又語之，後於論選士者，所以別之也。夫堯流共工而咨垂，垂拜而讓，則其德可知也。古者工執藝事以諫，則其事其言可知也。曰德進，曰事舉，曰言揚。夫豈以三者責其有哉。然三者之善將有百爲，彼雖一不有也，是憸人也。《書》曰「藝人其勿以憸人」，蓋慎其進焉。《王制》之言百工也，曰：「凡執技以事上者，不貳事，不移官出鄉，不與士齒。」故以其藝自爲之序，謂之郊人遠之於俊士以及遠之於選士也，猶《書》之稱藝人也。此以見先王之善用曲藝，皆進之而不没其長，遠之而先取其蔽也。

烏乎！此中國之曲藝也，先王猶進而遠之，况其在外國乎？曲藝其利用者也，苟其無用，先王將退而遠之矣。西學之藝，苟其利用，若《禹貢》之卉服，織皮者進而遠之可也。宋末木縣南來是也，苟可進而不可遠，彼雖利用，而我無須也，則反漢中行説之謀，《史記・匈奴傳》。直以無須者不遠而遠之可也。今我之食貨必須於彼者，何物也？其淫巧之物，如酗如酖。實宜遠之者，又填市門也。約章之始，今猶惜之，安見彼物之宜我格也？《中庸》不曰「有弗學」乎？烏乎！我欲克彼者，兵也；我不自爲，其兵而反須於彼。始若我與，終必我欺。古人有言：「有機事者，必有機心。」何繇而格彼之物，致我之知也？從古天地之物，惟相反者乃能相制，故破巧者必用樸，金甲之舟而石剥之，火器之子而土止之，鐵軌之塗而火斷之，電工之綫而木毁之，彼至巧也，至樸破焉。綏中國之民，毋急之以資敵，蓄中國之民，將發之以應敵，用其樸而能勞者破其巧而易逸者，中國之藝不可窮也。《説苑》曰：「衛有五丈夫，負缶入井，溉韭終日一區。鄧析過，下車爲教之曰：『爲機，重其後，輕其前。命曰橋。終日溉韭，百區不倦。』五丈夫曰：『吾師言曰：「有機智之巧，必有機智之敗。我非不知也，不欲爲也。」』鄧析去，行數十里，顔色不懌，自病。曰：『是所謂真人者也，可令守國。』」

烏乎！彭剛直争用長江之舟而不從西學者，若斯也長江之舟，不煤而行，物贏不乏，雖淺能行，路通不窒，不棹不行，兵勞不逸，故格物者非佗也，大學之格物也。何爲以斤斤器物者，專其名哉。真氏曰：「蓋明道術，辨人材，審治體，察民情，人君格物致知之要也，此百世行之而必不可失者也。能明道術而後能辨人材，能辨人材而後能審治體，能審治體而後能察民情，故《洪範》五行之術明，則知天地告變，勤求直言，不以天地人不相干聾瞽中國也。《皋陶謨》九德官人之術明，則知垂作共工與國工異，不以共工方鳩誤唐虞也。司馬法行其所能廢其不能之術明，則知春秋國自爲兵，楚材晋用，皆用楚仇，否則廢之不以用，敵之能自辱也。孔子論政去兵猶濟之術明，則知民心效死可撻秦楚之兵，不以聞道大笑也。若斯者，其爲物也，本中之先也，能治本則能治末，即體即用，無所不能，大學之藝也。西學之藝，其爲物也，末中之後也，且有不得謂之末者焉。今曰大學體而西學用，是以大學爲無用於今，蕩而求之西學也。孔子曰：「好知不好學，其蔽也蕩。」其非蕩者，則其小矣。樊遲請學稼圃，孔子斥之曰：「小人哉。」爲其不知大學也。是故藝學之名，不可不辨也。若夫周公之祝，自稱多藝，此乞代之辭也，非中國聖人之相乃自多其藝者。孔子曰：「吾不試，故藝。」是試則不藝，蓋藝之餘也。若能辨楛矢、羵羊，防風氏之骨者歟，非急務也，是知者無不知也。故曰：「君子多乎哉？不多也。」

烏乎！自春秋而迄於今，中國之世二千有餘歲，於其無學則禍生焉。周之將亡，其卿大夫士求苟得於時，視先王之六經如蔑有也。《左傳》稱閔子馬之言曰：「大人患失而惑曰：『可以無學，無學不害。』」既又譏六經，而病之也。《左傳》稱齊人之歌曰：「魯人之皋，數年不覺，古音教。使我高蹈。」唯其儒書以爲二國憂，古韻憂與書通。《禮》曰：「及其死也，升屋而號，告曰：『皋某復。』」今言齊魯二國之憂，蓋以魯人執禮乃死於儒書，雖我齊人升高呼皋復，彼亦久不覺也。杜注失之。此周之所以亡也。秦既亡周，遂以滅學，恐天下知學，秦將無以爲疆也。滅學者，以愚黔首而弱天下也。晋人自弱，棄六經而清譚，匈奴、鮮卑，十有六國環以交争，此中國之禍，前乎朱子而章章者也。今之西學，皆曰中國之弱，徒讀儒書也，乃求西書。夫西書亦掌故也，求而辨之，奚不可也。今外國之書，皆吝己而驕人，而莫過於西書。西書之不戾者，國人皆兵，文簡而事速，其尤也，皆六經之常言也。善於經者，采之而不必襲之，況其佗乎？不撫之，而國人皆兵害也；撫之，而國人不必皆兵利也。楚中二三有學之儒，屯鄉兵而多農治，爲軍兵，非古制也。古制之意也，謂楚兵平内盜，不足以平外寇，惑於僨軍者之言也。粤兵何以數敗西兵也？治楚兵者手書以行，公文顧不速邪？電傳速也，速聞而不速行，不如手書之速行也。《易》曰：「不疾而速。」孔子曰：「德之流行，速於置郵而傳命。」盍思之乎？西書言富言闢地，今乃言曰：「吾中國人滿，彼外國其尾閭也。」夫中國之治，喜其民衆無患，其人滿民衆而地不荒，司空水利，草人土化奚貧也，治道無驅民於外者也。

西書之異者，民主民議其尤也，今惑之者衆也。孟子曰：「民爲貴，君爲輕。」謂君不可賤民而重己也，非西説之謂也。《易》曰：「以貴下賤，大得民也。」《春秋》曰：「衛人立晉。」傳曰：「立者不宜立者也。」君主而察於民議，風詩諫鼓，上酌庭詢先王之道，所以天下莫强也。後世反之，所以天下莫弱也。夫豈謂君主國弱，民主國强哉？民主而聽於民議，且聽於民議之衆寡已也，放其日爲書以宣言，囂乎其篡也。《易》曰：「陽一君而二民，君子之道也。陰二君而一民，小人之道也。」君主者，一君而二民也，民主者，其一君而二民乎？其二君而一民乎？

彼執古而言，論自由者曰：「今居中國，君主之國也。堯、舜、禹以來，立君子人倫之極者，中國也。背其君子而惑於小人，何其忍爲亂臣賊子而干君父之誅也。君則君，主其國；父則君，主其家。爲臣事君者，教之事其國之主，以死報其國君而爲忠。爲子事父者，教之事其家之主，以死報其家君而爲孝。中國之學，天下莫疆者，莫疆於斯也。」彼言論自由云爾作易者，四聖人皆死，孰與之任自由乎？孰與之辨君子小人乎？《詩》曰「無競維人」，忠孝之人也。《書》曰：「乃有室大競，籲俊尊上帝。」忠孝之俊，篤天命而安王室，孰如其競哉。西書言教中國之民皆惡之也，今之西學則文之也。《詩》曰：「文王陟降，在帝左右。」墨子以之明鬼也，今之西學托焉；墨子兼愛，今之西學托焉。曰：「帝謂兼愛，中外忘防，今之天下，非古之自守也，通商之天下也。」彼其所言其兼愛也，其兼并也，陰以行之也。雖然，墨子不已病乎？張子則美名也。《西銘》曰：「乾吾父，坤吾母，民吾同胞，物吾同與。」今之西學又托焉，然而程子辨之於先矣。曰《西銘》理一而分殊，安可托乎？故中外之防不可忘也。《春秋》内諸夏而外四夷。《禹貢》五服，以甸服、侯服爲中邦，以要服、荒服爲外夷，以綏服爲中外之交，故於綏服曰：「三百里揆文教，二百里奮武衛。」防之也。秦之夏聲，吴之周禮，楚之稱子以進，自後世言之，所謂用夏而蠻夷者也，而當其世，則中國之敵非防之不可也。

《詩》曰：「蠢爾蠻荆，大邦爲讎。」又曰：「征伐玁狁，蠻荆來威。」夫讎者，仇也。仇則當使之來而威服也，安有忘防而待仇者乎？西書言工、言礦、言商，皆不言其至微者也。西法有獻其巧者，俾專其利。彼之至微，雖西人亦不盡知也。且我求其書，西人將以書愚我也，與大工以疲秦敵，間也。《春秋》傳曰：「地物從中國，邑人名從主人。」雖一物之稱，《春秋》猶絶其嫌也。今執西書，紀其物數，若里若權若度，皆不從中國之名，則嫌矣。猶衒其名，飾之考工，告之卝人，矜矜物采而皆無實焉。烏乎！此西學之清譚也。今之西學，皆曰：「非遊外國則學之不可得也。」昔者郯子知少皞氏之官，孔子聞之見郯子而學之，既而告人曰：「吾聞之天子失官學在四夷，猶信，今不足徵歟。」夫孔子因郯子來朝而學之，非遊學於敵國也，其所學者，古之官也，無與於郯之利害也，故孔子學之而得也。今之所學者，皆與於其國之利害也，雖學之而終不可得也。《春秋》傳曰：「古者天子守在四夷，今乃不能，然而徒曰學在四夷乎。」孟子曰：「君子反經而已矣。」經正則庶民興，庶民興則斯無邪慝矣。君子之學，反之乎五經，正之乎四教，興之乎五學，雖有邪慝，何所容也？然則五學之大略可知也，經學則求其不可易於今者，其法皆多不同。孔子曰：「所損益可知也。」名物、度數、車服、宮廟博觀焉而無廢日也，其義皆同而不可易。孔子曰：「雖百世可知也。」自一心之微推而準諸四海之大，含萬物無形之光，馭萬物有形之實，約取焉而無闕用也。

孔門之學，莫先於《詩》，今非必執也。然《書》多亡而僞亂之，《禮》多古制，《詩》亡者六篇而已。性情之道無古今也。《詩》序曰：「小雅盡廢，則中國微矣。」古何如邪，今何如也。經解之師毛公，又爲祭酒，則五經先詩亦宜。詩序得者多而失者寡。序之得者，毛傳、鄭箋可考也。序之失者，朱子之傳可考也。三家皆有得失，首三家而辨以諸家，詩之達材也。

《書》亂於僞古文，今人辨之矣。其釋今文所有者，則執而罕用也。治今古文者，讀應《爾雅》旁通佗經。蔡氏諸家皆其吐茹，庶幾政事之資也。《孝經》曰：「禮者敬而已矣。」衛武公之詩曰：「抑抑威儀，維德之隅。」又曰：「夙興夜寐，洒掃庭内，維民之章。修爾車馬，弓矢戎兵，用戒戎作，用逷蠻方。」禮之敬也。井樹而蔭，道薉而除，《周官》條古通滌。狼，野廬之風亦敬也。今之人皆不問焉，而獨問兵。兵，軍禮也，禮不明，何以治兵？孰謂國政之門，棄威儀、失洒掃、忘四境而兵獨治者乎？故曰「不學禮無以立」，禮之立身所以立國也。《禮》首鄭氏，古今皆同，會諸家而平章鄭氏，三禮雖古也，捐其器通其意，可須臾去邪？

《樂》既亡，則餘習《樂》之年，《易》與《春秋》習之有日。《春秋》之微，三傳顯之。《易》以《十翼》而皆開，既異於初，今多可習者。春秋國勢兵謀於今爲近，今乾坤萬變，非《易》不明，習之宜也。《詩》亡而《春秋》作，既治《詩》，可治《春秋》。《四書》既治，義利灼然於心，《春秋》亦可治也。《易》之虛象，實義藏焉。群經之實義明，則虛象有所得也。凡三傳得於經者，爲得失於經者爲失，《春秋》與佗經皆逢原者也。考《春秋》於佗經，得失不亂也。首三傳以求《春秋》，闕者幾希，猶有闕，諸家承乏焉。程子言假象，朱子言先天河圖，猶失之矣。自漢至魏，諸家之解，李氏集之，以佐也。程子言假象，朱子言先天河圖，猶失之矣。《易》首程傳，爲其明孔子之大義也。顧氏知言哉，朱子諸家所之，大義雖蒙而多取象焉，去其鑿者亦采餘也。《五經》之室牖乎《四書》，朱子於其義也得之十九，今人妄攻，十九失之。一貫之義，與《易》同原，妄攻且至，然而天下辨之者鮮聞也。古人之法，剛日治經，柔日治史，今或如其法，或日中而分治焉，或歲中而分治焉。讀經而未能悉倍也，先倍其精求者，其餘以時量倍之焉。讀史則非必悉倍也，獨倍其精求者，其餘以時繹思之焉。故曰：「日知其所亡，月無忘其所能，可謂好學也已矣。」

史學則求其可鑒於今者，其法猶經之所損益也，其義皆經之不可易者也。《資治通鑒》，史學之要也，畢氏之續次焉，《明史》次焉。《五經》以後，國史之先天下事變皆獻於斯矣。《周紀》

則以《史記》參之《漢紀》《魏紀》，則以兩《漢書》、《三國志》參之。四史參《通鑑》之間，辨義精而觀文備，上也；於其後四分習之，次也。

掌故之學，則求其可行於今者。古之掌故，序於經、志於史；今之掌故，自國史所書及凡所爲政書是也。時務之書，皆掌故也。昨之邸報，今之掌故也。周官小史，掌邦國之志，外史掌四方之志，漢以掌故名官，謂古今之故，非知古不知今也，尤非徒象胥之學也。杜氏《通典》，鄭氏《通志》，馬氏《文獻通考》，三通掌故之著也。續三通次焉，皇朝三通次焉。法存經史，既得其凡，今舉一端以類求之。若兵法，若地輿，若水利，若算術，若象緯，若鐵官銅政，班班而嚮用矣。其書雖繁，能速治也。農政之利，金礦之弊，不待佗求而我告也。

性理之學，則求其可箴於今者。其義皆經之所儲，其人多史之所書，經史之間，時或兼之，破竹之勢也。《近思録》《學案》《人譜》諸書，皆足箴也。《論語》曰：「孟之反不伐，明其能治性也。」《蜀志》曰：「關羽、張飛皆稱萬人之敵，爲世虎臣，然羽剛而自矜，飛暴而無恩，以短取敗，理數之常也，明其不能治性也。」故性理之學通於兵學，左文襄數戒其部將曰：「武侯云：『非淡泊無以明志，非寧靜無以至遠。』慎無忘也。」曾文正曰：「治兵之法，用恩不如用仁，用威不如用禮。己欲立而立人，己欲達而達人，仁也；無衆寡，無小大，無敢慢，禮也。君子以仁存心，以禮存心，何兵之不可治哉！」胡文忠曰：「兵事，儒者之至精，非名士所能及也。」

辭章之學，則求其可法於今者。凡治經史，一簡之終，既求其義，又求其文，將草創然，將潤色然。古人逝矣，須麋之秀，笑怒之音，如宿親也。孔子讀《易》而嘆之，曰：「其旨遠，其辭文，非斯道乎。」范氏曰：「司馬遷、班固有良史之才，遷文直而事核，固文贍而事詳，斯道之得也。」古人不區區於文，亦無以文派爲，而能文者衆，蓋若斯也。陸宣公奉天草詔，天下讀之流涕，遂動勤王，國家再造，辭章之效也。後世視草無人，屢傷國體，詔下四方，遠人生侮，烏乎慎哉。《文選》，辭章之著也。韓文諸家，經史所裨也。

若斯者，五學之大略也，其餘百家之書，有餘力則爲之可也。若斯者，志之三年，厲之五年，七年小成，九年大成。初學者可以遄往，失學者可以補亡，上智十年其能，中材百其道。功令之法，四教之尊也。《詩》曰：「倬彼雲漢，爲章于天。周王壽考，遐不作人。」此非謂天之斯文，文王所以教周人所以學乎？《詩》曰：「思皇多士，生此王國。王國克生，維周之楨。」學之用也。苟多士而不爲國楨，其非士乎？烏乎！非士者，非學也。朱先生講學記，其例亦古人學記之遺。朝亮自爲書後，變後序之例爲之也，以一文長言一事，變史家書志之例爲之也，光緒二十四年四月晦日。朝亮爲《朱先生年譜》列《九江集》卷首，今不以編於《讀書堂集》中者，以其《年譜》大要具見集中所編講學記故也。

圖書在版編目(CIP)數據

朱次琦集 / (清) 朱次琦撰; 景海峰主編; 李辰點校. —上海: 上海古籍出版社, 2020. 5
(嶺南思想家文獻叢書)
ISBN 978-7-5325-9591-4

Ⅰ. ①朱… Ⅱ. ①朱… ②景… ③李… Ⅲ. ①朱次琦(1807-1882)—文集 Ⅳ. ①C539

中國版本圖書館 CIP 數據核字(2020)第 064815 號

嶺南思想家文獻叢書

朱次琦集

(全二册)

[清] 朱次琦 撰

李 辰 點校

上海古籍出版社出版、發行

(上海瑞金二路 272 號 郵政編碼 200020)

(1) 網址: www.guji.com.cn

(2) E-mail: guji1@guji.com.cn

(3) 易文網網址: www.ewen.co

上海惠敦科技印務有限公司印刷

開本 890×1240 1/32 印張 23 插頁 4 字數 442,000

2020 年 5 月第 1 版 2020 年 5 月第 1 次印刷

ISBN 978-7-5325-9591-4

B · 1142 定價: 99.00 元